Album Mariani

PORTRAITS — BIOGRAPHIES — AUTOGRAPHES

SOIXANTE-SEIZE GRAVURES A L'EAU-FORTE

PAR A. LALAUZE

CAUSERIE PRÉLIMINAIRE PAR ARMAND SILVESTRE

SECOND VOLUME

PARIS

LIBRAIRIE CONTEMPORAINE

HENRI FLOURY, ÉDITEUR D'ART

1, Boulevard des Capucines, 1

1896

ALBUM MARIANI

L'ALBUM MARIANI

A ÉTÉ TIRÉ SOUS LE TITRE DE

FIGURES CONTEMPORAINES

1º En édition sur beau papier fort avec les soixante-seize portraits gravés sur bois par Brauer. . . . . Prix : 6 Fr.

2º En édition de grand luxe tirée à 500 exemplaires numérotés à la presse, avec tous les portraits gravés à l'eau-forte par A. Lalauze, et dont la justification est la suivante :

50 exemplaires sur papier Japon impérial, avec une suite de tous les portraits tirés à part à la sanguine, numérotés de 1 à 50 . . . . Prix : 200 Fr.

50 exemplaires sur papier vélin d'Arches, avec une suite de tous les portraits tirés à part à la sanguine, numérotés de 51 à 100 . . . . — 150 —

400 exemplaires sur papier teinté d'Arches, numérotés de 101 à 500. . — 75 —

Album Mariani

PORTRAITS — BIOGRAPHIES — AUTOGRAPHES

SOIXANTE-SEIZE GRAVURES A L'EAU-FORTE

PAR A. LALAUZE

CAUSERIE PRÉLIMINAIRE PAR ARMAND SILVESTRE

SECOND VOLUME

PARIS

LIBRAIRIE CONTEMPORAINE

HENRI FLOURY, ÉDITEUR D'ART

1, Boulevard des Capucines, 1

1896

TABLE ALPHABÉTIQUE

EN PRÉPARATION
Pour paraître dans le IIIᵉ Volume et suivants

AICARD (Jean).
ANDRIEUX.
ANTOINE.

BARBIER (Pierre).
BARRÈS (Maurice).
BARETTA (Mᵐᵉ).
BARTET (Mˡˡᵉ).
BERNHARDT (Sarah).
BEYLE.
BIENVENU (Léon) (*Touchatout*).
BONAPARTE (prince Roland).
BONNIÈRES (de).
BORNIER (Henri de)
BOUCHER.
BOUTET (Henri).
BOYER (Mˡˡᵉ Rachel).

CAZALIS (Dʳ) (*Jean Lahor*).
CARAN D'ACHE.
CHÉRET.
CORMON.

DAILLY.
DANBÉ.
DAUDET (Alphonse).
DELNA (Mˡˡᵉ).
DESBEAUX (Emile).
DIDIER.

ELSBERG (Dʳ).

FLAMMARION (Camille).
FEBVRE (Frédéric).
FEYEN-PERRIN.
FORAIN.
FOUQUIER (Henry).
FRANCE (Anatole).

GAILHARD.
GALLET (Louis).
GIFFARD (Pierre).
GIACOMELLI.
GOT.
GOUDEAU (Emile).
GRANDFORT (Mᵐᵉ de).
GRASSET.
GRAU (Maurice).
GYP.

HARAUCOURT (Edmond).
HART (Mᵐᵉ).
HAUCK (Mᵐᵉ Minnie). (Comtesse de Varteg)
HEREDIA (Jose Maria de).

KÉRATRY (comte de).

LABORDE (Rosine).
LALAUZE.
LAMOUREUX.
LEMAIRE (Mᵐᵉ Madeleine).
LEMONNIER (Camille).
LORRAIN (Jean).
LUGNÉ-POË.

MADRAZZO.
MANOURY.
MARINONI.
MARS.
MAY (Mˡˡᵉ Jane).
MEILHAC (Henri).
MEYER (Arthur).
MORIN (Louis).
MANS (Œdipe du).

PÉRIVIER.
PERRET (Paul).
POILPOT.
POLLOCK.
PONCHON (Raoul).
PRÉVOST (Marcel).

RECLUS (Elisée).
RÉJANE (Mᵐᵉ).
REYNIER.
REZSKÉ (Edouard de).
ROCHARD (Emile).
ROLLINAT (Maurice).
ROPS (Félicien).

SAJOUS (Dʳ).
SAINT-SAENS (Camille).
SANDERSON (Sybil).
SARASATE.
SOULES (Félix).
SULLY-PRUDHOMME.
SYLVAIN.

TAILHADE (Laurent).
THIÉBAULT (Georges).
TREBELLI (Mᵐᵉ).
TRUFFIER.

VERLAINE (Paul).

WORMS.
WYNS (Mˡˡᵉ Charlotte).

XAU (Fernand).
XANROF.

ZANNI-PACHA.

ETC..., ETC...

CAUSERIE PRÉLIMINAIRE

En me confiant l'honneur affectueux de présenter au public le second volume de son magnifique album, mon ami Mariani m'a donné l'exquise joie de louer, comme je l'entends, un certain nombre de gloires contemporaines qui me sont particulièrement sympathiques.

Je n'ai pas, en effet, après le magistral prélude iconographique dont Octave Uzanne, avec sa grande autorité de bibliophile, avait adorné le premier, à recommencer la genèse de cette admirable publication qui montre tout ce que peut faire, dans le sens du Beau, un homme d'un goût sûr et d'une réelle volonté. Dans un ordre d'idées plus générales et plus élevées encore, je dirai que le succès de cet album proclame cette éternelle vérité que l'Art, comme un magicien, ennoblit tout ce qu'il touche.

Beaucoup peuvent ignorer, en effet, à quelle conception philanthropique a obéi Angelo Mariani en se vouant à la propagation médicale de la coca. Ses intimes seulement — je ne dis pas ses amis dont le nom est légion — savent de quelle passion de savant, de quelle tendresse de poète il aime cette plante étrange dont un grand peuple a connu, longtemps avant nous, les merveilleuses vertus. Quiconque ne l'a vu, dans sa serre de Neuilly, s'émouvoir et s'attendrir devant la petite fleur qu'il parvient à faire s'entr'ouvrir sous notre ciel frileux, ne saurait imaginer ce qu'il y a de vraiment sacerdotal dans ce culte où les sots et les ignorants ne devinent d'abord qu'une affaire. Affaire, en tous cas, étrangement utilitaire et profitable à l'humanité puisqu'elle se traduit par des torrents du plus généreux vin du monde gratuitement offerts aux malheureux et aux artistes... ce qui est un peu la même chose quelquefois.

Que la réclame soit tombée dans un discrédit absolu par l'impudence de ses mensonges, c'est tout naturel. Je lui en veux cependant un peu moins depuis qu'elle demande à d'habiles dessinateurs ses affiches. J'estime qu'en ornant nos murs d'œuvres de Jules Chéret, de Grasset, de Luca pour ne nommer que ceux-là, elle réjouit les yeux de tout le monde, en n'empoisonnant que quelques naïfs, ce qui est, en somme, par ce temps de suffrage universel, un marché avantageux pour la majorité. Il est vrai qu'aujourd'hui, par ce temps hâtif où les secrets utiles ne se transmettent pas volontiers dans les familles comme autrefois, ni ne se lèguent les recettes précieuses des pères aux enfants, la réclame est le seul moyen d'affirmer une vérité, au milieu de tant de mensonges. Elle fait alors œuvre de bien et tout est parfait si, en même temps, elle fait œuvre de beauté. Or c'est le cas ou jamais. Car, en même temps qu'elle atteste, dans cet album, les réelles vertus du vin Mariani, elle est en train d'y édifier un véritable musée de figures intéressantes pour l'avenir, et d'écrire, avec la pointe, en même temps qu'avec la plume, l'histoire artistique, littéraire et scientifique de cette époque. Car, il n'y a pas à dire, tous ceux dont les noms méritent de vivre, à quelque titre que ce soit, figurent déjà ou figureront dans cette abondante galerie, et je n'en veux pour preuve que l'empressement de tous à se presser à son seuil, comme aux portes d'un véritable Panthéon. Baudelaire a dit excellemment que c'était le petit nombre des élus qui faisait le Paradis. Mais Angelo Mariani, avec sa belle barbe de saint liturgique, est le meilleur des Saint-Pierre et vous pouvez compter sur lui pour faire aussi grand qu'il sera possible ce Paradis.

En parcourant ces belles pages qui semblent d'un marbre souple, par la blancheur et par la majesté, ici de la matière, là de l'arrangement, j'ai volontiers l'impression d'un promeneur dans les Champs-Elysées que la légende antique réservait à la gloire. Il me semble, sous les colonnades d'un Temple magnifique, bordé par le bois sacré de Puvis de Chavannes, rencontrer, par avance, les ombres lumineuses et chères que guettait l'immortalité. On s'y sent, en tous cas, en belle et noble compagnie. L'éminent graveur Lalauze, interprète de tous ces visages glorieux ou amis, a ajouté encore à l'illusion, par la perfection savante de ses portraits.

J'ai toujours fort aimé la société des Dames, faite pour les yeux autant que pour l'oreille, étant un contemplatif plutôt qu'un auditeur curieux. C'est donc elles que je vous signalerai d'abord dans la nouvelle partie du monument élevé, tout à la fois, au Talent et à la Beauté, qui vient d'être ouverte aux nouveaux élus.

J'y salue, dès le péristyle, Juliette Adam, la patriote éclairée qui contribua tant à nous faire nos puissants amis, dont je ne saurais voir l'image demeurée noblement attirante, sans m'attendrir au souvenir de la rencontre que j'en fis, pour la première fois, chez George Sand dont nous étions, l'un et l'autre, les protégés et les respectueux amis; quelques pages — j'allais dire quelques piliers marmoréens — encore franchies, et c'est devant l'Albani que je m'incline, comme humilié sous le rayonnement de sa gloire frémissante encore aux cordes de la lyre. Au bruit lointain déjà de nos applaudissements dans l'écho, je reconnais Mlle Jeanne Brindeau avant même d'avoir retrouvé, dans mes yeux, son calme et plastique visage éclairé d'une flamme intérieure, comme les lampes à l'autel. Puis c'est la puissante créatrice de la *Navarraise*, ma presque compatriote Emma Calvé, le plus admirable type des filles du sang latin, en qui revit la Beauté qu'immortalisa le statuaire antique, honneur des races humaines, sceau de noblesse originelle si resplendissant aux lignes impeccables de sa face, sous l'ombre de sa noire chevelure, Emma Calvé, dont l'âme est sans cesse vibrante, comme un arbre jeune, au feuillage d'or, aux souffles du génie.

C'est que Judith Gautier n'est pas loin, Judith Gautier le génie lui-même, digne héritière de l'âme d'un grand poète qui revit en elle, comme dans la splendeur vivante qu'il avait créée, un des plus nobles écrivains de ce temps, l'incarnation même de la Beauté souveraine, rêve de Phidias que les siècles ont lentement réalisé. Dans le calme orgueil d'un œuvre incomparable dont *l'Usurpateur* est le chef-d'œuvre incontesté, elle apparaît, comme indifférente à la renommée, si profondément consciente d'elle-même que la bonté de son sourire est comme empreinte d'un vague dédain. Fille de Grèce, par l'origine, elle a gardé, de son amour pour les cieux de l'Extrême-Orient, une grâce particulièrement nonchalante et troublante. Ses yeux semblent suivre le vol des libellules qu'elle a si bien chantées en faisant revivre le charme des outas Japonais. Elle semble rêver sous les rayons d'une invisible lune dont les clartés d'argent revivent aux splendeurs tranquilles de son visage; la plus sûre peut-être de l'immortalité parmi les femmes écrivains de ce temps.

Ce joli sourire qui, comme une rose sur un murmure d'abeille, s'ouvre sur une chanson, c'est Judic, qu'on ne conçoit guère — tel le rossignol — que chantant. Mais un rossignol paré de plumes aux couleurs fraîches et tout étincelant de gouttes de rosée, comme il en perle sous les lèvres de la diva, en ce tant délicieux sourire. Judic, la chanson tour à tour gauloise et naïve, pleine de doux et ingénieux libertinage, faite de ces sous-entendus exquis, qui, n'en déplaise à de moroses contemporains, sont une des grâces de l'esprit français; non pas la chanson « rosse » si fort à la mode aujourd'hui et où les mots sonnent l'argot, non pas vigoureux de Villon, mais je ne sais quel grossier patois de décadence, particulièrement déplaisant sur la bouche des femmes.

De bien peu elle précède, dans une rencontre féconde en émotions nouvelles, Marie Laurent, la vaillante, la tragique interprète des *Erinnyes* de Leconte de Lisle, incarnation puissante du drame qu'elle fait vivre encore, en ce temps sceptique où le public n'aime plus ni le franc rire, ni les vraies larmes, mais aussi à ses heures, comédienne de grand style et noble diseuse de vers, au point de pouvoir être applaudie, en les disant, auprès de Sarah Bernhardt, la grande porteuse de lyre. Puis voici, délicieuse de jeunesse gamine, avec un étincellement, un pétillement plutôt d'esprit sur le visage, Mᵐᵉ Richard Lesclide, que connaissent tous les lettrés.

Hiératique, avec un profil de Boticelli, le nez long et droit qui dit la race, les yeux vifs et le sourire énigmatique où se devinent la sensibilité et l'esprit, voici Mˡˡᵉ Moreno : et j'entends, rien qu'à la regarder, comme on respire une fleur même avant de l'avoir vue, les vers tomber de ses lèvres en belles perles sonores, comme d'une rose qui secoue des gouttes de rosée; car elle a la seule voix qu'on puisse comparer à celle de Sarah Bernhardt et elle est, déjà, à la Comédie-Française, la glorieuse interprète des poètes. Nul ne l'a oubliée ni dans *Griselidis*, ni dans *le Voile*. Ceux qui ont l'honneur d'avoir causé souvent avec elle savent combien son esprit est délicieusement imprévu et primesautier.

C'est dans un nimbe de gloire et comme précédée de l'admiration de tous, dans un bruit lointain d'applaudissements, que m'apparaît Mme Pasca dont la physionomie mouvante, éminemment dramatique, a gardé toute sa puissance, prête à de nouvelles victoires si revenait encore l'heure des périlleux combats. Car, dans les pièces de lutte surtout, elle aida le triomphe des auteurs, et je sais pas de femme ayant une plus belle légende dans l'histoire du théâtre contemporain. A quelques pas d'elle, une toute jeune gloire, mais combien étincelante déjà : celle de Juana Romani, dont le succès va grandissant aux Salons annuels des Champs-Elysées, artiste admirable en qui revit l'âme et se réveille la couleur des grands maîtres de son pays, petite-fille du Titien qui sait chiffonner, au besoin, des robes à la parisienne. C'est l'interprète naturel, trouvant en elle-même comme le trésor où elle puise, de la beauté féminine, mais aussi l'interprète viril par la puissance de l'exécution. La beauté et le talent ne furent jamais, je crois, mariés plus étroitement en un être impérieusement né pour l'art et pour la séduction, merveilleusement doué et cependant volontaire, travailleur admirable dont l'œuvre grandit comme s'épanouit une véritable floraison.

Bonjour, Thérésa, la grande tragédienne de la chanson ! Bonjour, amie dont j'ai pu juger le grand cœur, géniale artiste qui surtout m'as fait plaisir, quand tu voulais bien chanter pour moi seul, en nos voisines villégiatures, après que tu avais dit déjà adieu à tous ceux qui te voudraient applaudir encore. Avec Thérésa, est mort tout un art de chansonniers et de poètes populaires qui valaient bien ce qu'on nous donne aujourd'hui. J'imagine cependant que beaucoup encore portent au cœur un peu de ce sens peuple, vraiment ému, sincère et bon enfant dont tu savais si bien faire étinceler le sceau, comme un habile joaillier fait briller un bijou abrupt ou revivre, en ses détails, une ancienne orfèvrerie. Mais elle n'est plus là pour ramener le public à ces choses de terroir pourtant vraiment françaises ; Thérésa, cette Malibran faubourienne qui portait, aussi, une harpe vivante attachée à son cœur ; Thérésa ! une bonne fermière aujourd'hui, dans un village de la Suisse, faisant autour d'elle beaucoup de bien, ne regrettant rien des triomphes passés. Mais nous ! combien nous nous complaisons mélancoliquement encore, en revoyant son image, à nos regrets et à nos souvenirs !

Une étoile encore dans ce firmament féminin éployé devant nous comme un grand éventail d'azur : Mme Sembrich, l'admirable chanteuse que je n'ai entendue qu'une fois à Monaco, mais dont la voix dramatique et chaude, caressante tour à tour et éperdue, m'est comme la musique délicieuse d'une source qui fuit, mais sans emporter avec elle son murmure, toujours vibrant dans l'or transparent des sables mouillés. Puis la très grande dame, si vaillante à servir les causes qu'elle aime, petite-cousine de la Grande Mademoiselle, artiste ingénieuse et pénétrante à ses heures, Mme la duchesse d'Uzès.

Mais je ne veux pas être exclusivement galant dans le choix de mes rencontres sous le péristyle du Panthéon Mariani. J'y veux venir aussi

presser bien des mains qui sont celles d'amis, m'incliner devant des
gloires que je n'ai pas eu d'autre occasion de saluer et pour lesquelles
mes admirations sont demeurées involontairement silencieuses. Hélas !
quelques-unes déjà ont reçu la douloureuse consécration de la mort, celle
d'Alexandre Dumas, par exemple, emportant dans la tombe, comme une
ombre de l'admiration qui persiste pour son génie, l'estime que lui valut
le plus noble et le plus vaillant des talents contemporains, celle du grand
et fécond remueur d'idées qui considérait, suivant sa propre expression,
son théâtre comme la « préface de ses livres », héritier d'un grand nom
qu'il fit plus grand encore. Combien diverses toutes ces gloires et variées !
À côté de l'admirable magicien de l'électricité, Edison, le Père Monsabré,
cette dernière illustration de la chaire catholique que Bossuet, d'un seul
coup, a faite immortelle, depuis que le Père Hyacinthe Loyson, non moins
respectable pour moi, s'est voué aux libres apostolats d'une conscience
demeurée essentiellement chrétienne.

Je me retrouve ensuite, comme dans le va-et-vient parisien des
premières à la Comédie-Française, avec les bons poètes Catulle Mendès,
François Coppée, Richepin, Clovis Hugues, et Arsène Houssaye, mon
maître, avec Rochegrosse et Félix Bouchor, mes peintres particulièrement
aimés. Le génie de Rodin se fait, avec nous, familier et comme camarade.
Dans ce cénacle français, un grand artiste étranger que notre public français
ne connaît pas encore assez, le grand illustrateur espagnol Atalaya dont le
Don Quichotte aux lettres ruisselantes de pierreries dépassera, en splendeurs, les plus riches missels d'autrefois.

Autant d'amis aussi d'Angelo Mariani devenu, dans notre société
parisienne, comme un centre de sympathie, y dressant, de la façon la plus
spontanée et la plus inattendue, l'image oubliée d'un Mécène, y ressuscitant
la fantaisie artistique et somptueuse d'un authentique Médicis, grand
amateur de beaux livres et de belles images ; et il convient de citer, parmi
les bienfaits de la coca, le trésor de belles œuvres et de charités qu'elle
met aux mains de son infatigable apôtre. J'ai dit que l'essence de l'Art
est d'ennoblir toute chose. Mais, en première ligne, c'est certainement
l'argent qu'il ennoblit davantage. Heureux, en ce temps-ci, celui qui sait
le faire aimer dans ses mains ! Il fait plus, pour l'apaisement social, que
toutes les vaines théories.

Mais je ne veux pas attarder plus longtemps, au seuil de ce beau
livre, ceux qui veulent bien parcourir ces lignes préliminaires. J'ai jeté,
avec eux, quelques coups d'œil perdus sur quelques-uns des dieux du
temple, entre les colonnes marmoréennes qu'enguirlandent, à la fois, les
volubilis printaniers et les pampres automnaux, les saisons et le temps
n'existant plus pour tout ce qui touche à l'immortalité, et il y a là des
noms immortels. Il est temps de l'ouvrir tout grand à la foule, ce Livre ;
car la popularité de l'album Mariani va, sans cesse, augmentant, à mesure
qu'il comprend plus d'élus, et affermit davantage sa noble ambition
d'être vraiment comme un répertoire magnifique et un livre d'or des
gloires de ce temps.

ARMAND SILVESTRE.

JULIETTE ADAM

N génie, Meyerbeer, d'après une anecdote bien connue, inclina un jour le front, respectueusement, devant la beauté radieuse d'une jeune femme, et la proclama plus belle que sa Sélika.

Le génie, allié à la beauté, cette autre façon d'avoir du génie, telle nous paraît symbolisée la vie de l'aimable et enthousiaste païenne qu'est Madame Adam. Prêtresse — et déesse à la fois — du culte de la Beauté, elle a mené, à grands coups d'enthousiasme, le bon combat pour l'émancipation de l'âme humaine hors des géhennes du laid, du convenu, de l'étroit, hors de tout esclavage esthétique ou moral.

Philosophe à vingt ans, elle réfute Proudhon et pose déjà sa théorie sur l'amour et les femmes. Païenne du XIXe siècle, en elle chante magnifiquement la nature, l'éclatante et luxuriante nature méridionale ; la mer violette aux vagues rythmées des côtes d'Ionie, aux lignes pures et harmonieuses, couronnées de chênes-liéges rougeâtres ou d'oliviers pailletés d'argent, les gorges arides de Béotie, le charme des iles enchantées berceau des dieux, des fables hellènes nonchalamment rêvantes sous un ciel bleu comme l'œil d'Athéné. Païenne, car elle sent vivre des dryades dans les bois, des nymphes dans les montagnes ; et les chênes de Dodone ont encore, pour elle, une voix, car elle entend parler la Nature dans l'Humanité, son efflorescence suprême, lui murmurer des appels. Elle n'écoute pas l'Humanité civilisée qui, cherchant bien loin le bonheur dans des infinis mensongers, dédaigne sa mère, sa nourricière au large accueil, Cybèle couronnée d'épis. Où sont, où sont les soleils d'antan, ô brouillards des cités modernes ?... où sont les belles prairies d'antan, vertes sous la coupole d'azur, où les beaux éphèbes luttaient de poses harmonieuses et de périodes cadencées ? O tristes asphaltes, boueux et gris, bordés d'usines, de casernes ; ô foules aux formes émaciées, aux costumes funèbres, au langage télégraphique ! L'Humanité devient laide, et le bonheur est dans la beauté ; qu'elle revienne aux instincts naturels, à l'Amour ; qu'elle se donne tout entière à l'Amour, et rejette les docteurs ascétiques pour qui les plus nobles instincts humains ne sont que tentatives diaboliques, que crimes et péchés.

Au nom de cet instinct humain, Madame Adam, enthousiaste comme George Sand, dont elle continue l'œuvre sociale avec plus de netteté et de précision, a fait en romans, en articles, des plaidoyers — plaidoyers attiques s'il en fut — pour la liberté, pour l'émancipation des patries, qu'on doit aimer à la façon antique. Enthousiaste de Garibaldi, amie des grands patriotes italiens, des héros hongrois, sœur de Mazzini et de Kossuth, elle a été une des voix, une des forces qui ont appelé, qui ont lancé l'essor des jeunes libertés nationales, nées à l'Histoire depuis trente ans.

Femme d'un de ces grands républicains de 48, elle a puissamment aidé à sauver la jeune République dans la crise de puberté de ses premières années.

Depuis quatorze ans, par la *Nouvelle Revue*, arme élégante mais redoutée, elle lutte pour les libertés encore à conquérir, pour l'extension de la France et des idées françaises de liberté, de justice, de pitié, à travers le monde.

La nation hongroise a jadis acclamé Madame Adam ; la nation française, récemment, en des circonstances inoubliables, vient de l'acclamer encore, car c'est elle qui, infatigablement, depuis de longues années, nous a montré le Nord en nous affirmant que nous y avions des amis.

La femme qui a accompli une pareille œuvre de sereine philosophie et de haute civilisation, avec une allure — dans ses œuvres comme dans sa personne — à la fois d'une élégance raffinée et d'une simplicité souriante et bonne, une pareille femme fait honneur à la France, à l'humanité.

Juliette LAMBER (Madame ADAM) est née à Verberie (Oise) un peu avant 1840. Son père était médecin à Chauny (Aisne). Mariée en premières noces à M. La Messine, avocat, débuta en 1858 par un volume de nouvelles : *Blanche de Coucy*, *l'Enfance*, et par un volume très sérieux : *Idées antiproudhoniennes sur l'Amour, les Femmes et le Mariage*. Devenue veuve, épousa Edmond Adam (ancien représentant du peuple) député, préfet de police après le 4 septembre ; mort sénateur inamovible le 11 juin 1877. A signé de son nom de jeune fille : *La Papauté dans la Question Italienne* ; *Garibaldi, sa vie* (1860) ; *Mon Village* (1860) ; *Le Mandarin* (1860), *Impressions d'un Chinois au milieu de Paris* ; *Récits d'une Paysanne* (1862) ; *Voyage autour du Grand Pin* ; *Saine et Sauve* ; *Récits du Golfe Juan* ; *Jean et Pascal* ; *Dans les Alpes* ; *Siège de Paris* ; *Journal d'une Parisienne*, 1871 ; *Laïde*, *Grecque*, deux romans qui couronnent sa gloire ; *Paienne* ; *La Patrie hongroise*, volume qui eut un succès européen. Fonde la *Nouvelle Revue* en 1879 ; c'est là qu'elle écrit chaque quinzaine ses *Lettres* sur la politique extérieure ; publie des *Études sur la Grèce contemporaine* ; *Un rêve sur le divin*.

Buveuse d'eau et bien
portante, voilà de faibles
mérites pour louer le plus
sonique des vins : celui de coca

Juliette Adam

ÉMILE ADAN

AILLE moyenne, geste vif, expressif; des yeux curieux et gais qui se doublent du lorgnon aux moments des recherches minutieuses; une tête encadrée de gris où le blanc domine; barbe en pointe courte et cheveux très ras, mais au complet. On sent dès l'abord l'homme ami des champs et du bon air, et qui ne réintègre Paris que lorsque la cloche du Salon (l'Elyséen, car nous sommes chez un fidèle) tinte et que les salonets carillonnent à qui mieux mieux. C'est ÉMILE ADAN dans son clair et chaud atelier de la rue de Courcelles — presque en haut, près du boulevard et du parc — dans son atelier où l'on retrouve les épaves de son art d'hier: esquisses romaines, canapés Louis XV; et de son art d'aujourd'hui: études bretonnes.

Car ADAN est *trois* en une seule personne :

Il y a l'*Adan retour d'Italie* épris des fresques pompéiennes, des intérieurs d'églises, des processions, des moines et du ghetto. Les couleurs flamboient et les architectures s'échafaudent. Dans tout ceci certes plus de pittoresque que de mysticité; cela respire en tous cas une grande franchise et un amour véritable des lieux traversés, du pays habité, des passés ressuscités. Nous citerons entre autres œuvres de cette période : *Les Vêpres à la Chapelle Sixtine* (Salon de 1857); *Procession rentrant à Saint-Pierre* (1868); un *Coin du Ghetto* (1869).

Il y a ensuite l'*Adan opéra-comique*, genre éminemment français. Il se cantonne des années dans le tableau de genre (1875-1882); il y a de gros succès de vente. On verra au post-scriptum la nomenclature des tableaux de la série B. *Leçon de danse, Grand-père boude, On attend le parrain, Un petit prodige:* les titres disent bien le sujet et annoncent le procédé employé. Une gentille musique plane; cela fleure la romance. C'est joli, coquet, mignard. Nous sommes chez des gens qui voient la vie rose; c'est un été enrubanné, embaumé; les héroïnes ont des mouches et s'il paraissait un mouton, il aurait un collier de satin et des nœuds aux pattes. En 1880, une hésitation, un très heureux crochet vers l'imaginé, le légendaire un peu, un légendaire habillé à la japonaise, tout à fait amusant : *Gulliver à Brobdingnag* (1880).

Enfin, l'ADAN actuel, l'*Adan devant la nature*, le meilleur certes, le plus solide, le plus ému, le plus vrai et le plus poétique, qui date de ce mélancolique *Soir d'automne* de 1882. Le changement fut si soudain, si imprévu, si complet que bien des gens s'y trompèrent et crurent à l'apparition d'un nouveau peintre, pas même cousin, simple homonyme de l'auteur de *Grand-père boude*... Vous revoyez le tableau que la lithographie a rendu célèbre : le long mur d'un parc solennel ; accoudée, frileuse peut-être, mais rêveuse davantage, une jeune femme ; derrière elle, un énorme chêne, chenu, aux branches dévêtues de vie ; au loin : la plaine, les bois, toute la gamme de l'automne, de l'or plein de soleil au brun mouillé. Une deuxième médaille vint à propos certifier au peintre qu'il était dans la bonne voie. *La fille du passeur*, 1883, suivit. Le tableau est une des plus belles toiles du musée du Luxembourg. Un paysage sobre, un fleuve en marche et la forte fille qui lutte contre le courant. C'est très complet, tout plein de vie. Puis vinrent, fruits de la même esthétique : *L'abandonnée* (1884) ; *La fin de la journée* (1885) ; *Novembre* (1888) ; le *Soir,* en 1889, lui valut une médaille d'or ; les *Brûleuses d'herbes*, 1890, très belle paysannerie qui ne pâlirait point à faire pendant aux *Glaneuses* de Millet. La caractéristique de cette peinture est l'importance égale donnée au paysage et à la figure. L'un et l'autre se complètent, s'identifient pour ainsi dire, car l'imagination n'a rien à voir ici (le peintre avoue lui-même son très grand déplaisir et son impuissance *à arranger* la nature), ces tableaux sont des *choses vues*, c'est de l'émotion ressentie et transcrite. C'est d'une très grande loyauté et d'un charme indiscutable.

Ces toiles se sont dispersées aux quatre vents du monde. On en trouve aux musées de Saint-Etienne, de Pau, de Mulhouse, dans l'église Saint-Clément de Rouen (*Les Moines dominicains*), mais la plupart font partie de collections particulières, et ces amateurs habitent la Belgique, l'Angleterre, le Brésil et surtout les Etats-Unis.

En 1892, à la suite de l'Exposition de Moscou, le ministère des Beaux-Arts lui donna la croix de la Légion d'honneur, à la joie des nombreux amis de l'artiste.

EMILE ADAN n'expose pas seulement aux Salons annuels, depuis douze ans il fait partie des Aquarellistes et chaque année le Cercle de la rue Boissy-d'Anglas le met en bonne place. Enfin c'est un très habile illustrateur de livres ; l'éditeur Jouaust lui confia les *Fables* de La Fontaine et celles de Florian, et les *Filles de Feu* de Gérard de Nerval ; Launette lui fit composer une jolie édition de la *Gertrude* d'André Theuriet ; pour Lemerre il composa les dessins de *Poésies* de Charles Read ; enfin l'an dernier il illustra ce chef-d'œuvre : *Cœur simple*, de Flaubert.

Au moment où nous écrivons ces lignes, il termine son tableau du Salon de 1895 : *Femmes de marins*, d'une belle vigueur, d'une simplicité grandiose et poignante.

M. EMILE ADAN est né à Paris, le 26 mars 1839. Aux Beaux-Arts, il fut élève de Picot et de Cabanel. Fit un long voyage en Italie. Il commença à exposer en 1863 et parmi ses envois aux Salons, il convient de citer : *Le Printemps*, le *Soldat de Varus* (1863), l'*Eté* (1864), une *Prédication à Rome*, les *Vêpres à la Chapelle Sixtine* (1867), *Vue du Capitole*, *Maison de la Petite Fontaine à Pompéi*, aquarelles (même année) ; *Procession rentrant à Saint-Pierre* ; *Moines dominicains présidant à des fouilles à Rome*, et des aquarelles représentant des monuments d'Italie (1868) ; *Un coin du Ghetto*, les *Sonneurs*, et des *Vues* de Rome, aquarelles (1869) ; *Un Hérétique* (1870) ; *Marguerite* (1870). *On attend le Parrain*, les *Joueurs de Boule* (1872) ; *Un complot*, *Matinée d'août* (1873) ; *L'arrivée au château* (1876) ; la *Leçon de danse*, l'*Amateur*, aquarelle (1877) ; *Grand-père boude* ; le *Maître de chapelle* (1878) ; *un petit Prodige*, *l'Eté de la Saint-Martin* (1879) ; *Gulliver à Brobdingnag* (1880) ; *Soir d'automne* (1882) ; la *Fille du Passeur* (1883) ; *l'Abandonnée* (1884) ; la *Fin de la journée* (1885) ; *l'approche de l'hiver* (1886) ; la *Sortie de l'église à Ciboure*, pays basque (1887) ; *Novembre* (1888) ; le *Soir* (1889) ; *Brûleuses d'herbes* (1890) ; *Soir d'été* et *Derniers rayons de soleil* (1891).

Vous êtes bien aimable de m'avoir envoyé votre album
si intéressant, je vous en remercie bien vivement,
ainsi que pour le fameux Vin Mariani, pour lequel
je me joins au chorus universel

L. Émile Adan

Madame ALBANI

Mme Albani est de race française. C'est au Canada, à Montréal même, où son père était professeur de musique, qu'elle commença, sous sa direction, ses premières études musicales.

On assure que, dès l'âge de dix ans, celle qui devait être une des reines du chant déchiffrait aisément sur la harpe ou sur le piano les partitions des grands maîtres des écoles italienne, française et allemande.

Un de ses biographes nous apprend qu'à quinze ans, pensionnaire du Sacré-Cœur de Montréal, elle manifesta la résolution d'entrer en religion ; des conseils amis la détournèrent de cette pensée.

Ce fut alors que son père, devenu veuf, alla s'établir à Albany et qu'elle trouva en Mgr Couroy, évêque de cette ville, un protecteur dévoué. D'abord, il lui donna une place dans le personnel chantant de sa cathédrale où elle remporta ses premiers succès.

Les accents de la voix fraîche et mélodieuse de la jeune artiste attiraient dans l'enceinte de l'église métropolitaine une foule qui devenait chaque dimanche plus compacte. Tout le monde, catholiques et protestants, voulait entendre les harmonieux accords de celle qu'on n'appelait plus que *la petite fauvette Canadienne*.

L'évêque lui-même comprit que là n'était pas l'avenir de la mignonne cantatrice, et il engagea vivement son père à la conduire en Europe, où elle trouverait des maîtres dignes d'elle.

La famille n'était pas riche, mais la ville d'Albany organisa un concert pour donner à la future étoile les moyens d'aller briller à Paris. Mme Albani alla frapper à la porte de Duprez qui, pendant un an, la fit travailler avec une sollicitude toute paternelle. C'est l'illustre chanteur qui la confia ensuite au célèbre professeur Lamperti qui la prépara à la carrière italienne.

Les débuts eurent lieu sur le théâtre de Messine, et quelque temps après, à la Pergola, de Florence.

Ce n'est réellement qu'à Saint-Pétersbourg que Mme Albani commença sa réputation. Elle y reçut l'accueil le plus chaleureux, et quand, après la saison, elle partit pour New-York, elle trouva dans cette ville des mélomanes enthousiastes qui voulurent la porter en triomphe.

Depuis ce temps, dans toutes les capitales de l'Europe et dans toutes les grandes villes d'Amérique, l'Albani a connu toutes les ivresses de la gloire.

C'est au théâtre de Covent-Garden, à Londres, qu'elle a , pendant tant de saisons consécutives, soutenu tout le poids du répertoire et fait des créations inoubliables dans la plupart des œuvres modernes.

Dans tous les opéras qu'elle a chantés, Mme ALBANI a secoué les plus indifférents : elle a mis à ses pieds tous les délicats et tous les enthousiastes.

Dans *Lucie*, *Lohengrin*, la *Traviata*, etc... elle a obtenu les plus retentissants succès.

Le premier air et le duo des adieux de *Lucie* ravissent littéralement la salle. Quant au septuor, elle le conduit avec une superbe maëstria. Musicienne et chanteuse, elle fait sonner toutes les cordes de la virtuosité, mais c'est dans les effets de demi-teinte qu'elle arrive à la plus grande intensité d'impression. Il y a des trouvailles étranges, des notes reprises en une sorte de « rebattement » adouci qui sont des nouveautés, tant ces élégants artifices de l'ancienne virtuosité italienne sont aujourd'hui oubliés, ou plutôt hors de la portée des chanteurs.

Dans le rôle d'*Elsa*, de *Lohengrin*, il n'est plus question du sentiment élégiaque et mélancolique de l'œuvre de Donizetti. Chez Wagner, nul sacrifice à l'éclat de l'habilité vocale. La chanteuse à effets s'efface entièrement devant la virtuose dramatique ; et c'est le côté plastique en quelque sorte, qui doit compléter avec la vérité, la justesse de l'accent, la réelle et vivante interprétation de la figure idéale rêvée par le poëte et réalisée par le génie du musicien. C'est une admirable fidélité d'exécution que l'on retrouve chez Mme ALBANI, et Elsa nous apparaît, grâce à elle, dans la pureté de lignes de cette exquise figure, le charme de la couleur et je ne sais quoi de surhumain qui, chez cette douce fille d'Eve, mêle l'idéal de la légende mystique aux curiosités enfantines et aux ardeurs des passions terrestres.

Et dans la *Traviata*, quelle touchante, quelle merveilleuse Violetta nous rend Mme ALBANI ! Elle a le charme, l'éclat, la grâce au premier acte, la tendresse et l'émotion dans le reste de l'ouvrage. Et comme toujours, le chant est d'accord avec le jeu et la mimique, de façon à donner à l'interprétation toute son importance et toute sa couleur.

Nous pourrions ainsi passer en revue tous les rôles de la célèbre cantatrice, — et la place nous manquerait. Mais nous ne commettrons pas le sacrilège oubli de ne pas mentionner le rôle de Marguerite. On comprend que *Faust* vende son âme pour être aimé de celle dont il contemple les yeux troublants

A la pâle clarté des astres de la nuit.

ALBANI (MARIE-EMMA LAJEUNESSE, dite) né à Chambly, près Montréal (Canada). Elle vint à Paris en 1870, travailler sous la direction de Duprez. Elle suivit ensuite le cours de Lamperti, le célèbre professeur de Milan. Mme ALBANI parut d'abord sur les théâtres de Messine et de Florence. Elle se fit entendre tour à tour à Bruxelles, à Saint-Pétersbourg, à Paris et à Londres. Mme ALBANI a épousé M. Ernest Gye, fils du célèbre directeur de ce nom, et qui a succédé à son père comme *manager* du Théâtre de Covent-Garden.

Windsor Hotel New York
April 6 /89

Dear Sir

I am very much obliged for the Vin
Mariani which you have sent me — and
I take this opportunity of telling you how
highly I think of the wine — It is most
valuable in strengthening the throat and chest
It has been very beneficial to me
and I always have some by me — and
I have recommended it to many artists
with the best results — Yours very truly
G. Albani

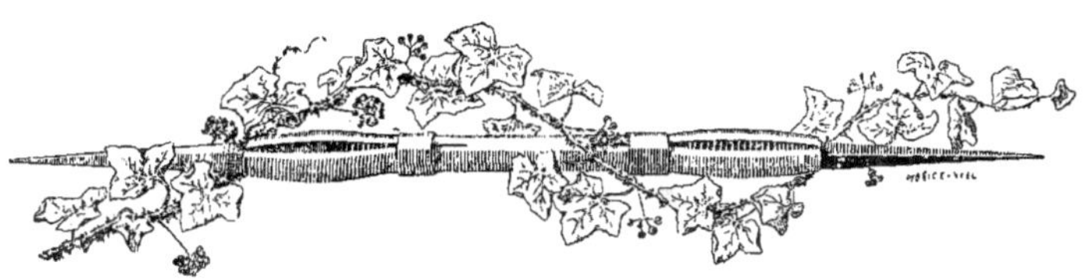

ATALAYA

N jardin calme à Passy, rue Raynouard; tout autour une sorte de petite cité de travailleurs. Un étage et dès la porte ouverte, c'est un gazouillement, un pépiement de jeunes moineaux, qui parmi des joucts brisés, qui aux jupes de la mère, qui à son sein. Et il y a des absents. Le maître du logis arrive la main tendue. Tout de suite, il faut fumer un cigare. Nous sommes bien en pays espagnol. Et l'on cause d'art et de la dure vie d'artiste.

De taille ordinaire, cheveux noirs à travers lesquels le front commence à gravir, faisant des coupes un peu hâtives; barbe entière sans trop de fils blancs, malgré les soucis. Aux doigts le signe du fumeur, au front le signe du penseur qui travaille assis, les yeux chercheurs de teintes et de formes. Une toute petite table encombrée de godets où les ors dominent. Car ATALAYA est avant tout un enlumineur, gouachant toutes ses images et y jetant à profusion toute la gamme de l'or, depuis l'or jaune jusqu'à l'or rouge.

Il est né à Murcie en 1851. Son nom précis est ENRIQUE ATALAYA. Il resta jusqu'à dix-huit ans dans sa ville natale, puis vint à Madrid, où il habita dix ans. Entre temps, il servit quatre ans dans l'armée régulière, pendant la guerre carliste. Ce fut pour le jeune artiste de bonnes années d'études : les types grouillaient autour de lui et c'étaient autant de modèles à bon marché.

Il se maria à Madrid. Deux enfants naquirent là. Six autres en France, à Paris, sa patrie d'adoption depuis 1879. ATALAYA professe un grand amour pour la France, selon lui le vrai pays des artistes.

Et depuis des années et des années cet homme lutte, sans trop en vouloir au sort qui cependant ne le favorise pas précisément. « Je gagne mon pain et je mets de l'art dessus », aime-t-il à dire. Il répète aussi couramment des proverbes fatalistes de son pays. Considérant son modeste intérieur, il hausse les épaules en souriant :

El que nace para octravo nunca llegara a cuarto.

(Celui qui naît pour être liard ne sera jamais pièce de cent sous.)

Il a même fait de ce proverbe la base d'une illustration de livre qui véritablement est un chef-d'œuvre. Et il convient d'autant mieux d'en parler ici, que cet ouvrage ne verra jamais le grand jour de la publicité. C'est l'histoire de sa vie qu'il a inscrite aux marges de son principal ouvrage, le *Rinconète Cortadillo* de Cervantès. Le livre qu'a luxueusement édité Launette en 1891 est une merveille de précision pittoresque et de poésie, mais de cela vous pouvez vous rendre compte : le livre s'achète. J'ai vu, moi, l'exemplaire donné à l'auteur avec de larges marges jadis blanches, aujourd'hui enguirlandées de cette biographie parlante.

Le héros est représenté debout sur *le liard* du proverbe, un joli liard bien rond d'abord, mais que les cailloux du chemin de la vie vont user et que la boue va rouiller. Deux ou trois cents images en couleurs racontent cette vie de labeur et d'honnêteté pauvre que mena et que mène encore ce curieux artiste. Il y bafoue pour son propre plaisir ses ennemis et ses faux amis (ceux-ci plus farouchement, car ATALAYA aime la franchise); il y a entre autres l'histoire d'une soi-disant protection d'un de ses compatriotes à son égard, qui est épique et d'un spirituel qui frôle le macabre. Il y a aussi les petites histoires de jurys de Salons; certains peintres connus y jouent des rôles un peu au-dessous de leur renommée. Il conte encore par le pinceau, mélancoliquement, son refus au Salon de 1892, je crois, une farouche et très belle *Marseillaise* qu'il eut la désagréable surprise de voir figurer au Salon suivant, signée d'un autre nom. J'ai vu les deux œuvres, elles se ressemblent autant qu'une médiocre copie peut ressembler à une œuvre sincère.

Parmi les scènes touchantes de cette illustration intime j'ai remarqué la grande scène de famille : le père à la table aux ors, le front penché, la mère vers le berceau et toute la grouillée enfantine à ses jeux ou à ses livres. A l'angle de droite, dans l'azur aperçu, un petit papillon voltige : « C'est l'âme de ma petite fille, me dit le père, celle qui n'est plus. »

Il faudrait que je parcoure encore ce bel album pour vous dire toutes les choses de profond sentiment, de vérité et de douce mélancolie qu'il contient. L'homme qui a pu produire cela est un artiste.

D'ailleurs le public s'en rendra compte le jour, prochain il le faut souhaiter, où il se trouvera un éditeur intelligent pour donner le jour au grand travail auquel ATALAYA use sa vie, à son illustration magistrale de *Don Quichotte*.

Cette composition est un véritable monument élevé à la gloire du héros espagnol. Chaque page est ornée comme les très riches missels de jadis. Je parlais tout à l'heure des ors que prodigue ATALAYA; il fait mieux : il emploie des émaux d'une transparence merveilleuse dont il possède seul le secret et il introduit des pierreries. Des rubis, des émeraudes scintillent au front du héros; le pommeau de son épée est chamarré de galons rehaussés de diamants. C'est féerique.

Aussi les amateurs sont-ils impatients de voir achevée cette gigantesque entreprise d'art.

ATALAYA (ENRIQUE), né à Murcie (Espagne) en 1851. — Habite Paris depuis 1879. A exposé au Salon des Champs-Elysées en 1882, 1888 et 1889. A l'Exposition Universelle de 1889, il avait de belles séries de son *Don Quichotte*. Il fut du Salon du Champ-de-Mars en 1890 et 1891. — Chez Launette, *Rinconète Cortadillo*, de Cervantès, soixante-sept compositions d'ATALAYA, 1891. — Il a composé pour M. Mariani des illustrations pour une nouvelle de J. Claretie, *Explication*, pour un conte d'Armand Silvestre « la *Plante enchantée*, » et pour une série de *sonnets* d'Arsène Houssaye, Paul Arène, Armand Silvestre, Maurice Bouchor, Jean Rameau, Pierre Barbier, qui sont autant de petits chefs-d'œuvre.

Cher monsieur Mariani.

« Don Quichotte éleva
la voix, et d'un ton
arrogant leur cria :
« Que tout le monde s'arrête,
et le monde ne confese qu'il
a dans le monde entier rien de
[compa]rable à la coca Mariani. »
Don Quijote tiene razon !
Mala...y

JEAN BAFFIER

EAN BAFFIER se dit lui-même *ouvrier sculpteur*. Et ce n'est pas là un acte de modestie exagérée. C'est l'affirmation d'une croyance, le résultat d'un légitime et très noble mouvement d'orgueil. BAFFIER est un fils de paysan qui gagna étape par étape les portes de la Ville d'art qu'il rêvait tout enfant, d'instinct. C'est un Berrichon loyal et joyeux qui, loin de renier son origine, s'en glorifie.

La caractéristique de ce maître sculpteur, c'est d'avoir vécu et de vouloir reproduire cela seul qu'il a vécu ou vu vivre à ses côtés. Cette logique théorie n'exclut pas la poésie et l'imagination, on le verra tout à l'heure. Mais la poésie vient par surcroît, en couronnement, pour ainsi dire. La poésie, c'est l'auréole du Beau Réel.

L'histoire de cette vie sera brève à conter. BAFFIER est né le 18 novembre 1851 à Neuvy-le-Barrois, dans le Cher, disons dans le Berry, pour ne point contrarier le farouche Berrichon.

Il vint à Paris en 1868 pour apprendre la taille de la pierre. On le voit, Baffier commence bien par le commencement. Pour un peu, il eût d'abord appris à extraire la pierre du sol... Le voici donc taillant des blocs ; ce fut un dur apprentissage ; il lui en est resté des muscles solides et un ardent amour du peuple qui travaille. A vingt-cinq ans, nous le trouvons sur les échafaudages de la cathédrale de Nevers qu'on réparait. Il profita de son séjour dans cette ville pour, pendant trois ans, apprendre le dessin à l'Ecole des Arts qui était moralement dirigée par Hanoteau, le grand peintre. Il eut là des maîtres bienveillants auxquels il garde une pieuse reconnaissance ; en particulier à Bouveault, alors architecte du département de la Nièvre, un noble artiste et un grand cœur. « C'est à l'influence persistante de cet ami cher, nous disait un jour BAFFIER, que je dois d'avoir résisté au découragement qui a souvent envahi mon âme meurtrie. »

Revenu à Paris, il entra dans un atelier de pratique. Il devint metteur au point et praticien. C'était la troisième étape.

Bientôt, il put produire lui-même.

Que vous semble de ce plan de vie ? Pour nous, nous avouons être sincèrement émus par cette volonté directrice, cette volonté maîtresse d'une destinée. Aussi, est-ce avec joie que nous allons maintenant parler de l'œuvre de ce brave tailleur d'image.

Il reste ouvrier ; aussi sait-il manier tous les matériaux : la pierre ordinaire, le marbre, la terre, le bois, l'étain, etc. Il est son propre praticien et il y paraît dans ses ouvrages. On peut y découvrir d'insignifiantes maladresses qu'aurait évitées un spécialiste, mais il n'est pas un endroit où l'on ne sente la main du maître, la main amoureuse qui a voulu l'œuvre et l'a exécutée.

C'est de lui le *Louis XI* qu'a acquis la ville de Bourges, et ce *Marat* qui fit tant de bruit, il y a quelques années. De lui aussi ce *Jacques Bonhomme,* si familier, si vivant.

Les titres suivants indiquent bien son souci presque constant de *vivre son œuvre* : c'est bien le Berrichon berrichonnant qui a signé : *le Greffeur, le Buveur, le Vielleux, le Cornemuseux, le Rire Gaulois,* etc. Voici quelques beaux bustes d'hommes, entre autres celui d'Armand Silvestre, ce Berrichon par amour de George Sand.

Qui ne connaît son *Jardinier arrosant* du square de la République ?

Arrêtons-nous un moment devant les trois bustes de femmes qu'il a appelés : l'*Angèle,* la *Mariette* et la *Jeannette.* Ce sont trois figures bien différentes et l'on devine, derrière, trois âmes non moins diverses. L'*Angèle* aux yeux baissés vers sa fraîche gorge que voilent le propret tablier à bavette et le petit fichu pointu, c'est l'honnête et timide fille d'il y a quelque vingt ans, d'une beauté saine et gentiment vigoureuse. La *Mariette* est plus près de nous ; nous l'avons tous rencontrée les vacances dernières : c'est la jolie fille rieuse, qui sait qu'elle est jolie et ne le laisse pas ignorer aux passants qui la dévisagent. Il y a une aimable expression pour peindre ce caractère ; la Mariette est la fille qui *s'écoute.* Quant à la *Jeannette,* la bonne tricoteuse, c'est la calme femme, passive, vivant sans pensée compliquée, ne songeant qu'à son labeur quotidien, c'est la servante humble, la bonne femme. Tout le Berry revit dans ces trois bustes, si pittoresques et gracieux, un Berry vrai à la fois et poétique.

Nous voici arrivés à la grande œuvre de Baffier : sa *Salle à manger moderne* décorée à la gloire du travailleur de la Terre. C'est la vie du paysan berrichon dans toutes ses phases : au travail, à la veillée, au bal, — à la joie et à la souffrance, de la vie à la mort. Toute l'existence artistique de notre sculpteur est tournée vers ce but. Il eût voulu bâtir une habitation entière. Mais, c'est déjà beaucoup qu'il puisse exécuter cette merveille, ce coin d'intérieur, qui restera unique dans nos années de mesquines inspirations. La *Cheminée* qu'on a pu voir aux derniers *Salons* du Champ-de-Mars, est un chef-d'œuvre de force et de grâce tour à tour. C'est simple et c'est grand. Tous les meubles seront dans le même style. Les plus petits objets seront composés originalement : assiettes, verres, soupières, saucières, sucriers, surtouts, etc. Pour la forme, Baffier se laisse guider par l'étude des fleurs et des fruits de France ; le chou, la salade, les feuilles des arbres fruitiers, les fleurs familières : jacinthes, pavots, roses, etc., servent tour à tour de modèles.

Ce mouvement d'art vers le logique et le simple dans l'ornementation de nos intérieurs, auquel les artistes assistent avec joie depuis quelques années, — c'est Baffier qui en est le principal promoteur. C'est la Terre qui vient régénérer la Ville. La Ville saura récompenser le bon ouvrier...

BAFFIER (Jean), sculpteur français, né à Neuvy-le-Barrois (Berry), le 18 novembre 1851. Tout d'abord tailleur de pierre, puis praticien, avant de devenir sculpteur. Étudia le dessin à l'École des Arts de Nevers. Partisan acharné de la décentralisation, ne laisse jamais passer une occasion de glorifier sa province. A fondé la *Société des Gars du Berry,* qui a sa musique de vielleux et de cornemuseux. Dirige, depuis 1889, un recueil mensuel très pittoresque, *le Réveil de la Gaule,* revue des traditions populaires. Brochure, 1895 : *Les Marges d'un Carnet d'ouvrier : Objections à Gustave Geffroy sur le Musée du soir et la force créatrice* (chez l'auteur, 6, rue Lebouis).

Dame ma foi monsieu l' méd'cin
c'etais bas ben la peine de v'ni,
Nout grand grand garçon nous a
envoyé du vin Mariani et j'cré ben
qu c'est ca qu'a gari mon gendre,
d'ailleur ma fill est la pour el diœ.

Ma foi ma foi ma chèr françoise
j' vous l'dit, quand j' l'ai vu si bas l'baur houme
Jai di pardieu; c'est fini d'soi bonne gens.
Eh ben voyez ma Marichon j'avons tou jui
et iz a ren qu'el vin d' Monsieu Mariani qu'el souter.

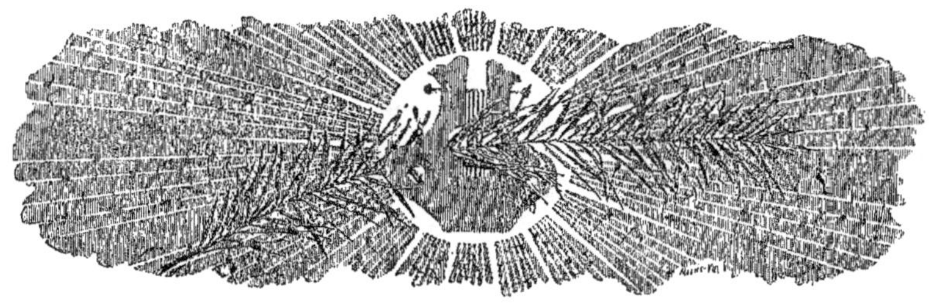

JULES BARBIER

E public, lorsqu'il applaudit un opéra, ne rend pas assez justice à celui qu'il nomme dédaigneusement : le « parolier ». Le librettiste est parfois un vrai poète, et son œuvre va de pair avec la partition. JULES BARBIER aurait très bien pu rester uniquement poète dramatique; ses débuts lui permettaient même, dans cette voie, succès et honneur : mais l'amitié l'entraîna un soir à aider un jeune maëstro, et c'en était fait de sa liberté. De ce jour il fut enchaîné aux doubles croches, sa verve poétique fut voilée de musique ; ce n'est qu'à de trop rares intervalles qu'il sut se dégager complètement et donner des œuvres de haute tenue littéraire, comme la *Jeanne d'Arc* que reprenait l'an dernier avec succès Sarah Bernhardt, à son passage à la Porte-Saint-Martin.

JULES BARBIER eut une éducation quasi-princière, son père étant précepteur des ducs d'Orléans; il fut élevé parmi eux et il resta l'intime ami du duc de Montpensier. Aussi, à ses débuts au théâtre, tous les d'Orléans étaient-ils à l'orchestre. C'était à la Comédie-Française, en 1847, et l'on donna de lui *l'Ombre de Molière* et *le Poète*. Il serait difficile d'avoir plus brillants débuts, car, outre les spectateurs dont nous parlions, JULES BARBIER avait, parmi ses interprètes, Rachel. Elle dit les strophes de la Muse tragique dans *l'Ombre de Molière*.

En 1849, il fit jouer un *André Chénier* qui faillit le faire fusiller. L'année d'avant, *Amour et Bergerie* avait eu un joli succès à l'Odéon. S'est exercé depuis dans tous les genres, mais a été surtout entraîné vers l'opéra et l'opéra-comique par le hasard d'une première collaboration avec son ami Victor Massé. *Galatée* et *les Noces de Jeannette* furent ses premières pièces lyriques. On traitait alors Victor Massé et ses collaborateurs de révolutionnaires : « Trois gâcheurs de plâtre se sont réunis pour faire une Galatée, » dit un critique à cette époque.

Parmi les œuvres qui suivirent, nous citerons de mémoire : *les Noces de Figaro, le Pardon de Ploërmel, la Statue, la Reine de Saba, Roméo et Juliette, Hamlet, Faust, Mignon, Psyché, une Nuit de Cléopâtre, Philémon, les Sabots de la Marquise, les Papillotes de M. Benoît, les Contes d'Hoffmann, le Timbre d'argent, Valentine d'Aubigny, les Amoureux de Catherine, l'Esclave, Sylvia, la Tempête, Gil Blas, Néron*, etc., etc. Son ami Michel Carré collabora à beaucoup de ces pièces. Les titres de ces opéras disent le nom de ses collaborateurs musiciens : Ambroise Thomas, Charles Gounod, Victor Massé, Reber, Halévy, Saint-Saëns, Reyer, Meyerbeer, Rubinstein, Leo Delibes, Boulanger, Offenbach, Semet, Membrée, etc., etc.

En dehors du genre purement lyrique, nous citerons *Jeanne d'Arc*, cinq actes en vers, créés par Lia Félix et repris par Sarah Bernhardt, *André Chénier la Loterie du mariage, un Retour de jeunesse, le Maître de la maison, les Marionnettes du docteur, un Drame de famille, Jenny l'ouvrière, la Sorcière, Cora ou l'esclavage, le Mémorial de Sainte-Hélène, la Fille du maudit, Princesse et favorite* (une des plus curieuses), *les Premières coquetteries, Bon gré mal gré, les Amoureux sans le savoir, Sous le même toit, Maxwell*, etc., etc. Sa vie est donc un très compliqué catalogue. JULES BARBIER est un laborieux.

A publié en outre quelques nouvelles et trois volumes de vers : *Le Franctireur, la Gerbe, la Fleur blessée.*

C'est le père de Pierre Barbier, le délicat poète de « *Vincenette* », un des petits bijoux du répertoire de la Comédie.

BARBIER (PAUL-JULES), auteur dramatique français, né à Paris le 9 mars 1825. Fils de M. A. Barbier, artiste peintre, ancien sous-intendant militaire, chef du secrétariat du duc d'Aumale ; cousin d'Auguste Barbier, l'auteur des *Iambes*. Études au collége Henri IV ; a été trois fois le président des anciens élèves de ce collége. Débuts très jeune : *Le Poète et l'Ombre de Molière*, joués à la Comédie-Française en 1847. *Amour et Bergerie* (Odéon, 1848); *André Chénier* (Porte-Saint-Martin, 1849) ; *Bon gré mal gré* (1849). Divisons maintenant les ouvrages de JULES BARBIER en *comédies et drames* et en livrets.

COMÉDIES ET DRAMES : Les *Amoureux sans le savoir* (1850) ; les *Derniers adieux* (1851) ; *Graziella* (Gymnase, 1849); *Jenny l'ouvrière* (1850, Porte-Saint-Martin) ; les *Contes d'Hoffman* (drame, 1851); les *Marionnettes du docteur* (1852) ; *le Maître de la maison* (comédie, coll. Ed. Foussier, 1866) ; *la Loterie du mariage* (en vers, Odéon, mai 1868) ; *le Mémorial de Sainte-Hélène* (1851) ; *Cora* (1866); *Princesse et Favorite* (1865); *Maxwel* (1867) ; *Feu de Paille, l'Amour mouillé, Voyage autour d'une jolie femme, un Retour de jeunesse, Néron* (1885), etc.

PRINCIPAUX LIVRETS, en collaboration avec Carré : *Galatée* (1852) ; *les Noces de Jeannette* (1853) ; *les Noces de Figaro* (1858) ; *le Pardon de Ploërmel* (1859); *la Statue* (1861); *la Reine de Saba* (1862, opéra); *Roméo et Juliette* (Th. Lyrique, 17 avril 1867); *Don Quichotte* (Th. Lyrique, 1869) ; *Jeanne d'Arc*, drame lyrique (Gaîté, 1873); *les Amoureux de Catherine* (1876) ; *Sylvia* (opéra, 1876, ballet); *Paul et Virginie* (avec M. Carré, Th. Lyrique, 1876); *le Timbre d'argent* (1876); *Graziella* (1877); *Polyeucte* (avec M. Carré, musique de Gounod, 1878); *la Reine Berthe*, musique de Victoria Joncières; *les Contes d'Hoffmann*, musique d'Offenbach; *Françoise de Rimini* (musique d'Ambroise Thomas, 1882) ; *Néron*, musique de Rubinstein (1885); *une Nuit de Cléopâtre*, musique de Victor Massé (1885), etc.

Comme poésie pure, M. JULES BARBIER a publié le *Franc-Tireur*, chants de guerre (1871), *La Gerbe* (1842-1881); *Fleur blessée* (1890). — Chevalier de la Légion d'honneur en 1865, il a été promu officier le 12 juillet 1880.

Cher Monsieur Mariani,

Pardonnez à mon apparente négligence; l'influenza a si tendrement éprouvé ma pauvre maison qu'elle m'a fait perdre de vue jusqu'à mes devoirs de reconnaissance! mais voilà que c'est votre admirable vin qui se charge lui-même de me les rappeler. Son action est telle sur mes chers convalescents que je serais un ingrat de ne... pas vous le dire, c'est merveille de voir comme il ramène les gens à la santé, quand il n'a pas d'épris à temps pour les préserver de la maladie.

Agréez, cher monsieur Mariani tous mes remerciements avec l'expression de mes sentiments dévoués

G. J. Barbey

BARTHOLDI

 orsque le Conseil municipal de Paris décida, vers la f.n de l'année dernière, la démolition de la rue Vavin pour l'achèvement du boulevard Raspail, BARTHOLDI éprouva un douloureux serrement de cœur. La petite maison où sa laborieuse carrière s'était écoulée allait disparaître ; les quatre murs allaient être rasés, entre lesquels il avait conçu et exécuté ses œuvres les plus fameuses : *le Lion de Belfort, la Liberté éclairant le Monde, le Monument de Gambetta aux Jardies,* etc...

Vainement le grand artiste adressa une éloquente supplique à nos édiles ; l'expropriation était votée ; il fallut déménager, connaître cette mélancolie des choses abandonnées qu'un poète exprima si justement en quelques mots : *Partir, c'est mourir un peu...*

BARTHOLDI s'arrangea de façon à mourir le moins possible en ne quittant pas le quartier qu'il avait toujours habité — le quartier, ce village du Parisien — où sa bonne figure brune, énergique, faite pour le ciseau et pour le laurier, était connue de toutes les commères, où devant les portes, sur le seuil des boutiques, des gens qui le rencontraient chaque jour le saluaient sinon d'un bonjour, du moins de ce regard familier qui semble à l'homme marchant son chemin parmi l'indifférence des foules, une douce lueur de cordialité, un chaud rayon de sympathie.

Et de fait, BARTHOLDI — ce Corse qu'un hasard prévoyant a fait Alsacien comme pour marquer plus profondément le caractère patriotique de son génie — BARTHOLDI, dès son enfance, grandit dans le voisinage silencieux du

Luxembourg. Elève au lycée Louis-le-Grand, où il fit d'excellentes études, ses parents le destinaient au barreau, lorsqu'un ami de sa famille, Ary-Scheffer, s'aperçut heureusement de sa vocation et l'arracha à la chicane pour le prendre dans son atelier.

Dès lors, BARTHOLDI sut trouver lui-même sa voie. Laissant après quelques mois d'étude la palette et le pinceau, il prit hardiment l'ébauchoir, et exposa à vingt-deux ans une statue du *général Rapp*, compatriote colmarien, œuvre qui promettait déjà le fier talent qu'il a si hautement affirmé depuis. Un *Vercingétorix*, aujourd'hui à Clermont, prouva quelques années plus tard que l'artiste ne perdait pas son temps, et que l'occasion ne se ferait pas attendre où il se révélerait comme un maître.

Or, voici que la guerre éclate, et BARTHOLDI, sur qui nos malheurs devaient avoir une influence si considérable, est des premiers à partir. Envoyé à Colmar sur sa demande, dès les débuts des hostilités, il y organise la garde nationale, puis il se rend à Tours juste au moment où Garibaldi offrait à la France le secours de son épée. Délégué par M. Crémieux, BARTHOLDI se rend au devant de Garibaldi pour le recevoir et il est attaché à son état-major.

La guerre finie, devant son impossibilité de rentrer en Alsace et la Commune régnant à Paris, BARTHOLDI part pour les Etats-Unis où il conçoit cette fameuse statue de la *Liberté éclairant le Monde*. Mais sa première œuvre, après les événements de 1870-71, fut la *Malédiction de l'Alsace*, qui fut offerte à Gambetta. Ce groupe, fondu en argent avec un socle qui porte les écussons des principales villes d'Alsace, était un touchant hommage des provinces perdues au grand patriote. Qu'est-il devenu ?

Puis vinrent les bustes jumeaux d'*Erckmann* et de *Chatrian*, la *Statue de Vauban* à Avallon, celle de *Lafayette* aux Etats-Unis, le *Lion de Belfort*, la *Liberté*, le *Tombeau de Paul Bert*, le *Monument funèbre de Hubner* à Mulhouse, *Diderot* à Langres, *Rouget de L'Isle* à Lons-le-Saulnier, une *Fontaine monumentale* à Lyon (Exposition de 1889), etc.

On a inauguré dernièrement à Paris (novembre 1895) un groupe de BARTHOLDI : *Washington et Lafayette*, offert à la France par un Américain bien connu, M. Pulitzer, notre confrère du *World*. Il prépare également pour la ville de Bâle un monument dont le sujet est emprunté à la guerre franco-allemande : *la Charité amenant les douleurs de Strasbourg à la Suisse*.

« Amas d'épithètes, mauvaises louanges », a dit La Bruyère. Aussi bien la simple nomenclature des œuvres de BARTHOLDI — presque autant de chefs-d'œuvre — est-elle le plus bel éloge qu'on puisse faire du talent, de la conscience de l'artiste et du caractère de l'homme.

BARTHOLDI (FRÉDÉRIC-AUGUSTE), sculpteur, né à Colmar le 2 avril 1833. Débuta en 1855 par la statue colossale du général Rapp, et forma successivement en 1859, un groupe, *le Génie dans les griffes de la Misère* ; en 1863, un monument à la mémoire de Marin Schow ; en 1863, une fontaine monumentale surmontée de la statue du général Bruet ; en 1864, le *Prométhée moderne* ; en 1863, *Génie funèbre* ; *les Loisirs de la Paix*, 1868 *Vercingétorix*, 1870 ; *la Malédiction de l'Alsace*, 1875 ; *la Statue de Champollion*, 1875 ; *la Liberté éclairant le Monde*, 1886 ; *l'Alsace et la Lorraine se réfugiant au pied de l'autel de la Patrie*, groupe marbre (monument élevé à Gambetta, à Ville d'Avray) 1891 ; *la Suisse secourant les douleurs de Strasbourg pendant le siège de 1870*, groupe marbre (monument érigé à Bâle) 1895.

Il a été promu Chevalier de la Légion d'honneur en 1864 ; Officier en 1882 ; Commandeur en 1887.

Il a obtenu la Médaille d'honneur au Salon de 1895.

Mon cher Monsieur Mariani,
la Coca semble grandir toutes nos
facultés; il est probable que si je
l'eusse comme il y a vingt ans, la
statue de la Liberté aurait atteint
une centaine de mètres!
Je me console en pensant que la
précieuse plante me donnera des
forces pour réaliser encore quelques
projets rêvés et je vous en remercie
bien cordialement
A. Bartholdi

Ce 4 Juillet 1892

Le Docteur Bétancès

Le Docteur Bétancès a fait de sa vie deux parts : il a consacré la première à la science qui conquiert d'avance tous les esprits d'élite. Il a réservé la seconde pour la lutte des principes et des idées, fier de jouer un rôle utile que ne devaient pas amoindrir des ambitions personnelles : et c'est ainsi que nous avons eu, dans le même homme, un savant écrivain et un publiciste éloquent.

A cette intelligence accessible à toutes les nobles passions, la recherche de la vérité scientifique ne suffisait pas, il fallait encore la satisfaction du devoir civique rempli avec la hauteur de vues et l'apostolat fécond des députés naturels d'un peuple.

Il ne s'agissait pas seulement de travailler à des réformes commencées, de suivre pas à pas les développements d'un système politique, mais de faire planer sur la patrie déshéritée et sur le front d'une mère asservie l'ange de l'affranchissement.

C'est à ces titres supérieurs que le Docteur Bétancès doit d'avoir été surnommé « *El Antillano* », glorieuse appellation qui lui est venue spontanément de l'affection et de l'estime populaires.

Le Docteur Bétancès commença ses études au collège de Toulouse, la métropole intellectuelle du Midi, et il eut pour condisciple un homme qui a joué un grand rôle dans la politique française, M. de Freycinet, et auquel il disputa souvent les premiers prix. *El Antillano* se jouait donc quelquefois de la « petite souris blanche ».

La Révolution de 1848 fut pour le jeune lauréat une véritable initiation : aussi il est bien difficile d'exprimer ses angoisses, lorsque, revenu dans son pays, il le trouva courbé sous le joug le plus despotique et presque déshonoré par la criminelle institution de l'esclavage des noirs.

Il revint à Paris pour prendre ses inscriptions et, en 1856, le jeune docteur arrivait à Porto-Rico. Une horrible épidémie de choléra lui fournit l'occasion de se distinguer par un dévouement à toute épreuve. Il tenait à porter haut et ferme le drapeau de notre École de Paris qui, répétait-il à juste titre, fournit non seulement de grands médecins, mais des hommes de bien. La science s'achète par la patience et les longues veilles ; l'esprit d'abnégation est inné et, seules, les natures généreuses en connaissent les nobles sacrifices.

Entraîné par la logique de ses idées, le docteur Bétancès créa un hôpital où les Français pauvres étaient admis comme ses concitoyens, et il fonda une société secrète abolitionniste. Ces deux œuvres commencèrent sa popularité et le désignèrent à toutes les suspicions du pouvoir. Après avoir failli être passé par les armes, il fut expulsé : c'était en 1858. Quant il rentra, ce fut pour prendre une large part à la Révolution Dominicaine qui voulait s'affranchir de la domination espagnole. Frappé d'un second arrêt d'exil, il se mit, en 1868, à la tête de la Révolution, à Larés, après avoir envoyé son ami Ruez Belvis pour réclamer à Madrid l'abolition immédiate de l'esclavage, avec ou sans indemnité. Le mouvement qui échoua à Porto-Rico se soutint à Cuba pendant dix ans, et, grâce à d'héroïques luttes, les deux Antilles Espagnoles jouissent aujourd'hui de quelque liberté.

A la suite de tant de mêlées ardentes, le docteur Bétancès fut exilé pour toujours et il vint à Paris exercer sa noble profession, suivi de la précieuse affection de tous les pays pour lesquels il avait si vaillamment combattu. Il n'était plus, aux yeux des nations si longtemps infortunées qu'il avait aimées et servies avec passion, ni Portoricain, ni Dominicain, ni Haïtien, ni Cubain. Il était l'homme dont le dévouement ne s'enferme pas dans une frontière, il était « *El Antillano* ».

Il s'est contenté, dans sa modestie native, de s'appeler lui-même « le doyen des étudiants étrangers ». Étranger ? Non. Le docteur Bétancès est Parisien. Il est mieux que cela, il est Français de cœur et d'âme, et lorsque la jeunesse étrangère, suivant le cortège des vainqueurs, allait chercher à Berlin un centre intellectuel et politique, il l'arrêta en chemin en lui désignant, avec l'autorité de sa science et de son caractère, Paris et seulement Paris.

L'âge est venu, mais il n'a pas refroidi les ardeurs d'*El Antillano*. Il reste sur la brèche et poursuit avec un succès grandissant la solution des plus ardus problèmes de la médecine, celui de la tuberculose tout particulièrement, qui lui a valu la plus enviable réputation.

BÉTANCÉS (docteur) est né à Cabo-Rojo (Ile de Porto-Rico) en 1830. Après de fortes études au collège de Toulouse, il fut reçu docteur de la Faculté de Paris. Nous avons résumé sa carrière politique. Il fut nommé, après un long exil, chargé d'affaires de la République Dominicaine à Londres, puis secrétaire de la légation à Paris. Correspondant du *XIXe Siècle*, sous la direction About, le docteur Bétancès a beaucoup écrit. Il a publié de magnifiques vers, ses plus importants discours politiques et littéraires et des relations de voyage, sans compter un grand nombre de travaux professionnels, qui constituent une œuvre remarquable et d'une rare variété.

12 Octobre 1892.
IVᵉ Centenaire de la Découverte de
L'Amérique.

Mon Cher Mariani

En Donnant une impulsion incalculable à la culture de la Coca Américaine et en créant par elle une industrie française vous avez établi entre la France et l'Amérique un lien d'amitié des plus intimes et des plus durables. Vous avez en même temps rendu aux malades de tous pays un service des plus méritoires. Vous avez fait œuvre Diplomatique et œuvre humanitaire.

Américain de naissance, français de tout cœur et médecin de profession, je me félicite de pouvoir me dire Cordialement

Votre ami

Bétances

FÉLIX BOUCHOR

INCÈREMENT artiste, passionné des lignes et des couleurs qui chantent les magnificences de la Forme, FÉLIX BOUCHOR a su rendre, en des œuvres intenses de poésie, le rêve d'Art qu'il porte en lui, intime et radieux.

Cloîtré dans un ancien presbytère aux poutres apparentes, au bord de la Seine, à Freneuse, en Normandie, au milieu d'un décor aux suggestions sereines, c'est là que le peintre travaille. C'est là qu'il a signé ces tableaux aux tons harmonisés discrètement, et qui célèbrent les joies saines et si complètes des champs.

Dans cet atelier, point de bibelots rares ou curieux ; mais sur les murs vivent, de la vie expressive de la peinture, des souvenirs donnés par les Maîtres. C'est d'abord un *Lion* de Benjamin-Constant ; une *Femme nue* de Lefebvre (ses maitres) ; un dessin de Bonnat : deux Italiennes au bras l'une de l'autre et riant ; des dessins d'Ingres ; un souvenir de *Inter Artes et Naturam* de Puvis de Chavannes ; le portrait du peintre peignant, par Doucet ; un délicieux petit tableau de Merson ; etc...

Et, parmi les esquisses ou les copies d'œuvres finies et livrées au public, se détache une petite toile intéressante, où, dans le demi-jour de son atelier de Saint-Gratien, la princesse Mathilde lave une de ces aquarelles qu'elle fait d'une façon si charmante. Plus loin, une étude de *la Batelée d'herbe à Freneuse*, envoyée par l'État au musée de Marseille et qui valut à son auteur, avec les vifs éloges des connaisseurs, la mention « hors concours » décernée par le Jury du Salon des Champs-Elysées.

Le crépuscule tombe : des ombres d'un violet doux mélancolisent d'une teinte intime et poétique le paysage environnant : sur l'eau calme de la rivière, le bateau glisse d'un mouvement souple et rythmique, sous la poussée robuste et aisée du paysan. Sur une jonchée d'herbes, une jeune fille est étendue et, la tête inclinée en arrière, elle dort : l'attitude du corps jeune et frais est paisible et heureuse, et chante la joie souriante de sommeiller ainsi, sur un lit d'herbes fraîches coupées, bercée par la cadence des rames qui soulèvent de molles et harmonieuses vagues.

A l'arrière du bateau, une femme, les regards fixés sur l'horizon qui fuit, contemple l'eau, le ciel et les arbres avec une expression d'admiration et de recueillement. On sent l'âme simple et fruste, toujours attendrie par le spectacle de la nature et qui voudrait s'emplir, non-seulement les yeux, mais tout l'être, tout le cœur aussi de cette vision touchante du jour qui lentement disparaît, et qui prépare la voie à la nuit, aux étoiles, à la poésie et à Dieu !

Ce vibrant est un sentimental, un rêveur dont l'œil bleu aime à s'ouvrir, à se poser sur la nature, à la caresser, à la posséder comme une maîtresse bien-aimée...

Paysagiste coloré et plein de mouvement, Félix Bouchor rend les harmonies de la terre, avec la compréhension, le sens d'un vrai poète. Voyez-vous derrière ce rideau d'arbres, bordant la rivière ?... l'aurore va se lever : l'eau et les feuilles sont attentives à l'éclat qui va planer sur elles ; les ombres se vaporisent ; la cime des rameaux est illuminée de clartés naissantes ; les rayons vont glisser, d'abord tamisées par les branches, puis de larges horizons de pourpre viendront magnifier les gloires du réveil à la vie !

Dédaigneux de la réclame, trop profondément enthousiaste de son art pour se prêter à de mesquines convoitises, Félix Bouchor travaille pour lui, pour la satisfaction intime qu'il éprouve à créer beau, à créer *vrai*.

D'esprit aventureux, ancien marin, Félix Bouchor a beaucoup voyagé ; l'Orient, terre de soleil et de poésie, a été salué par l'artiste amoureux de lumière et de beauté.

Doué d'une voix harmonieuse et chaude, il dit les vers de son frère avec un accent musical qui ravit. Les délicats l'ont applaudi, au théâtre des Marionnettes, dans le personnage de Myrtil. Il obtint un franc succès, doublé d'ailleurs par les délicieux décors qu'il avait brossés pour le *Noël*.

BOUCHOR (Joseph-Félix), né à Paris en 1853. Artiste peintre, auteur de : *La Batelée d'herbes*, au musée de Marseille ; *Pêcheur aux verveux*, au musée de Lille ; *Paysans normands sarclant leur champ*, au Ministère des Travaux publics, dans la salle à manger du Ministre ; etc...

Hors Concours. Élève de Benjamin Constant et de Jules Lefebvre. Expose, tous les ans, au Salon des Champs-Elysées, à l'Exposition internationale de la galerie Georges Petit, au Cercle de l'Union Artistique et au Cercle Volney.

Sine Coca friget Venus...

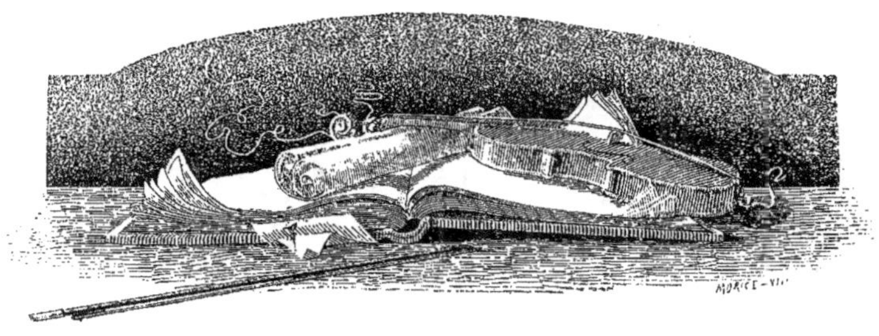

ERNEST BOULANGER

ans le courant de l'année 1843, l'Opéra-Comique représentait un ouvrage intitulé *Les Deux Bergères*. Il était signé, pour le livret : Planard, pour la musique: BOULANGER. Sur l'affiche, en regard du principal rôle féminin, on lisait : Mme Boulanger. Etait-ce hasard ou parenté entre musicien et chanteuse? Cette réunion de deux mêmes noms était la chose la plus exquise, la plus touchante, la plus douce : la mère devenue l'interprète de son fils. Et quelle mère ! Cette artiste admirable qui, de 1815 à 1845, fut la gloire de l'Opéra-Comique par la grâce et le charme de son talent ! Celle qui incarna Zerbine du *Muletier*, Jenny de *la Dame Blanche*, Suzanne de *Marie*, Paméla de *Fra Diavolo*, Rita de *Zampa*, Jacinthe du *Domino noir* !

Le fils faisait et a fait honneur à la mère. Sa carrière musicale, que nous allons retracer, est des plus distinguées, et la place de M. Ernest Boulanger parmi nos compositeurs est de celles que beaucoup pourraient envier.

Musicien, peintre, sculpteur, on part à Rome, chargé des lauriers que vient de vous décerner l'Institut. Dans la Ville Eternelle, on travaille, on admire et on s'assimile les beautés de l'art antique dont Rome est restée le sanctuaire. Mais le séjour réglementaire est achevé, il faut songer au retour. On revient. Peintre, comment ferez-vous connaitre vos connaissances acquises, l'inspiration puisée? Qui prendra vos tableaux ? Sculpteur, comment prouverez-vous votre habileté à modeler l'argile, à faire vivre le marbre ? Musicien, qui jouera votre opéra, votre messe ou votre oratorio ?

Comme tous les Prix de Rome, M. Ernest Boulanger éprouva les déboires du retour, la difficulté des débuts, les dégoûts devant les théâtres fermés impitoyablement. Enfin, la fortune s'humanisa. Scribe voulut bien confier au jeune musicien un poème en un acte, *Le Diable à l'École,* qui, habillé — fort bien, ma foi ! déclara dame Critique — de la musique de M. ERNEST BOULANGER, vit le jour à l'Opéra-Comique. Puis ce fut un acte encore, sur la même scène : *Les Deux Bergères,* dont nous avons parlé. Autre acte, autre succès : *Une Voix,* qui était celle de Mme Casimir, principale interprète. Enfin, voici trois actes : *La Cachette,* mal servie par Planard, son librettiste, faisant pourtant convenable figure, grâce à la musique.

Ici se place une délicate bleuette qui a la grâce fragile d'un Saxe, le mignard délicieux d'un Watteau : *Les Sabots de la Marquise.* Sur une donnée heureuse de Jules Barbier et Michel Carré, l'ouvrage eut grand succès, et les couplets *Va pour Nicolas !* l'air *A vous je m'intéresse,* devenaient bientôt populaires. La partition fut bissée presque en entier à la première ; la valeur d'artistes tels que Sainte, Bussine, Mlle Lemercier ne pouvait que rehausser le mérite des *Sabots de la Marquise.*

M. ERNEST BOULANGER entra à l'Opéra avec *le Docteur Magnus,* opéra en un acte de Cormon et Michel Carré. M. Warot, que l'auteur du *Docteur Magnus* devait retrouver comme son collègue au Conservatoire, jouait dans cet ouvrage.

Au temps où Paris se transportait à Bade, M. BOULANGER vit représenter dans la station cosmopolite son *Mariage de Léandre,* et quand Emma Livry mourut, brûlée, elle devait animer de sa danse divine un ballet, *Zara,* inventé par M. Nuitter et Taglioni, l'immortelle sylphide, et pour lequel le compositeur apprêtait les rythmes ailés de sa mélodie.

Depuis son *Don Mucarade,* au Théâtre Lyrique, le musicien est devenu professeur de chant. Après avoir été sinon un des maitres, du moins le conseiller et le guide de Gueymard, M. BOULANGER, par son enseignement du chant au Conservatoire, a su former des chanteurs d'élite tels que Fournets, Dupeyron, Douaillier, actuellement à l'Opéra ; Mme Molé-Truffier, la charmante pensionnaire de M. Carvalho. Citons aussi Mlle Figuet, à qui la mort n'a pas voulu laisser continuer une carrière qui s'annonçait brillante, à en juger par les bravos dont furent soulignés les premiers pas de cette artiste sur la scène de notre Académie nationale de musique.

Tout récemment, M. BOULANGER a pris sa retraite de professeur. Il est redevenu compositeur. Ses loisirs nombreux, son ardeur vaillante et très verte vont nous donner mélodies en album, chœurs pour orphéons, musique de chambre et, souhaitons-le, un opéra ?

Dans son salon, l'autre jour, comme nous attendions en regardant le portrait de Mme Boulanger, une apparition souriante s'encadra dans la porte : une fillette blonde, portant dans les traits une ressemblance frappante avec la créatrice de *la Dame aux Camélias* et du *Domino noir.*

— Ma fille ! à qui je vais donner sa leçon, — nous dit M. BOULANGER.

Et dans l'escalier, notre visite faite, la porte à peine fermée, une voix fraiche vint jusqu'à nous. La leçon commençait.

Heureux père !

BOULANGER (ERNEST-HENRI-ALEXANDRE), né à Paris le 16 septembre 1815. Élève, au Conservatoire, de Alkau pour le solfège, Halévy pour le contre-point, Lesueur pour la composition, il a obtenu le Prix de Rome en 1835. Premier ouvrage, joué à l'Opéra-Comique : *Le Diable à l'École* (17 janvier 1842). Dernier ouvrage joué : *Don Mucarade,* Théâtre Lyrique (1875). A ajouter à la liste des œuvres : *L'Eventail* (1861), *Don Quichotte* (1873) ; *les Navigateurs, la Noce flamande, la Goutte d'eau,* chœurs. M. BOULANGER fut décoré de la Légion d'honneur en 1869.

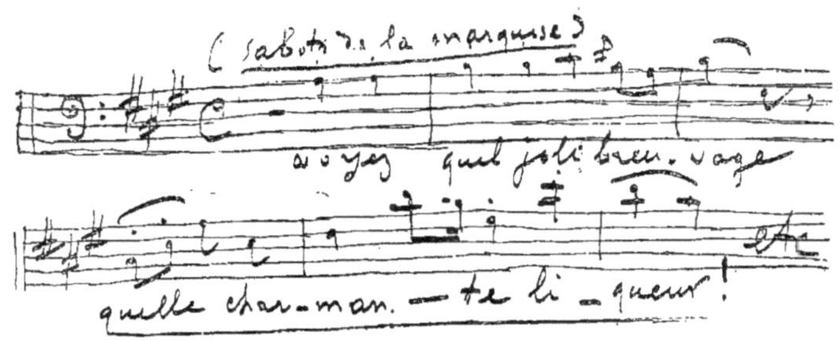

Si cette charmante liqueur, mon
cher Monsieur Mariani, avait été notre
vin à la coca, l'ouvrage serait encore
au répertoire au lieu d'être obligé d'y
rentrer.

G. Boulanger

Mademoiselle Jeanne Brindeau

ademoiselle Jeanne Brindeau, qui occupe un rang si distingué sur nos scènes de premier ordre, a suivi au Conservatoire les cours de Bressant et de Got.

Elle était, à Lyon, la pensionnaire de M. Marc, aujourd'hui directeur de l'Odéon, lorsqu'elle fut remarquée par M. Victor Koning, qui se préparait à prendre la direction du Gymnase. Ce directeur demanda à Brindeau, l'ex-sociétaire de la Comédie-Française, qui venait faire ses adieux à sa fille avant de partir pour Saint-Pétersbourg, de lui assurer la jeune artiste dans le cas où les pourparlers aboutiraient. M. Koning ayant pris le Gymnase, il engagea Mlle Jeanne Brindeau qui l'avait littéralement ravi dans *le Roi s'amuse,* et il la fit débuter dans *Braves Gens,* et, quelques mois après, dans *l'Alouette.*

Les rares qualités qu'elle montra dans ces deux pièces décidèrent le directeur du Gymnase à confier à sa pensionnaire le rôle important de Micheline dans la célèbre comédie de Georges Ohnet, *Serge Panine.*

La distribution de l'ouvrage était exceptionnelle. Mme Pasca, Mlle Léonide Leblanc, MM. Marais et Landrol, l'élite de la troupe enfin, donnaient dans l'œuvre nouvelle.

Mlle Jeanne Brindeau rendit avec une vérité bien touchante le rôle de Micheline, cette fille de Mme Desvarennes, éprise d'un prince polonais qui ne considère les bourgeoises que comme des fermes en Normandie, et dont l'amour diminue à mesure que s'effrite la dot.

La brillante actrice devait obtenir un double succès dans la même pièce. Après un certain nombre de représentations, elle reprit le rôle de Mlle Léonide Leblanc, Jeanne, la fille adoptive de Mme Desvarennes, et y fut non moins applaudie que dans celui de Micheline.

M. Octave Feuillet, qui avait remarqué Mlle Jeanne Brindeau dans les deux créations précédentes, lui confia le personnage, un peu ingrat, d'ailleurs, de Marcelle de Targy, dans le *Roman Parisien.* Elle se tira vaillamment de ce rôle dificile, et tout le monde admira sa physionomie tragique et sa voix si chaude.

De tels débuts devaient lui ouvrir les portes de la Comédie-Française.

Sur notre première scène, Mlle JEANNE BRINDEAU parut dans deux importantes reprises, dans *Mademoiselle de Belle-Isle* et dans *Ruy-Blas*.

Elle se tira à son honneur du premier de ces rôles, celui de Mlle de Belle-Isle, l'un des plus écrasants du répertoire.

Dans *Ruy-Blas,* elle fut la vivante incarnation de cette pauvre reine accablée par l'étiquette, sans cesse humiliée et ne pouvant se défendre contre l'amour passionné qu'elle inspire.

Mlle JEANNE BRINDEAU arrachait des bravos à toute la salle, pendant la magnifique scène du 3e acte :

> .....Don César, je vous donne mon âme.
> Reine pour tous, pour vous je ne suis qu'une femme.
> Par l'amour, par le cœur, duc, je vous appartiens.
> J'ai foi dans votre honneur pour respecter le mien.
> Quand vous m'appellerez, je viendrai, je suis prête.
> O César ! un esprit sublime est dans ta tête.
> Sois fier, car le génie est ta couronne à toi !

Après avoir passé près d'une année à la Comédie-Française, où il est bien difficile aux nouveaux venus de trouver l'occasion de se montrer dans les grands rôles du répertoire, et surtout de faire partie de la *combinaison* des pièces nouvelles, Mlle JEANNE BRINDEAU reçut de l'administration du Théâtre Michel de Saint-Pétersbourg des propositions trop avantageuses pour ne pas les accepter avec empressement.

Le nom de sa famille était fort connu et très apprécié en Russie. Elle allait pouvoir, sans faire pendant des mois entiers le siège d'un rôle réservé plusieurs années à l'avance par les directeurs ou les auteurs, prendre possession de tous les privilèges de son emploi et devenir la libre interprète des maîtres de l'art dramatique contemporain.

Pendant plusieurs saisons, elle a su, par sa grâce et ses multiples qualités, charmer l'aristocratique public du Théâtre Michel, qui a pour tradition de nous prendre nos meilleurs artistes. Pourquoi nous en plaindre ? Si le théâtre ne corrige pas les mœurs, quoi qu'on en dise, il cimente peut-être des alliances...

Et les artistes qui vont, comme Mlle JEANNE BRINDEAU, faire revivre sur les bords de la Néva les œuvres les plus parfaites de l'esprit français, rendent d'incontestables services à la patrie qu'ils font aimer et admirer.

BRINDEAU (JEANNE-LOUISE DÉJARNY) est née à Paris. Élève de Bressant et de Got, au Conservatoire elle obtint, en 1877, un second accessit de comédie ; puis, l'année suivante, les deux premiers accessits de comédie et de tragédie. Après avoir joué au théâtre des Célestins, à Lyon, elle fut engagée au Gymnase, où elle créa Jeanne, dans *l'Alouette* (14 janvier 1881) ; Micheline, dans *Serge Panine* (5 janvier 1882) ; Marcelle, dans le *Roman Parisien* (28 octobre 1882). Mlle JEANNE BRINDEAU fut engagée à la Comédie-Française le 3 novembre 1883. Elle y reprit le rôle de *Mademoiselle de Belle-Isle* et celui de la Reine, dans *Ruy-Blas*. Elle fut ensuite engagée au Théâtre Michel, de Saint-Pétersbourg. A son retour en France, elle fut réengagée au Gymnase où elle avait obtenu ses premiers succès.

Cher Monsieur Mariani

Si votre plumage

ressemble à votre .... breuvage.

Vous êtes le phénix

Des hôtes de ces bois

Jeanne Brindeau

GEORGES CAIN

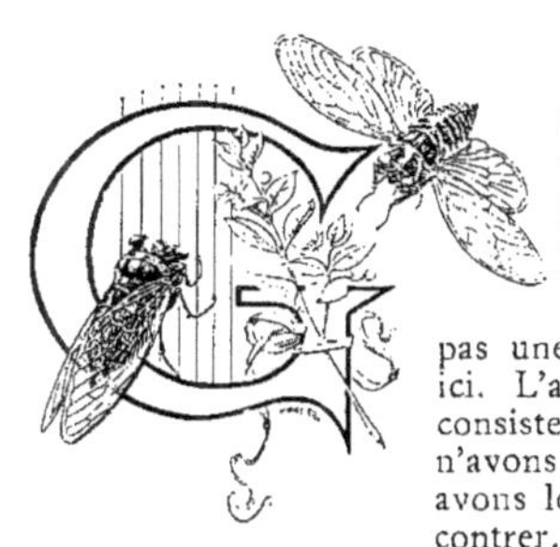

eorges Cain, fils du célèbre sculpteur Auguste Cain, frère de Henri Cain, le paysagiste, s'est spécialisé dans le tableau de genre : scènes historiques ou pittoresques. Ces œuvres ont de la force et du charme, tour à tour, et les gros amateurs se les disputent. Mais ce n'est pas une page de critique que nous avons à écrire, ici. L'avenir se charge de la besogne ingrate qui consiste à malmener les gloires contemporaines. Nous n'avons qu'à esquisser un portrait d'homme : or nous avons le plus charmant modèle qui se puisse rencontrer.

Tout jeune encore, il est connu et riche ; renommée et fortune, il doit tout, un peu à son nom, beaucoup à lui-même. Il est surtout aimé. L'indiscret que je fus un jour, dans son merveilleux atelier de la rue Lafayette, voulut interviewer le modèle préféré du jeune maître : la jolie et aimable Ninon. Un éloge pompeux partit comme d'instinct des lèvres de la belle personne : « Oh ! monsieur, comme il est bon ! Il n'a pas un ennemi, je le jurerais ! Et quel travailleur, quel maître gai ! Et puis quel homme charitable, généreux !... Je l'aime bien, mais je fais comme tout le monde ; on ne peut pas s'en empêcher... » L'arrivée du jeune maître interrompit le dithyrambe ; on sentait aussi que c'était une brave fille qui parlait ainsi.

Impossible de revoir chez Georges Cain ses œuvres passées. Toutes ornent des salons connus. Celle même qui est sur le chantier : *Partie de plaisir*, est vendue. Cependant, un petit tableautin de lui : *Demoiselle à son écritoire*, orne sa chambre à coucher ; c'est que ce tableau fut offert jadis à une jeune dame aujourd'hui Mme Georges Cain. Mais s'il y a peu de tableaux, il y a une foule d'études, très curieuses, très complètes, pages quotidiennes du carnet du voyageur infatigable qu'est notre peintre. Puis il y a des Detaille, des Luc-Olivier Merson, les deux maîtres préférés de Cain, il y a tout un trésor de Rosa Bonheur : entre autres un bien bel éventail, et un *Anon* d'une laideur très puissante. Il y a de splendides étoffes, des costumes historiques (telle cette jupe de la Dubarry sur laquelle se voient brodés un *D* en myosotis et l'*L* de Louis XV en laurier rose sur fond bleu de France), il y a aussi des meubles historiques (une curieuse commode, entre autres, qui sous le marbre porte gravé qu'elle fut donnée à Danton par Louis David). Il y a enfin, animant cet intérieur, ce véritable musée, toute une série de bronzes de son père, le chantre puissant de la faune. Il y a aussi des animaux vivants, oiseaux, chien (Toby), et une vieille bonne qui doit être le dévouement même, mais qui, parait-il, a le défaut de toujours entrer quand il ne le faut pas. Du reste, elle ne le fait pas exprès... Enfin un intérieur de travailleur et d'amateur. Le peintre se double d'un ardent collectionneur. Ses albums d'autographes sont une mine inépuisable. Nous avons pu copier au passage ce « rondel dans le goust ancyen » envoyé à GEORGES CAIN pour « la fête et réjouissance qu'il nous baillera le 14 de ce mois », et qui ne nous éloigne pas de notre sujet, puisqu'il nous est un certificat que l'atelier de G. CAIN est souvent un endroit de délices :

> De Georges Cain, l'Esprit et la Beauté
> Pour domicile ont élu la demeure.
> A tous deux l'Art y faict société ;
> Et grâce aux troys, si vite y passe l'heure
> Qu'on se croirait par un resve emporté.
> Que je sois faict eunuque ou que je meure
> Si par des mains savantes apprêté
> Jamais repas se passa sans gaîté
>   Chez Georges Cain.
>
> Belles par qui ce séjour enchanté
> Devient si doulx qu'en le quittant l'on pleure,
> Au verre exquis que votre lèvre effleure
> Dans un baiser je boys à la santé
>   De Georges Cain.

Cela est signé « Armand Silvestre » et orné de dessins amusants. Transcrivons encore l'un des deux quatrains que le maître conteur écrivit après avoir vu le tableau de G. CAIN, intitulé *A l'Eglise*, que possède aujourd'hui le musée d'Amiens :

> Le passé, l'avenir : couple silencieux
> Qui, vers le même Dieu, n'a qu'une âme ravie :
> Couple heureux mille fois, car l'image des cieux
> Est douce à contempler aux deux seuils de la vie.

Nos lecteurs seront les premiers à lire, imprimés, ces deux jolis poèmes.

A côté des albums d'autographes, il y a l'album énorme des documents sur la Révolution : tous les personnages du grand drame y figurent, par des lettres, des signatures, des portraits du temps, en un tragique voisinage. On pourrait faire un livre avec ce recueil unique.

Mais il faut que nous quittions notre aimable hôte, malgré tout le plaisir qu'on aurait à fouiller la bibliothèque du grand atelier où le maître du logis a fait se coudoyer ses deux maîtres aimés dans le passé : Moreau le jeune et Raffet, les deux grands artistes dont l'œuvre a eu une salutaire influence sur G. CAIN.

Et maintenant, un essai de catalogage.

CAIN (GEORGES), peintre français, né à Paris, le 16 avril 1866. Fit ses études à Louis-le Grand. Bachelier, sait lire et écrire, dit son livret militaire. Elève de Detaille. Il exposa pour la première fois en 1880 Œuvres les plus connues : *Le Buste de Marat au pilier des halles* (1881 ; appartient à M. Georges Berger) ; *Un Tribunal sous la Terreur* (1882 ; appartient à M. Goudchaux) ; *Pajoux et la Dubarry* (appartient à M. Chauchard) ; *Une Noce sous le Directoire* (1890 ; appartient à M. Sgoutta) ; *La Nouvelle servante* (même année) ; *Présentation de Lord Byron à la comtesse Guiccioli, 1819* (1891 ; appartient à M. Stefaovich Schilizzi) ; *Une partie de whist en 1805, palais de Fontainebleau* (1891 ; appartient à M. Mendozza, de Londres) ; *Marie-Antoinette quittant la Conciergerie* (appartient à M. Eppenheimer ; ce tableau servit de modèle pour le décor final de *Thermidor*, de M. Sardou) ; *Victorien Sardou dirigeant une des répétitions générales de* MADAME SANS-GÊNE (1894) ; *Une Barricade en 1830 Bulletin de victoire de l'armée d'Italie, Paris 1797*. Illustrations de livres, entre autres, une merveille : *La Cousine Bette*, de Balzac.

Ils en ont trop bu, mon cher Marischi !

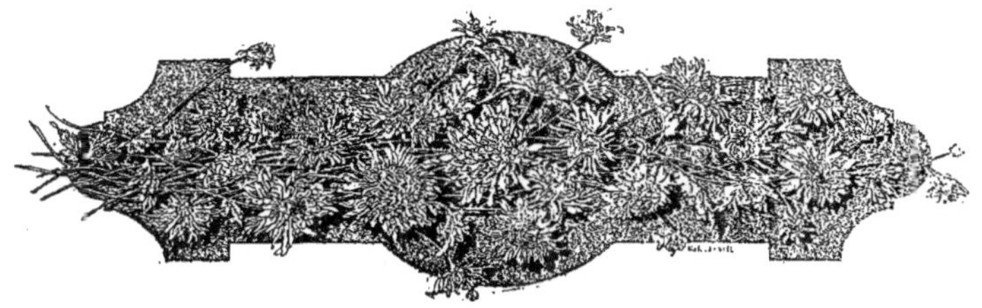

Mademoiselle Emma CALVÉ

ADEMOISELLE Emma Calvé est certainement une des plus belles, une des plus charmantes personnes qu'on puisse voir aujourd'hui sur une scène et cette personne est douée de la plus magnifique voix qui se puisse entendre. « C'est le grand soprano des fortes chanteuses », a dit un critique digne de foi, M. Louis Esnault, « le grand soprano dans toute sa beauté. Une voix douce et sonore, onctueuse et pleine dans les notes graves; brillante et d'une limpidité cristalline dans le registre aigu ; très étendue d'ailleurs, du métal le plus pur et le plus fin, et du timbre le plus flatteur ; très flexible, toujours conduite avec une habileté parfaite et sachant donner un charme égal aux contours de la mélodie et aux cadences finales d'une phrase bien ciselée. »

Grande, d'une prestance superbe — à la scène et à la ville, il faut le noter — brune comme *Carmen*, avec les mêmes yeux sombres, non moins attirants, elle est de ces beautés qu'on nomme : irrésistibles. Et cependant comme toutes les artistes qui savent rester, quand il convient, femmes du monde, elle est, chez elle, d'une aimable simplicité et d'une grande modestie qui forme une bien curieuse opposition avec la renommée européenne, voire même transatlantique, de la très belle et très grande artiste.

Les grandes capitales se la disputent. Un mois elle est à Paris et l'autre à New-York, entre les deux elle traite avec Londres. Et voici Bruxelles et voici Naples qui l'appellent. Enfin nous l'avons pu entrevoir une après-midi chez elle. Elle rentrait et allait sortir. Elle vit debout. Comme il doit s'ennuyer son joli salon blanc et or de l'avenue Montaigne, si souvent déserté ! Et cependant comme il semble gai d'avoir du soleil parmi ses meubles frêles et gracieux et sa maîtresse au milieu, qui sourit au piano ouvert, mais muet ! Elle n'a guère le temps de nous renseigner sur son existence, la charmante cantatrice, mais par bonheur sa vie et ses succès sont bien connus.

Née dans l'industrieuse ville de Decazeville, dans l'Aveyron, d'une mère languedocienne et d'un père espagnol, Mademoiselle Emma Calvé fut élevée chez les Dames de Saint-Affrique, puis au Sacré-Cœur de Montpellier, qui est le couvent aristocratique par excellence des jeunes demoiselles du Midi. Sa toute jeune voix, déjà bien jolie, sonnait claire et limpide sous les voûtes du cloître. Elle était adorée pour la façon dont elle chantait l'*O Salutaris* et l'*Ave Maria*. Cependant personne n'eût osé songer à la gloire retentissante mais profane qu'elle devait trouver un jour dans le monde.

Son père, ingénieur distingué, mourut sans laisser de fortune. La gêne approchait. La petite bourgeoise sentit en elle une artiste qui ne demandait qu'à vivre et à faire vivre les siens, — car outre la mère, il y avait toute une nichée de jeunes oiselets qui ne chantaient pas, ceux-là, mais qui ouvraient déjà leurs petits becs affamés. La petite EMMA prit vite la résolution de marcher au devant de la Fortune. Et aujourd'hui la grande artiste, qui fut toute jeune le soutien de sa famille, est devenue leur douce providence « heureuse de donner, de donner encore, de donner toujours ».

Le public l'entendit pour la première fois, à Nice, dans un concert de bienfaisance. Ces débuts sous les auspices de la sainte Charité devaient lui porter bonheur. Elle remplaça la Gruvelli et chanta exquisement la mélodie *L'Étoile que j'aime*. Les amateurs durent ce soir-là sans peine découvrir une étoile qui serait vite aimée.

Alors elle vint à Paris, la grande école, travailla sous Pujet, puis avec la Marchesi, enfin et surtout avec Mme Rosine Laborde à laquelle elle a voué une reconnaissance sans bornes. « Tout le talent que j'ai, aime-t-elle à répéter, je le lui dois. »

Dès ses débuts, elle devint célèbre. Elle connut vite les grandes joies de la réussite et de l'argent béni puisqu'il était loyalement gagné et pour une œuvre pieuse. Ces succès ne l'enivrèrent point, comme il arrive si souvent ; elle resta simple, bonne, presque timide. Bruxelles, Paris, Nice, Milan, Rome, Naples, Florence, tour à tour l'applaudirent, la fêtèrent, la pleurèrent. C'était Ophélie, c'était Marguerite, c'était Hérodiade, c'était Loïla, et vingt autres héroïnes. Tantôt elle reprenait des rôles où elle faisait souvent oublier ses prédécesseurs, tantôt elle créait avec une merveilleuse autorité. Elle reprend *Carmen* et crée *le Chevalier Jean*, *Cavalleria rusticana*, etc. Vie sans trêve ; succès croissant ; avenir plein de promesses encore…

Mademoiselle EMMA CALVÉ, revenez-nous vite.

CALVÉ (Mademoiselle EMMA DE ROQUER), née à Decazeville (Aveyron) en 1864. Elève de Pujet, de Marchesi et de Mme Rosine Laborde. Débuts à Nice, dans une représentation à bénéfice. Débuts véritables à Bruxelles, au théâtre de la Monnaie, dans Marguerite de *Faust* (23 septembre 1882). Au Théâtre Italien de Paris, crée *Aben Hamet*, rôle de Bianca (16 décembre 1884), à l'Opéra-Comique, créé le *Chevalier Jean*, de Victorin Joncières, rôle d'Hélène (mars 1885). Saisons en Italie. Retour au Théâtre Italien de Paris ; *Les Pêcheurs de Perles*, rôle de Loïla (1889). Tournées à l'étranger (Italie, Amérique, Londres). Rentre à l'Opéra-Comique, crée *Cavalleria rusticana* (19 janvier 1892) Saison à Covent-Garden, puis Opéra-Comique, puis Madrid, puis New-York, enfin Londres où elle chante *Carmen*, au moment où nous écrivons ces lignes (juin 1895). Elle est officier d'Académie.

Mon cher Mariani,

J'ai suivi votre conseil pour combattre mon rhume, j'ai pris des grogs chauds avec votre délicieux Vin de Coca et j'ai pu chanter hier soir Carmen.

Avec mes plus vifs remerciements

Emma Calvé

CHARLES CASTELLANI

E peintre Charles Castellani, que ses tableaux militaires et ses panoramas ont rendu deux fois célèbre, a été aux prises dès son adolescence avec la pauvreté, cette mère des forts.

Il essaya plusieurs métiers jusqu'au jour où il résolut d'aller en Italie à la conquête de la richesse et de la gloire.

Il partit à pied, ce qui diminue bien les chances du triomphe.

Arrivé quand même au pays du ciel bleu, il y fit la rencontre d'Edmond About qui nous a conté l'impression que lui fit cet enfant égaré sur les routes comme le *Passant* de François Coppée.

Après quelques mois passés à la belle étoile, — l'auberge de Zanetto, — il fut forcé d'avouer sa détresse et fut rapatrié aux frais de l'État. La carrière artistique a de ces retours.

Son premier soin, une fois à Paris, fut de trouver du travail, car sa mère partageait ses espérances et, hélas! son sort précaire. Il entra chez M. Oudinot, peintre verrier, et fut chargé de donner du relief aux lignes froides et presque ascétiques des personnages des vitraux.

Le bonheur vient moins en dormant qu'en prenant de la peine; Charles Castellani en fit l'expérience quand un véritable artiste, Yvon, lui ouvrit son atelier.

En 1368, l'élève, suffisamment aguerri, exposa un *Clairon de zouaves*, de grandeur naturelle. C'était vigoureux et plein de promesses.

La guerre survint, interrompant les beaux projets.

Charles Castellani s'engagea, combattit pour la défense de Paris, souffrit comme tous les autres pendant les nuits glaciales du terrible hiver, fut blessé en avant du fort de Rosny et fait prisonnier.

Pendant quatre mois, quatre longs mois douloureux, il connut les horreurs de la captivité en Silésie, à Glogau.

Après la guerre, il se fixa à Bois-le-Roi où les peintres et les poètes parisiens vont chercher l'inspiration qui s'envole des grands arbres. Quant à lui, il ne cherchait l'isolement que pour fixer sur la toile les visions entrevues pendant l'année fatale. C'est là qu'il fit deux tableaux mémorables, les *Turcos à Wissembourg* et la *Charge des cuirassiers à Sedan*.

CHARLES CASTELLANI donna ensuite les *Marins au Bourget* qui commencèrent sa notoriété. Il n'avait plus qu'à persévérer dans cette voie pour devenir un des enfants gâtés du public et un des maîtres respectés de la critique.

En 1877, son tableau *Mil huit cent soixante-dix* obtint un des plus francs succès du Salon.

« Un pauvre cuirassier a reçu une balle ou un biscaïen au cœur à Reischoffen peut-être, et son cheval, un éclat d'obus à la tête. Ainsi cheval et cuirassier roulent dans la poussière ; mais, dans cette chute dramatique, le patriote, avec son tronçon de sabre, lève les bras au ciel et s'écrie sans doute : Vive la France ! »

L'émotion fut générale devant cette superbe personnification de la patrie qui avait tout perdu *fors l'honneur*.

En brossant avec tant de vigueur ses grandes toiles militaires, CHARLES CASTELLANI se préparait peut-être inconsciemment à devenir le maître du Panorama. Le premier où il s'essaya fut transporté aux Etats-Unis où il excita une vive admiration.

Après avoir décoré le Palais de l'Industrie de Philadelphie, le jeune maître vint à Bruxelles où il fit le Panorama de Waterloo, où les Français n'ont pas le mauvais rôle. C'est cet immense tableau circulaire, rehaussé de toutes les ressources de la mise en lumière, agrémenté de toutes les surprises de la perspective et des premiers plans réels, qui lui valut en Belgique une juste popularité.

Depuis ce jour, l'infatigable travailleur ne peut plus se reposer et suffire aux commandes qui lui viennent de tous les points du monde.

CHARLES CASTELLANI n'a pas fait moins de dix-neuf panoramas, sans compter d'importants tableaux dispersés un peu partout.

L'artiste qui a fait cette œuvre prodigieuse a conservé l'allure et la vigueur de la jeunesse. De taille moyenne, blond, la barbe drue, le regard doux et fier, le front haut, CHARLES CASTELLANI est un charmeur dont la causerie, pétillante de mots étincelants, retient et captive tous ceux qui l'approchent.

Il ne se contente pas d'être un peintre de premier ordre, il est aussi un musicien plein d'originalité ; seulement, au lieu de jouer du violon, comme M. Ingres, il compose des marches militaires.

CHARLES CASTELLANI est né soldat. Il a mis son art en campagne, mais il a surtout exprimé dans son œuvre les grands sentiments qui s'agitaient dans son cœur : il a eu un faible pour les vaincus, et si le courage malheureux lui semble plus sacré que la bravoure victorieuse, il pense et croit que l'héroïsme de la défaite appelle le triomphe de la revanche.

CASTELLANI (CHARLES), est né en 1842, à Bruxelles, d'un père italien et d'une mère française. Il fut élève d'Yvon et de Delaunay et débuta au Salon de 1888, avec le *Clairon de zouaves*. Pendant la guerre, il s'engagea dans les francs-tireurs, prit part à la défense de Paris et devint capitaine dans l'armée régulière. Après la guerre il reprit la palette et donna successivement : les *Turcos à Wissembourg* (1873) ; *Charge des cuirassiers à Sedan* (1874) ; *Charge des zouaves pontificaux et des francs-tireurs à Loigny* (1875) ; *Mil huit cent soixante-dix* (1877) ; les *Marins au Bourget* (1879) ; *Mort du commandant Rivière* (1885) ; *Prise de la porte ouest de Son-Tay* (1887) ; etc., etc... M. CASTELLANI est l'auteur du *Panorama de Waterloo*, à Bruxelles, du *Panorama du Siège de Belfort*, de la *Création avant le déluge*, panorama installé au Jardin d'Acclimatation et qui fut détruit par un incendie en 1887, du *Panorama de la bataille de Patay*, installé près de l'Église du Sacré-Cœur, à Montmartre, etc., etc...

Au vin de Coca
De César ou d'Alexandre
Vous pouvez chanter les exploits ;
D'Achille, aux rives du Scamandre,
Vous pouvez crier sur les toits
La valeur et la renommée.
Seule du vin Mariani
La gloire est par moi proclamée !
Et j'ai signé. — Castellani

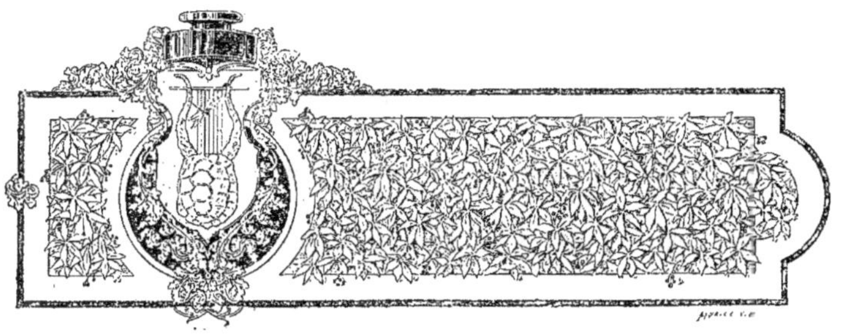

Madame RICHARD LESCLIDE

(JEAN DE CHAMPEAUX)

OIFFÉE d'une gerbe d'épis mûrs où le soleil du Midi a mis les chatoiements de l'or, plutôt petite, la taille svelte à ravir, moulée dans une jaquette en drap noir qui fait admirablement ressortir la blancheur de sa peau de blonde, un nez petit, spirituellement retroussé, voire même batailleur, un nez où frémissent des narines roses frétillantes, chercheuses de choses exquises, des narines gourmandes qui disent l'adorable poème de la friandise, des gâteries succulentes et rares, et sur ce nez qui trahit inconsciemment de si mignons défauts, un lorgnon monté en or; derrière le lorgnon, les deux plus jolis bleuets que vous puissiez rêver de rencontrer en pleine campagne, par une radieuse matinée d'avril, tandis que les merles et les bouvreuils sifflent dans les branches; enfin, la vo x bien timbrée et souple, avec des harmonies qui captivent, voilà le portrait flatteur mais non flatté de Mme RICHARD LESCLIDE, en littérature Jean de Champeaux.

La jeune veuve de celui qui fut le plus dévoué et le plus aimé secrétaire de Victor Hugo, reçoit dans un salon clair, égayé de plantes vertes, où la lumière baigne le grand piano placé entre deux hautes fenêtres.

Tout est gai à l'œil, tout est souriant dans cette maison charmante : on sent que c'est là le nid d'une femme, et d'une femme artiste, un nid où chantent les mélodies troublantes de la musique et les mélodies suaves de la poésie, car Mme RICHARD LESCLIDE est poète.

Poète et femme, deux fois muse, n'est-ce pas tout à fait adorable ?

Mme RICHARD LESCLIDE est spirituelle sans prétention et instruite sans pédantisme. Elle cause admirablement sur tout, avec un charme de modernisme ravissant, science avec les savants au crâne chauve, art avec ses confrères, mondanités et chiffons avec ses amies. Ce n'est certainement pas de rubans qu'elle cause avec Séverine, qu'elle aime de tout son cœur, mais qu'elle aime surtout parce que c'est une nature vibrante et géniale, une belle et haute intelligence vers laquelle doivent voler les sympathies et les admirations.

Mme RICHARD LESCLIDE est dans le mouvement. Elle dirige un journal consacré à l'exaltation du vélocipède et elle fait de la propagande pour la bicyclette... avec ses jambes autant qu'avec sa plume.

Vêtue d'une robe courte, les mollets moulés en une paire de guêtres très collantes sous lesquelles il n'y a pas le moindre bas... bleu, le chapeau noir coquettement posé sur l'ébouriffement des cheveux pailletés d'or, légère et rapide, elle suit les longs chemins avec la constance infatigable des lauréats que prône son journal.

Et c'est plaisir de la voir, si menue et si agile, si souple en chacun de ses mouvements, avec l'ardeur impatiente de ses petits pieds finement chaussés.

Malheureusement, sur les grandes routes poudreuses, on a à peine le temps de l'admirer. On dirait d'une étrange apparition de sylphide fin de siècle, coiffée d'un rayon de lune.

« Elle galope, a dit un de ses biographes, elle chevauche sur son coursier de fer, soulevant des nuages diaprés de couleurs chatoyantes, et à la suivre quand elle disparaît au milieu du sanglant crépuscule d'un soleil couchant, la tête fine et nimbée d'or, on rêverait du passage d'une vivante et blonde aurore. »

Jean Richepin a traduit, en quelques lignes, les ivresses de la vélocipédie :

« Voler le corps en souple équilibre, les muscles en action frénétique et rhytmée, la sueur bue par le vent, les poumons gorgés d'oxygène, c'est une volupté, tout bêtement. De ces voluptés-là, où l'on se grise à sa vigueur, à son adresse, à se dépenser en se sentant devenir plus fort, de toutes les belles joies gymnastiques, j'ai toujours été le dévot, et j'en suis fier. »

Comme l'auteur de la *Chanson des Gueux*, Mme RICHARD LESCLIDE est bicycliste et poète, et toute sa vie tient dans ces deux mots qui représentent son double idéal, l'inspiration et le mouvement.

Nous avons parlé d'un biographe, et nous-même, nous avons écrit la *biographie* de Mme RICHARD LESCLIDE. La biographie ! Quel mot vide de sens pour une vie qui commence, pour une vie dont presque toutes les pages sont blanches !

Pour les remplir selon nos vœux, les destins n'ont qu'à écrire un mot : *Bonheur*.

Jean de Champeaux s'en contente, puisque Mme RICHARD LESCLIDE le mérite.

Mme VEUVE RICHARD LESCLIDE (Jean de Champeaux) est née à Pacy-les-Ormeaux, dans l'Yonne. Elle a été élevée à Paris, et a fait son apprentissage d'écrivain auprès de Victor Hugo, dont M. Richard Lesclide était le secrétaire. Elle a écrit de nombreuses poésies et elle dirige aujourd'hui le *Vélocipède Illustré*, avec M. Paul Faussier. C'est ce journal que M. Francisque Sarcey a appelé, dans un élan de justice, le *Moniteur officiel de la Vélocipédie*.

Au cycliste qui vagabonde
Et roule par vaux et par monts,
A la découverte du monde
Emporté par tous les Démons;

Aux enfants, aux femmes moroses,
Aux pas frêles et chancelants,
Aux babys pâles et non roses
Aux cheveux blonds, aux cheveux blancs;

A ceux qu'un âpre labeur brise,
Aux fiers esclaves du Travail,
Dont l'existence, morne et grise,
Est pour nous un épouvantail;

Aux Juifs-errants de la Pensée,
Lutteurs que l'Art a faits les siens,
Vient s'imposer la panacée
Dx maître des magiciens.

Le philtre mystérieux, qu'est-ce?
Cet elixir des Dieux héu
C'est la Force et c'est la Jeunesse
C'est la Coca Mariani

Jean de Champeaux

Théobald CHARTRAN

———

ᴇs Grecs l'eussent nommé *Nicanor*, ce peintre aux victoires successives dont la physionomie altière et généreuse respire la force et la conquête.

Grand, solide, élégant, affiné, Chartran, avec son regard franc, sa bouche souriante et affable, sa voix au registre souple, étendu, charmeur, inspire de prime contact cette sympathie d'instinct qui nous prend parfois tout entier, nous attire et nous livre à un nouveau venu avec toute la confiance et l'abandon qu'on n'accorderait souvent qu'aux plus proches et aux plus intimes de la vie.

Pas de pose chez lui, une fougue naturelle et saine qui le porte aux expansions des familières causeries, rien de maladif, de torturé, d'inquiet, une force agissante, sûre de sa direction et de ses moyens, une puissance qui s'impose et qui va droit au but ; puis, sensation rare à notre époque, il donne celle d'un être heureux de vivre et de produire avec une vigueur incomparable, sans défaillances ou tâtonnements.

De cette belle physionomie du jeune maître, une grande part doit être faite à l'atavisme.

Son père, mort en 1869, était conseiller à la Cour impériale de Besançon; sa mère était fille d'un militaire; ce qui explique — ainsi que le remarque M. Firmin Javel, l'un de ses biographes — que l'allure de ce grand et beau gars réflète la franchise un peu rude du soldat tout en exprimant quelque peu la gravité professionnelle et la correction distinguée du magistrat.

Mais où puisa-t-il les germes de son talent large et minutieux à la fois, qui le dota de cette honnête compréhension du dessin, de ce charme délicat et subtil du coloris, de cette pénétration d'observation qui affirme la ressemblance absolue de ses portraits, qui s'animent de toute la mobilité de la vie et de l'expression individuelle ? — C'est là un mystère de la nature qui échappe aux psychologues de l'hérédité : — l'art est une création idéalisée dont la loi est le travail constant et qui ne saurait fournir des parchemins d'origine. — Il résulte d'un labour sans trêve dans le champ de la pensée et du rêve et d'une lente et inconsciente analyse de l'harmonie des choses.

Dès le lycée, l'élève CHARTRAN subit l'occulte aiguillage sur la voie de sa destinée ; il dessina comme d'autres écrivent, composent ou *mathématisent ;* et, bien que la volonté paternelle le destinât à la magistrature, la vocation fut plus forte, et au sortir de la classe de philosophie l'indomptable THÉOBALD brûla la politesse à l'École de Droit pour entrer à l'École des Beaux-Arts, dans l'atelier du flavescent et rose Cabanel, le lion régnant de la peinture élégante en 1868.

Les débuts du nouveau rapin ne furent point particulièrement difficiles ; il connut l'économie d'un budget borné, mais n'eut pas à s'escrimer sur le terrible *rata* de la vache enragée ; il était né sous une brillante étoile qui ne se voila que passagèrement, et ce fut en triomphateur incontesté qu'il fut envoyé à Rome comme lauréat de l'année 1877.

CHARTRAN revint de la Villa Médicis, sinon célèbre, tout au moins déjà célébré par la camaraderie des peintres contemporains dont aucun ne contestait la puissance de sa manière. Aux succès d'atelier succédèrent les succès de salons, car l'homme, aussi bien que son œuvre, attirait à lui toutes les sympathies et CHARTRAN « le bon enfant », le joyeux compagnon, l'aimable viveur, CHARTRAN, l'élégant mondain, le *ténorisant*, le boute-en-train, récolta chaque soir au sortir de l'atelier, après ses journées du *bûchage*, ces fumées de la gloire naissante qui, comme l'encens à travers les roses, se faufilent en d'aimables spirales de compliments sur les lèvres des jolies femmes.

L'œuvre de ce maître, qui, après Paris et Rome, vient de conquérir New-York, est trop important et trop connu pour qu'il puisse être évoqué dans ce petit croquis biologique. Son *Saint François d'Assise,* son *Pape Léon XIII,* ses fresques décoratives à l'Hôtel-de-Ville, à la Sorbonne, au musée de Caen, ses portraits largement brossés et d'une harmonie de couleurs toujours si exquise et si franche d'allure, le classeront au premier rang de la peinture contemporaine.

Puis, ce fortuné laborieux est un jeune, car il a le don des éternels renouveaux dans sa manière, qu'il transforme et rafraîchit à chaque nouvelle production... Il semble tirer ses couleurs de la Boîte de Pandore et on doit s'attendre de sa part à bien des surprises, à de brillants éblouissements prismatiques.

CHARTRAN (THÉOBALD), né à Besançon, le 20 juillet 1849. Élève de Cabanel. Expose aux Salons de 1872, 1874, 1875, 1876, 1877 : *Le corps de Msr Darboy ; Jeanne d'Arc ; Angélique et Roger ; Jeune fille d'Argo au tombeau d'Agamemnon* et *Saint Saturnin, martyr.* Lauréat du concours de Rome en 1877 avec une *Entrée des Gaulois à Rome.* Nous le retrouvons au Salon de 1880 avec une *Joueuse de mandore ;* en 1881 il expose *Le Cierge,* et en 1883, la *Vision de saint François d'Assise,* son œuvre capitale.

Depuis cette époque, CHARTRAN triomphe à tous les Salons avec : en 1884, le *Portrait de Mlle Reichemberg* et celui de Mlle *L. C.* ; 1885 : *Portrait de M. R.* et les *Fiançailles,* projet de décoration pour une salle de mariages ; 1886 : *Fragment du plafond de la salle des mariages de la mairie de Montrouge* et le *Portrait de Mlle S. L.* ; 1887 : *Portrait de M. Mounet-Sully* (Hamlet) ; 1888 : *Vincent de Beauvais et Louis IV à l'abbaye de Royaumont,* fragment de la décoration de l'escalier d'honneur de la nouvelle Sorbonne ; 1889 : *Ambroise Paré pratiquant la ligature des artères sur un amputé ; Siège de Metz, 1555* (Sorbonne) et le *Portrait de M. E. D.* ; 1890 : *Portrait de M. Emile Blavet ;* 1891 : *Portrait de Mlle Brandès,* du Vaudeville ; 1892 : le *Portrait de Léon XIII,* qui fit sensation ; 1893 : le *Portrait de M. Lozé,* préfet de police, et celui de M. le baron H. de B. ; enfin, en 1894 : *Portrait de Carnot, président de la République.*

CHARTRAN est chevalier de la Légion d'honneur depuis 1890.

MARIANI
PÉROU

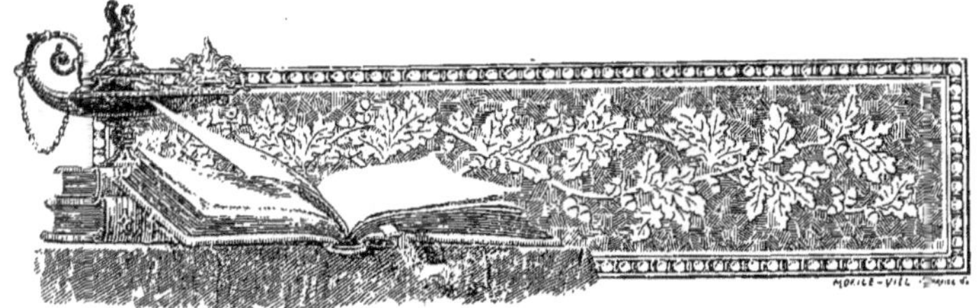

ALBERT CHRISTOPHLE

lbert Christophle qui, par sa compétence et ses hautes qualités administratives, a fait du Crédit foncier une institution d'une incontestable prospérité, fut reçu docteur en droit en 1852 et se fit inscrire au barreau de Caen. Quatre ans après, il fut nommé avocat au Conseil d'Etat et à la Cour de Cassation. Il fit partie du Conseil de l'ordre et collabora à diverses revues juridiques, notamment à la *Revue pratique de jurisprudence.*

En 1862, il publia un *Traité de travaux publics* qui fait autorité dans la matière et qui a été souvent réimprimé, bien que les éditions successives ne soient guère le partage des ouvrages de ce genre.

Au 4 septembre, M. Albert Christophle fut nommé préfet de l'Orne par le gouvernement de la Défense nationale. Il prit l'initiative de faire élire, dans les départements, les maires et les adjoints par les conseils municipaux et employa toute son activité à organiser la défense locale.

Aux élections générales du 8 février, il était démissionnaire. Il se présenta dans l'Orne et fut élu membre de l'Assemblée nationale. Il vint siéger au Centre gauche et en fut bientôt nommé président.

Il fit partie de nombreuses et importantes commissions, et, l'un des principaux défenseurs de la politique de M. Thiers, il combattit avec énergie les projets de restauration monarchique.

Pendant cette période, M. Albert Christophle vota la paix, la loi municipale, la loi des Conseils généraux, s'abstint sur l'abrogation des lois d'exil et se déclara en faveur de la proposition Rivet qui donnait à M. Thiers le titre de président de la République et faisait concorder la durée de ses pouvoirs avec celle de l'Assemblée.

Résolument partisan d'un gouvernement conservateur-républicain, M. Albert Christophe écrivit une lettre fameuse au duc de Broglie, lettre dans laquelle il parlait au nom de tous ceux qui n'étaient pas dupes, quoique modérés, des projets de la réaction :

« Le meilleur moyen de soustraire à jamais les conservateurs de toute nuance aux dangers du radicalisme, disait-il, c'est de constituer la République. Voilà ce que le pays attend des vrais conservateurs, sinon la République se fera sans eux. Veulent-ils qu'elle se fasse contre eux ? Il n'y a plus d'autre question. »

Décidé et toujours précis, en prenant possession de son fauteuil de président du Centre gauche, il prononça un discours dans lequel il fit ressortir la nécessité de l'union des trois groupes républicains de l'Assemblée pour maintenir la République conservatrice et libérale contre les groupes coalisés de la majorité.

Après une lutte ardente contre les hommes du 16 mai, le 20 février 1876, M. ALBERT CHRISTOPHLE se présenta aux nouvelles élections, et il fut élu au premier tour de scrutin dans l'arrondissement de Domfront.

Dans la combinaison ministérielle qui suivit la chute du cabinet Buffet, il reçut le portefeuille des Travaux publics. Il commença alors par introduire des réformes sérieuses dans l'administration centrale de son ministère, qu'il réorganisa sur des bases toutes nouvelles; il mit des hommes nouveaux et compétents à la tête de tous les services; il élargit les attributions des Conseils supérieurs des Ponts-et-Chaussées et des Mines, etc... Puis, pour se rendre compte des améliorations à apporter dans la construction et l'exploitation des lignes ferrées, il fit plusieurs excursions en France et à l'étranger. En janvier 1877, il alla jusqu'en Hollande, où il étudia avec attention le système d'exploitation des chemins de fer de ce pays. De retour en France, il prononça à la Chambre, au sujet de la question du rachat des chemins de fer d'intérêt local, des discours remarquables. Celui du 20 mars 1877 lui valut un succès éclatant et les félicitations publiques de M. Thiers.

M. ALBERT CHRISTOPHLE quitta le ministère sous la présidence de M. le maréchal de Mac-Mahon, qui le nomma gouverneur du Crédit foncier.

Ce qu'il a fait pour cette grande institution de crédit, tout le monde le sait, et la prospérité actuelle de cet établissement est due incontestablement à sa prudente et habile administration.

A l'Exposition universelle de 1889, M. ALBERT CHRISTOPHLE a joué un rôle prépondérant. C'est à lui qu'on doit l'organisation financière de cette importante manifestation nationale; l'association de garantie qui permit de marcher au but sans préoccupations financières fut constituée par lui; la création des bons-tickets a été un immense succès, grâce à son intervention, et c'est à cette création qu'il faut faire remonter en grande partie le succès inouï de l'Exposition.

Aux dernières élections, M. CHRISTOPHLE, estimant que les intérêts financiers dont il a la charge réclamaient impérieusement sa présence à la Chambre, posa de nouveau sa candidature à Domfront. Il fut élu député pour la troisième fois. C'est un nouvel et juste hommage rendu à l'homme dont l'énergie calme, le talent et la force morale honorent la République.

CHRISTOPHLE (ALBERT) est né à Domfront (Orne) le 13 juillet 1830. Il fit son droit à Caen et fut lauréat de cette Faculté. Reçu docteur en droit en 1852, après avoir appartenu pendant quatre ans au barreau de cette ville, il fut nommé, en 1856, avocat au Conseil d'Etat et à la Cour de Cassation. Au 4 septembre, il fut choisi comme préfet de l'Orne. Démissionnaire le 23 décembre 1870, il se présenta à la députation et fut élu le 8 février suivant. Réélu en 1877, — l'un des 363, — il fit partie du ministère Dufaure, avec le département des Travaux publics. M. ALBERT CHRISTOPHLE a été nommé, sur la proposition de M. Léon Say, gouverneur du Crédit foncier en 1878. Député de l'Orne pour la troisième fois en 1889, M. ALBERT CHRISTOPHLE fait partie du Conseil général de l'Orne. Il a été fait officier de la Légion d'honneur pour sa participation au succès de l'Exposition universelle. On a de lui, outre de nombreuses études parues dans les revues de jurisprudence, le *Traité théorique et pratique des travaux publics* (2 vol.), publié en 1862, et un *Recueil de discours*, paru en 1888.

A. Madier.

L'art de ... compte des inventeurs
Et je vois saluer comme des bienfaiteurs
Des gens qui, pour la main, font honte de genre...

J'ai toujours été fier de tes inventions :
Ton œuvre ne craint pas les malédictions
Et tes enfants ... ta mémoire béni.

Meuss Brutapelles

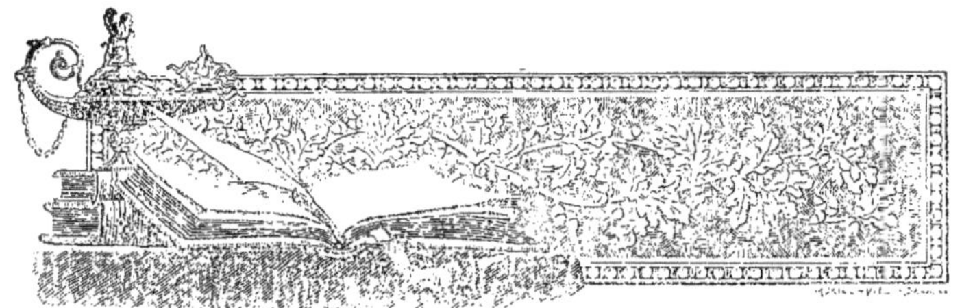

Monseigneur COMBES

OUS le règne d'Ochosias, roi d'Israël — il y a
2.790 ans — vivait le prophète Elie, dont la
parole et les actes furent grands devant Dieu.
Il avait pour disciple Elisée, qu'il aima comme un fils et
à qui il légua — avec son manteau qui était toute sa fortune — son esprit prophétique et le don des miracles.
Quand le Maître, ravi mystérieusement à la terre, eut disparu,
et que le disciple parlant au peuple appuya sa parole par
de merveilleux témoignages de sa divine mission, tous s'écrièrent :
« L'esprit d'Elie s'est reposé sur Elisée ! » Et venant en foule, ils se
prosternèrent à ses pieds.

Changez les noms et la date, et vous aurez l'histoire fidèle du
nouveau Primat d'Afrique, Monseigneur COMBES, le disciple aimé et le
digne successeur du cardinal Lavigerie.

En 1868, l'éminent prélat inaugurait son pontificat sur la terre d'Afrique
en luttant victorieusement, par son inépuisable charité, contre la famine qui
décimait les tribus arabes. De lui aussi, de sa parole comme de ses œuvres, tous
disaient, et la postérité le répète, qu'ils étaient grands et inspirés. C'est alors
qu'avec la perspicacité de son génie, le vénéré pontife choisit pour disciple un
prêtre dont il avait remarqué le zèle et l'ardeur infatigables pour la charité,
M. l'abbé COMBES, curé d'Affreville, où il était aimé et béni. Comme Elie ché-
rissait Elisée, celui qui devait être le cardinal Lavigerie aima d'une affection
toute paternelle celui qu'il avait choisi ; et, pour l'avoir plus près de lui, lui

communiquer plus intimement le feu sacré, le préparer dès longtemps à l'héritage de ses projets grandioses, il l'attacha à son administration, où pendant dix-huit ans, l'abbé COMBES prit part à toutes les œuvres de l'éminent prélat.

En 1880, le fils bien-aimé, le digne élève de l'apôtre d'Afrique fut appelé à l'épiscopat et désigné pour le siège de Constantine et d'Hippone. Cette dignité semble avoir dilaté le cœur et grandi la charité du nouveau pontife. A peine en est-il investi que, sous le souffle de son ardente sollicitude pour les pauvres, à l'ombre d'une magnifique basilique qui a surgi comme par enchantement des ruines d'Hippone, s'élève un vaste et confortable asile où sont accueillis, maternellement soignés et assistés, les vieillards des deux sexes, tandis qu'un collège catholique, aujourd'hui renommé et florissant, était fondé à Bône, où la jeunesse recevait les bienfaits de l'éducation morale et religieuse.

Et quand, il y a quelques années, passa sur l'Algérie le terrible et périodique fléau des sauterelles, ne laissant après lui que ruines et famine, on entendit partout les enfants de Mahomet saluer de leurs reconnaissantes acclamations l'évêque catholique parcourant les douars, visitant les humbles gourbis, pour distribuer de ses mains, que les Arabes couvraient de baisers, le pain, les vivres moissonnés par sa charité sur tout le territoire français.

Dès lors, l'admiration respectueuse de tous désignait Monseigneur COMBES comme le légitime successeur du cardinal Lavigerie. Seul, avec une humilité qui ajoutait à ses nombreux mérites, le prélat se soustrayait à cet honneur. Cette préélection, cependant, s'affirma avec une nouvelle force, quand aux funérailles triomphales de l'apôtre d'Afrique, Monseigneur COMBES, brisé par la douleur, adressa à la dépouille mortelle du cardinal ces éloquents adieux qu'interrompirent souvent les larmes de l'orateur et les sanglots de son auditoire. Aussi, quand, le 15 juin 1895, la voix autorisée de Léon XIII, confirmant le choix et l'élection du peuple d'Afrique, assigna à Monseigneur COMBES l'héritage des œuvres du cardinal, et le nomma archevêque de Carthage et Tunis, primat d'Afrique, ce fut dans tous les diocèses de France et d'Algérie une longue et enthousiaste acclamation.

Apôtre, Monseigneur COMBES, comme il l'a fait merveilleusement depuis de longues années, fera aimer l'Evangile ; français, il veillera à l'intégrité de l'honneur de notre drapeau : homme de la charité, son grand cœur saura soulager toutes les misères. Ses œuvres, son passé, son présent et toutes les voix des fidèles répètent en son honneur les paroles de la Bible : « L'esprit d'Elie s'est reposé sur Elisée. » Et comme ils venaient en foule vers l'apôtre son maitre, ceux qu'il a consolés et secourus se prosternent à ses pieds et le vénèrent.

Monseigneur COMBES, primat d'Afrique ; né à Marseillette, au diocèse de Carcassonne, le 29 septembre 1839. Enfant, il vint s'établir avec sa famille en Algérie ; fit ses études ecclésiastiques au séminaire de Kouba. D'abord vicaire à Dellys, curé d'Affreville en 1868, il devint à cette époque chancelier et vicaire-général de Monseigneur Lavigerie.

Carthage, le 2 Juin 1894

Désormais, je ne m'embarque plus sans une provision de vin de Coca Mariani ce tonique et fortifiant breuvage.

+ Clément, Archevêque de Carthage

BENJAMIN CONSTANT

RUE Pigalle, dans un bel hôtel où les somptuosités de l'Orient se marient aux somptuosités plus magnifiques des tableaux, le Maître BENJAMIN-CONSTANT reçoit avec une affabilité charmante et pleine de grâce.

Rien en lui d'apprêté, de théâtral ; simple d'allures, il a l'accueil bienveillant qui met à l'aise tout de suite. Les yeux flambent ; le front, très grand, vit et pense ; la physionomie est brûlée d'enthousiasme, dévorée par de viriles et grandioses ambitions d'Art.

Ah ! que c'est bien là un *vrai*, un *pur* artiste ! un de ceux qui naissent à la vie le front lourd de rêves étranges, et qui montent, des rayons plein les yeux, de la bonté plein le cœur, jusqu'à la montagne sainte où resplendit, dans une rouge apothéose, le dieu d'Idéal !

BENJAMIN-CONSTANT n'a pas eu à gravir les stations intermédiaires et douloureuses. Les dieux l'ont baisé sur les lèvres, lui ont soufflé une âme d'amour, une âme de lumière, et il est venu nous faire don de son génie.

Et, quand il se révéla avec la chaude coloration de son pinceau, l'harmonie des lignes, la volupté des attitudes, et ces ciels d'azur où vibraient des mers de songes, des mers si bleues, si langoureuses, donnant l'impression du lointain, d'un au-delà où l'on ne vit que pour l'Amour et pour la Beauté ; quand il se présenta ainsi, jeune, beau, génial, l'universelle admiration clama pour lui les vers du grand Corneille :

Ses pareils à deux fois ne se font pas connaître,
Et pour leurs coups d'essai, veulent des coups de maître

Maître, Benjamin-Constant l'a été dès son retour d'Orient, d'où il rapporta, avec la *Femme de Riff*, le *Coin de Rue* et le *Carrefour à Tanger*, l'exécution magistrale et sereine qui anime la vie, fait palpiter les chairs, chanter aux horizons et aux étoffes l'enivrante symphonie des tons et des couleurs, fondus, noyés ensemble, d'une touche si large et si harmonieuse.

Mais il faudrait des mots d'aurore, ou mieux encore des mots étincelants de pourpre, des mots de soleil levant, rouge et or, pour essayer de rendre ce que la peinture de Benjamin-Constant a de fulgurant et de royal !

Après nous avoir donné : *Le soir sur les terrasses*, ce séduisant poème de langueur, de grâce et de charme ; après avoir doté le Musée du Luxembourg de ce chef-d'œuvre : *Les derniers Rebelles*, que les délicats admireront tant qu'au monde vivra la peinture, Benjamin-Constant, dont le génie est fait de souplesse et de force, voulut nous éblouir encore et il exposa : *Passe-temps d'un Calife à Séville*, où éclataient d'admirables qualités d'ornementaliste.

Après le portrait de Mme Benjamin-Constant, dont la beauté et l'attitude royales furent vivement remarquées à un des derniers Salons, le Maître travaille aujourd'hui au portrait de son fils Emmanuel. L'allure est superbe et crâne ; l'exécution d'une simplicité géniale : le jeune homme est en costume de salle d'armes, drapé dans un justaucorps de velours noir et, sur tout ce noir soyeux, la tête fière et belle, les yeux qui veulent et caressent, se détachent avec la vigueur et l'élégance d'un Titien de noble et grande mine !

A l'île de la Grande-Jatte, Benjamin-Constant travaille à un plafond pour l'Hôtel-de-Ville.

Le Maître nous enrichira encore de chefs-d'œuvre ; mais déjà il peut se reposer sur son passé, il peut sourire à l'avenir ; ne voit-il pas s'avancer vers lui une jeune déesse, les mains fleuries de myrtes et de lauriers, — les fleurs d'amour et les fleurs de gloire, — pour couronner son front d'artiste et de poète de la couronne d'immortalité ?

BENJAMIN-CONSTANT (Jean-Joseph), né à Paris le 10 juin 1845. Fit ses études au collège de Toulouse, fréquenta les cours de l'Ecole des Beaux-Arts de cette ville, obtint le prix annuel, et fut reçu à l'Ecole des Beaux-Arts de Paris en 1867. Premiers envois en 1869. En 1870, il fait la guerre, puis voyage : Madrid, Tolède, Cordoue, Grenade ; attaché à l'ambassade de Charles Tissot au Maroc. Il donne en 1872 : *Samson et Dalila* ; 1873 : *Femme de Riff*, il se révèle alors peintre de l'Orient ; 1874 : *Coin de Rue* ; *Carrefour à Tanger* ; 1875 : *Prisonniers Marocains* ; *Femme de harem au Maroc* ; 1877 : *Portraits* ; 1878 : *La Soif* ; *Le harem Marocain* ; *Le soir sur les terrasses* (universellement reproduit par la photographie) ; *Les Favorites de l'Emir* ; 1880 : *Les derniers Rebelles* (au Musée du Luxembourg) ; 1881 : *Passe-temps d'un Calife à Séville* ; 1882 : *Hérodiade* ; *Christ au Tombeau* ; *Lendemain de victoire à l'Alhambra* ; 1883 : *Caïd marocain Tahamy* ; 1884 : *Les Chérifas* ; 1885 : *Justice du Chérif* ; 1886 : *Justinien* ; 1887 : *Orphée*.

Médaille de troisième classe en 1875 ; deuxième en 1876. Chevalier de la Légion d'honneur en 1878, officier en 1884. Membre de l'Institut.

... Du "Mariani .... ça Dédommage ...

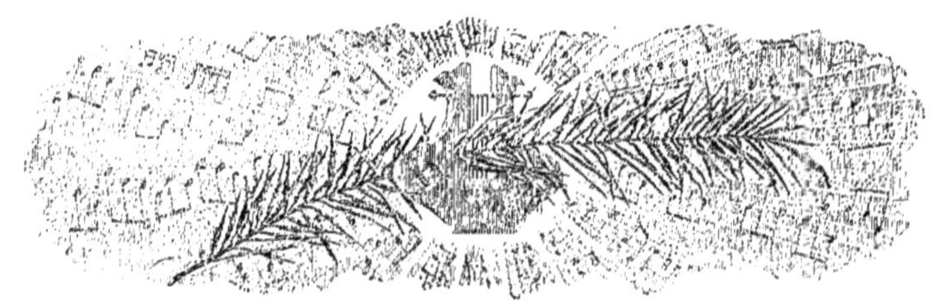

FRANÇOIS COPPÉE

E poète le plus populaire de France.

C'est qu'aussi, il est le plus près du peuple dont il s'est fait le chantre, en vers, et le conseiller, en prose.

C'est un des très rares Parisiens de Paris qui soient restés fidèles au pavé natal. Il aime Paris, ses faubourgs grouillants, ses jardins gais et jusqu'à ses mélancoliques fortifications, comme le Breton aime sa lande :

C'est vrai, j'aime Paris d'une amitié malsaine :
J'ai partout le regret des vieux bords de la Seine.
Devant la vaste mer, devant les pics neigeux
Je rêve d'un faubourg plein d'enfance et de jeux,
D'un coteau tout pelé d'où ma Muse s'applique
A noter les tons fins d'un ciel mélancolique ;
D'un bout de Bièvre avec quelques champs oubliés
Où l'on tend une corde aux troncs des peupliers
Pour y faire sécher la toile et la flanelle,
Ou d'un coin pour pêcher dans l'île de Grenelle.

Il a donné une âme à la banlieue parisienne.

Né à Paris, donc, en 1842, François Coppée était le fils d'honnêtes artisans. Il était de corps débile, aussi ne termina-t-il pas ses études. Plus tard, l'académicien Coppée, dans un discours de distribution de prix, tirera vanité de ce détail et en profitera pour excuser les mélancoliques retoqués qui l'écouteront...

Il débuta par un livre de pessimisme à la façon de « son maître « Leconte de Lisle : *Le Reliquaire*.

Passé, passé fatal par qui ma vie est prise,
Poison amer et doux dont on meurt, mais qui grise !

Mais vite, il devient le poëte familier, le chantre des petites gens et des grands sentiments. Il est vraiment l'inventeur de l'élégie des faubourgs et des rues calmes du vieux Paris, l'élégie délicate, intime, aux vêtements simples et souples. Dans les poëmes modernes, *Les Humbles*, *Promenades et Intérieurs*, *Le Cahier rouge*, il donne sa note définitive.

> C'était un tout petit épicier de Montrouge,
> Et sa boutique sombre, aux volets peints en rouge,
> Exhalait une odeur fade sur le trottoir.
> On le voyait debout derrière son comptoir,
> En tablier, cassant du sucre avec méthode...

Tout le monde sait la pièce par cœur. Et qui n'a entendu réciter cent fois *La Veillée* :

> Le lendemain, Irène avait les cheveux blancs...

La Grève des forgerons, *La Bénédiction*, *L'Épave*, *Le Naufragé*, *La Marchande de journaux*, vingt autres récits tragiques et émouvants. Presque toujours, c'est un petit, un faible qui se hausse à l'héroïsme.

Au théâtre, le poëte garde ce même double caractère : il exprime en une langue très simple des sentiments peu communs. Et ce besoin d'héroïsme est bien dans le caractère français, qui ne connaît pas le juste milieu.

Son premier succès au théâtre, *Le Passant*, qui date de 1869, est un bijou, un des mieux sertis de l'œuvre de FRANÇOIS COPPÉE. Puis vinrent : *Deux Douleurs*, *Fais ce que dois*, *L'Abandonnée*, *Le petit Marquis* (en collaboration avec M. A. d'Artois), *Le Luthier de Crémone*, que la Comédie-Française reprend souvent, avec le même succès qu'à la création ; *Le Trésor*, *Madame de Maintenon* et la série des grands succès de grands drames : *Severo Torelli*, *les Jacobites*, *Pour la Couronne*. L'Odéon se glorifie d'avoir reçu les trois pièces. La Comédie-Française a mis depuis deux ans *Severo Torelli* à son répertoire.

Un haut intérêt se dégage de ces œuvres puissantes et réconfortantes. Mais à côté du grand poëte, il y a un autre COPPÉE, le COPPÉE de la prose, le brave homme de COPPÉE, Père Coin-de-rue de la chronique, toujours en quête de bons sentiments, de patriotisme, d'héroïsme, de pitié, de bonté. Il a toute une grouillante clientèle de bonnes gens que rebutent les obscurités exotiques, qui aiment les claires idées exprimées en clair langage. Il est le dieu des traditionnalistes du terroir. Les deux volumes de *Mon franc-parler* doivent rester comme un très véridique document de l'histoire du bon sens français.

En 1885, très jeune encore, COPPÉE fut reçu à l'Académie-Française. Il a transplanté dans cette vénérable demeure son esprit indépendant, sa bonne humeur et son ardent amour du travail rédempteur.

C'est un sincère, c'est un très pur poëte de la Terre de France.

COPPÉE (FRANÇOIS-EDOUARD-JOACHIM), né à Paris le 12 janvier 1842.

BIBLIOGRAPHIE. — POÉSIES : *Le Reliquaire* (1866); *Intimités* (1866); *Poëmes modernes, Angelus, La Bénédiction* (1869); *La Grève des forgerons* (1869); *Lettre d'un mobile breton* (1871); *les Humbles* (1872); *le Cahier rouge* (1874); *Olivier* (1875); *le Naufragé* (1878); *les Récits et les Elégies* (1878); *l'Asile de nuit* (1880); *La Marchande de journaux, l'Épave, la Bataille d'Hernani* (1880); *Pour le drapeau* (1883); *l'Amiral Courbet* (1886); *la Nourrice, la Tête de la Sultane* (1886); *le Roman de Jeanne* (1886); *Arrière-Saison* (1887); *les Paroles sincères* (1890). — ŒUVRES EN PROSE : *Une Idylle pendant le siège* (1879); *Contes en prose* (1882); *Vingt contes nouveaux* (1882); *Contes et récits en prose* (1885); *Discours de réception à l'Académie-Française* (1885); *Contes rapides* (1888; *Henriette* (1889); *Toute une jeunesse* (1890); *Les vrais riches* (1892); *Longues et brèves nouvelles* (1893); *Mon franc-parler*, 2 volumes (1893-1894); *Contes tout simples* (1894), etc. — THÉATRE : *Le Passant*, un acte, vers, Odéon (1869); *Deux Douleurs*, un acte, vers, Théâtre-Français (1870); *Fais ce que dois*, Odéon (1871); *L'Abandonnée*, 2 actes, vers, Gymnase (1871); *le Rendez-vous*, un acte, vers (1872); *le Petit Marquis*, 4 actes, avec M. d'Artois, Odéon (1875); *le Luthier de Crémone*, un acte, vers (1876), Théâtre Français; *la Guerre de Cent ans*, 5 actes, vers, collaboration d'Artois (1878); *Le Trésor*, un acte, vers (1880); *La Korrigane*, musique de Widor, opéra, ballet, en 2 actes; *Madame de Maintenon*, 5 actes, vers (1881), Odéon; *Severo Torelli*, 5 actes, vers, Odéon (1882); *les Jacobites*, 5 actes, Odéon (1885); *Maître Ambros*, drame lyrique avec M. Dorchain, Opéra-Comique (1886); *le Pater*, un acte, vers (1890), reçu à la Comédie-Française et dont la représentation fut interdite par le Gouvernement; *Pour la Couronne*, 5 actes, vers, Odéon (1895), etc. Les Œuvres de M. Coppée ont été réunies en divers recueils, sous les titres de : *Théâtre* (1875-86), 4 volumes; *Œuvres* (1883-85), 2 volumes; *Œuvres complètes* (1885), 6 volumes.

Ce vin Mariani est délicieux... Garçon, du même !

François Coppée

GEORGES COURTELINE

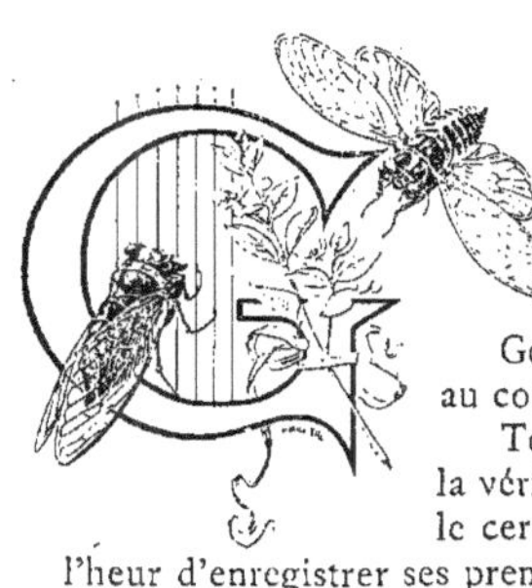

EORGES Moinaux, dit Courteline, est le fils de Jules Moinaux, l'auteur des *Deux sourds*, des *Deux aveugles*, et de l'immortelle série des *Tribunaux comiques*. Il est ce fils, et il nous l'a, jusqu'ici, bien fait voir.

Georges Moinaux naquit à Tours, en 1860, et étudia au collège de Meaux.

Tout en latinisant, tout en hellénisant, il faisait, à la vérité, des vers français. Il grandissait, sentimental, et le cerveau gonflé de rimes. Le *Journal de Provins* eut l'heur d'enregistrer ses premiers lyrismes.

Mais, le Courteline qui sommeillait encore dans le cœur de Georges Moinaux ne devait pas tarder à s'éveiller. Il s'éveilla vers 1881 et, de suite, donna la mesure de sa force comique. Ses premiers essais dans ce que j'appellerai la fantaisie réaliste furent, c'est vrai, fort brillants. Déjà perçait l'individualité de Courteline. Mais, Georges Moinaux avait trop de rimes encore dans le cerveau, et il en fit largesse au *Paris-Moderne*, une revue qu'il avait fondée avec Jacques Madeleine et Georges Millet, et qui eut l'ambition de ressembler à la feue *République des Lettres* de Catulle Mendès.

Ce fut à la caserne que Courteline jaillit définitivement de Georges Moinaux. Je veux dire que c'est à la caserne que Georges Moinaux devint le Courteline aujourd'hui si parfaitement et si légitimement célèbre.

C'est là qu'il prit ses notes pour *Les Gaîtés de l'Escadron*, lesquelles, après avoir été, en 1884, publiées dans les *Petites Nouvelles*, journal aujourd'hui défunt, parurent en librairie en 1886. Ce livre eut un succès retentissant ; succès qui retentit encore. C'est un livre type, une façon de chef-d'œuvre. COURTELINE y montre une belle pitié fraternelle pour le soldat, qu'il campe devant nous en toute sa vérité comico-tragique.

Après *Les Gaîtés de l'Escadron*, ce furent : *Femmes d'amis ; Le Train de 8 h. 47 ; Potiron ; Lidoire et la Biscotte ; Ronds de cuir*. Autant d'œuvres nouvelles, autant de nouveaux succès.

COURTELINE ne devait pas se borner au livre. Avec le don qu'il a, si admirablement complet, du mouvement et de la vie, le théâtre ne pouvait point ne pas le tenter.

Ce fut en la compagnie de Catulle Mendès, dans les *Joyeuses commères de Paris*, au Nouveau-Théâtre, que COURTELINE fit ses débuts dans le difficile art dramatique. En l'occasion, il mêla sa réalité à la chimère de Mendès et la cascade de son couplet à l'hyperbole de la strophe du poète d'*Hesperus*.

L'année précédente, déjà, avec *Lidoire*, au Théâtre-Libre, COURTELINE s'était révélé comme un véritable auteur comique. Avec *Boubouroche*, sur la même scène, son nom alla aux nues.

Molière ressuscite ! cria-t-on.

Le succès, en 1894, de *La Peur des Coups*, fut énorme. Ce petit acte, d'une observation si saisissante, provoque le fou rire, « fou rire dont on n'a pas honte après s'être esclaffé, car cette drôlerie est œuvre de penseur et d'artiste », ainsi que l'écrivait Catulle Mendès, le 14 juillet 1895, dans le *Journal*.

Et, pour finir cette étude trop sommaire, pourquoi ne pas invoquer encore le témoignage très haut du même Catulle Mendès qui, le lendemain de *Boubouroche*, s'exprimait comme suit sur le compte du fils de Jules Moinaux :

« M. Georges Courteline, avec l'air de ne pas le faire exprès, a réalisé ce que tant d'autres nous faisaient depuis si longtemps espérer, sans le réaliser jamais. Et l'avenir tiendra les promesses d'aujourd'hui. Tranquillement, bien éloigné de céder aux sollicitations des théâtres qu'émeut sa jeune renommée, l'auteur de *Boubouroche* travaillera selon la loi de la nature, ou selon le caprice de sa fantaisie. Dût-il ne pas connaître les satisfactions des nombreux succès proches les uns des autres, fallût-il qu'il se résignât encore aux agacements de la vie précaire, il travaillera à son heure, laissant lentement l'idée naître, éclore, s'épanouir. Il ne sera jamais un homme de métier. Rarement on lira son nom le même jour sur quatre affiches. Il ne se pressera pas, il réfléchira longtemps avant d'écrire. Il se contentera de nous donner un chef-d'œuvre de temps en temps, quand il pourra, ou quand il voudra. »

Georges Moinaux, dit COURTELINE, né à Tours le 25 juin 1860. Fonda, en 1881, la jeune revue : *Paris Moderne* (Léon Vanier, éditeur), et collabora à diverses revues. En 1886, *Les Gaîtés de l'Escadron* ; 1888 : les *Femmes d'Amis* ; 1889 : le *Train de 8 h. 47* ; 1891 : *Potiron* ; 1892 : *Lidoire et la Biscotte* ; 1893 : *Ronds de Cuir* ; 1894 : *Ah ! jeunesse !* 1895 : les *Hannetons*. Au théâtre, en collaboration avec Mendès : *Les Joyeuses Commères de Paris*, pièce représentée au Nouveau-Théâtre (1892). Au Théâtre-Libre, *Lidoire*, en 1891 ; *Boubouroche*, en 1893 ; *La Peur des Coups*, 1894. Collaborateur au *Journal*, à l'*Écho de Paris*, etc., etc.

Mariani.

Tous les masses des médica-
-ments que le progrès fabrique,
De l'arsenic à
L'arsenic,
Caca!..
Rien ne vaut ton vin de Coca.

Courteline

M. G. DE DRAMARD

ONSIEUR GEORGES DE DRAMARD a fait deux parts de sa vie. Il consacre la première à l'art et la seconde aux artistes.

Avant d'exposer au Salon, il avait porté l'épée. Engagé volontaire pendant la guerre de 1870, il n'avait pas tardé à se distinguer, et le gouverneur actuel de Paris, M. le général Saussier, l'avait nommé sous-lieutenant.

C'est après la guerre que M. GEORGES DE DRAMARD donna aux diverses Expositions artistiques des œuvres importantes et qui témoignent d'un profond amour pour les scènes maritimes ou, d'autres fois, d'un sentiment mystique très prononcé.

M. DE DRAMARD a donné successivement — nous ne citons ici que ses principaux tableaux — : *Le Retour de la pêche; Charmeuse; la Mort de Brunehaut; la Prière; Sainte Thérèse; le Lendemain de fête; la Femme du pêcheur; la Vague,* Salon de 1893; etc...

La Mort de Brunehaut est au Musée d'Orléans; *la Prière,* au Musée royal de Lisbonne; *Sainte Thérèse,* à l'église de Dives; *le Marché de Dives,* que nous n'avions pas mentionné, à la mairie de cette ville; *le Lendemain de fête* appartient au Musée Balaguer, en Espagne; enfin, *la Femme du pêcheur* fait partie de la galerie de Son Altesse Impériale Mgr le Grand-Duc Serge.

Pendant que M. DE DRAMARD poursuivait la série de ses succès aux Salons annuels, il était mêlé à la vie mondaine de Paris, mais à la vie mouvementée, sportique, si le mot n'est pas trop banal et s'il doit évoquer autre chose que la face hébétée du jockey et l'œil sans aveu du bookmaker.

M. DE DRAMARD est normand, mais, quoi qu'en dise le proverbe, il est prophète dans son pays. Il a véritablement conquis la Normandie en y attirant, au profit de son pays natal, toutes les aristocraties du boulevard.

C'est lui qui a organisé à Cabourg les fêtes et les régates qui sont une des plus puissantes attractions de l'été... français.

M. DE DRAMARD a été pendant huit ans président du Cercle de la rue Volney, le grand cercle artistique et littéraire.

Il a organisé avec succès les Expositions de Toulouse en 1887 et de Barcelone en 1888.

Mais l'un des titres les plus éclatants de M. DE DRAMARD à la reconnaissance des artistes, c'est la création de la Société des Amis des Arts, qui est à la veille d'être reconnue d'utilité publique, ce qui prouve qu'elle l'était bien longtemps avant la déclaration officielle.

La Société française des Amis des Arts a pour but de favoriser le développements des Beaux-Arts en encourageant les artistes peintres, sculpteurs et graveurs, par l'achat de leurs œuvres.

Elle a, en outre, pour objet de venir en aide aux artistes dans le besoin, en participant aux œuvres de bienfaisance artistique.

M. GEORGES DE DRAMARD a groupé autour de cette œuvre les concours les plus actifs et les plus fécondes sympathies. Dans une allocution qui résumait les opérations de la Société pendant l'année 1892, le fondateur pouvait dire :

« Notre Comité a été assez heureux pour choisir et acquérir au Salon cinquante-sept œuvres des plus remarquées ; notre album renferme plusieurs gravures hors ligne, dont l'une, entre autres, est un véritable chef-d'œuvre ; enfin, depuis l'origine de la Société, nous avons pu verser entre les mains des artistes, tant pour nos acquisitions que pour leur maison de retraite et pensions de secours, une somme de 467,000 francs. Notre Société, qui n'a pas de passif, a un fonds de réserve de plus de 30,000 francs. »

Il était réservé à M. DE DRAMARD seul de pouvoir dire qu'il existait une Société... sans passif, et cette déclaration est d'autant plus mémorable qu'il s'agit ici de l'art et des artistes qui donnent si souvent lieu à des créations où il y a un peu de tout, excepté de... l'actif.

M. DE DRAMARD a fondé, grâce à l'amitié de M. Massicault, le Musée français de Tunis.

Ce Musée fera l'admiration des indigènes et des étrangers, car le successeur de M. Massicault, M. Charles Rouvier, a compris le noble but que se proposait le fondateur, et il s'est employé à le servir de toute son influence.

SOURCE
MARIANI

Monseigneur DUC

SPRIT distingué, cœur généreux, foi profonde : ainsi pourrait être résumé le caractère de Monseigneur Duc. Ses compatriotes de la vallée d'Aoste (il est né à Châtillon en 1835, de parents savoisiens) le savent bien et l'entourent d'une affection respectueuse, d'un pieux dévouement, le consultant volontiers, inquiets de son approbation, confiants dans sa simple sagesse et son indulgent appui.

De savantes études, commencées en son pays natal, continuées et perfectionnées à Rome, ont fait de lui un érudit. Dans la Ville Sainte, où il fit de curieux travaux sur les livres sacrés, il obtint les grades de docteur en théologie et en droit canon (il était alors élève du Séminaire français); puis, rentré dans son diocèse en 1861, il gravit rapidement, guidé par une grâce spéciale, fort d'un labeur opiniâtre, les divers degrés de la hiérarchie ecclésiastique : vicaire, professeur au grand et au petit Séminaire, chanoine, curé, vicaire général, il fut élu évêque d'Aoste par le Pape Pie IX et sacré le 1er septembre 1872. Les fidèles, ses compatriotes, qui reposaient en lui leurs plus douces espérances, accueillirent avec une joie bien légitime cette décision du Souverain Pontife.

La lourde tâche qui lui incombait n'était point pour décourager cet esprit complexe avide de travail et d'initiative. Tout au contraire, il multiplia comme à plaisir les écrits et les œuvres : par la parole et par l'exemple, avec cette éloquence communicative et cette bienveillance infinie qui puisent leur secret dans la Foi, Monseigneur Duc lutte victorieusement pour l'initiation intellectuelle de ses diocésains.

L'œuvre accomplie est vraiment considérable : elle peut être appréciée par huit synodes, par cent trente mandements et circulaires. Des prédications nombreuses dans sa cathédrale comme dans les plus humbles paroisses rurales ont affirmé aussi et affirment chaque jour son zèle religieux et sa sollicitude.

Ajoutons qu'il vient d'achever la cinquième visite générale de son diocèse, et que — fait rare dans les fastes de l'Episcopat — il a obtenu du Saint-Siège la reconnaissance du culte de trois Bienheureux de son diocèse.

Ses tournées épiscopales ne sont qu'une continuation, pour ainsi dire, de son entreprise charitable : Monseigneur Duc, que toutes les bonnes œuvres intéressent, voit son palais assiégé chaque jour par le défilé douloureux mais confiant des meurt-de-faim et des loqueteux. Les pauvres gens savent que jamais ils ne frappent en vain à la porte du vénéré prélat.

Là ne se bornent point ses largesses ; et sa charité, humanitaire et moralisatrice, a contribué largement à la création d'une école agraire et d'un orphelinat de filles.

De ses deniers il a édifié les bâtiments du petit Séminaire d'Aoste, qui peut être considéré comme l'un des plus beaux et des plus vastes monuments de la ville.

Des études spéciales auxquelles il s'est adonné, dès l'adolescence, avec passion, Monseigneur fait profiter les élèves du grand Séminaire dont il a heureusement modifié les cours, favorisant par un enseignement éclairé les vocations ecclésiastiques, faisant participer ses jeunes disciples à sa haute érudition.

Aussi bien, cette érudition, comme celle de tous les esprits supérieurs, se trouve-t-elle portée vers les choses artistiques ; les Beaux-Arts ont en Monseigneur l'Évêque d'Aoste un Mécène éclairé. C'est ainsi que par ses soins un grand nombre d'édifices élevés pour la gloire et la pratique du culte ont été reconstruits, restaurés et décorés avec art.

Le prélat s'occupe, aux heures de loisir que sa tâche lui accorde, de l'historique de son pays : des ouvrages spéciaux en témoignent éloquemment.

Il est président de l'Académie de Saint-Anselme, qui a son siège à Aoste, et membre de la Commission royale de l'histoire du Piémont.

Les connaissances paléographiques, l'étude approfondie du droit canon font rechercher la collaboration de Monseigneur Duc.

Bien que connaissant la langue hébraïque et la langue italienne, Monseigneur, par un sentiment de patriotisme bien naturel et touchant, se plaît à écrire surtout en français, idiome initial, langue usuelle de son pays, qui naguère faisait partie de la Savoie.

Le vaillant prélat semble aujourd'hui plus vaillant que jamais ; ce dont se réjouissent tous ses compatriotes, qui l'estiment et qui l'aiment pour la fermeté de ses principes et la conciliante application qu'il sait en faire.

Cette sympathie universelle est une bien douce récompense pour Monseigneur Duc, sympathie du reste ratifiée par Leurs Majestés le Roi et la Reine d'Italie, lesquels affectionnent particulièrement la vallée d'Aoste (le plus ancien fleuron de leur couronne) et témoignent en toute occasion, au digne et vénéré prélat, leur précieuse bienveillance.

Monseigneur Duc, né à Châtillon, de parents savoisiens, en 1835, fut sacré Évêque d'Aoste en 1872. Œuvre écrite et parlée considérable. Il a publié à ce jour : huit synodes, plus de cent trente mandements, notices, mémoires historiques et un grand nombre de brochures artistiques. Nous devons nous borner à citer : *La Mosaïque du Chœur de la Cathédrale d'Aoste; Les Peintures de la Madeleine à Gressan ; Historique de la Vallée d'Aoste ; Documents relatifs à l'épiscopat de B. Emeric*, ouvrages importants. *Le Comte de Savoie, Amédée V, à Aoste, en 1827 ; La religion des Salasses ; Documents sur l'Histoire ecclésiastique du moyen âge; Esquisses historiques des Évêques d'Aoste* (XIIe et XIIIe siècles), etc., etc.

Aoste, le 17 Décembre 1894

Monsieur,

Votre charité ne connaît ni limites ni nationalité. Elle se porte aux pieds du Mont-Blanc et du Mont-Rose, comme elle atteint les sables brûlants de l'Afrique. Le vin Mariani produit partout les plus salutaires effets.

† Auguste Ev. D'Aoste

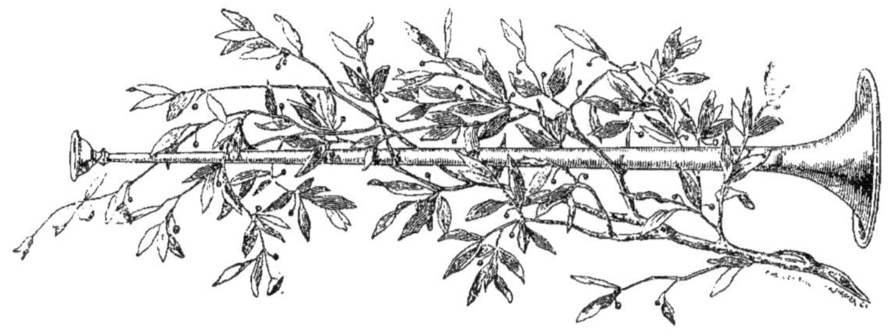

ALEXANDRE DUMAS Fils

AS une biographie de ce grand homme qui ne doive commencer par cette phrase de l'auteur des *Trois Mousquetaires* : « Le 29 juillet 1824, tandis que le duc de Montpensier venait au monde, il me naissait, à moi, un duc de Chartres, place des Italiens, n° 1. »

Après avoir passé par la maison Prosper Goubaux, qu'il devait, plus tard, décrire dans son roman *L'Affaire Clémenceau*, le jeune ALEXANDRE entra au Collège Bourbon (aujourd'hui Condorcet). Il y fit toutes ses classes et, pas plus que ne devaient le devenir Emile Zola et François Coppée, il ne devint bachelier.

On sait que, fils naturel, il ne fut reconnu par son père que lorsque, enfant précoce, il témoignait déjà des solides qualités et de la belle intelligence qui le classèrent au premier rang des écrivains modernes.

A ce sujet, une anecdote vaut d'être rappelée.

Dumas père, surprenant, un jour, son fils en tête à tête avec l'*Émile*, lui demande à brûle-pourpoint si ce livre l'intéresse vraiment.

— Oui, beaucoup, répond ALEXANDRE avec assurance.

— Et quelle est ton impression ?

— Je trouve qu'Emile a bien fait. Quand un père vous refuse son nom, il faut le prendre.

Et Dumas de s'écrier, là-dessus, d'enthousiasme :

— Eh bien, mon ami, si tu veux porter le nom de ton père, prends-le !

DUMAS FILS, livré à lui seul dès l'âge de dix-huit ans, commença par faire des dettes. Et c'est pour les payer qu'il s'avisa d'écrire.

A vingt-trois ans, il était célèbre avec sa *Dame aux Camélias* ; et, à quelqu'un qui le poussait à avouer qu'il avait collaboré à cette pièce, Dumas père, fièrement, répondait :

— Je vous crois, fichtre ! que j'y suis pour quelque chose, puisque j'ai fait l'auteur !

Quant au fils, il disait du père :

— Mon père ? c'est comme un grand enfant que j'aurais eu quand j'étais tout petit.

Et tous deux s'adoraient.

Moralement, ils ne se ressemblaient guère, pourtant.

Le fils, lui, fut le philosophe, le raisonneur, l'analyste. Le père, selon son temps, fut l'homme de pure imagination. Et, selon son temps aussi, le grand-père, le général Dumas, un des types héroïques de l'épopée napoléonienne, fut l'homme d'action.

De sorte que — n'est-ce pas de toute beauté ? — le siècle a eu, ainsi, trois générations de Dumas dont les existences furent comme un reflet de sa pensée, de son évolution.

Mais revenons au dernier de ces trois-là, qui vient, lui aussi, de disparaître dans le grand Tout.

Nous ne ferons pas ici la nomenclature de son œuvre. On trouvera ci-dessous ce renseignement bibliographique. Ce qui nous paraît plus intéressant, c'est de montrer, en quelques phrases impartialement choisies, comment ALEXANDRE DUMAS FILS impressionna quelques-uns de ses contemporains les plus glorieux.

— L'impression particulière que m'a toujours donnée DUMAS, dit Alphonse Daudet, est celle de la combativité. Je ne pouvais le voir sans avoir aussitôt envie de discuter, de joûter avec ce merveilleux esprit que je sentais comme à l'antipode de mes idées.

— Nous sommes tous, proclame Jules Claretie, les fils de Hugo dans la langue, les fils de Balzac dans le roman, et nous sommes les fils de DUMAS dans le théâtre. DUMAS fut vraiment l'Initiateur. Il fut, selon moi, le premier moderne, tout comme Augier a été le dernier classique.

— Plus personnel par son esprit que par son style, déclare Catulle Mendès, cet homme, indiscutablement, fut un grand homme.

— DUMAS, écrit Coppée, est, sans contredit, le plus puissant des auteurs dramatiques de notre temps. Sa conception du théâtre est forte, simple, et, au fond, absolument classique. DUMAS est le plus sincère et le plus indépendant des penseurs et des moralistes.

— Dans cent ans, s'écrie Henry Bauer, en tout lieu du monde, sur n'importe quel théâtre, des jeunes gens pauvres, le cœur frémissant d'amour, pleureront les larmes, souffriront les angoisses de Marguerite Gautier, et, rappelant le nom de l'auteur, créateur de tant de pitié et d'émotion, ils paraphraseront le mot de Napoléon à Gœthe : *Ce fut un homme !*

Et Paul Bourget :

— Écrivain très peu préoccupé des questions de l'art et très préoccupé des questions de la vie de chaque jour, DUMAS aura dit sur l'époque beaucoup de paroles essentielles, et son œuvre devra être étudiée de très près par l'historien de la sensibilité française au XIXe siècle.

DUMAS FILS (ALEXANDRE), né à Paris le 29 juillet 1824. Premier livre : *Les Péchés de jeunesse* (1845, poésies). La même année, *Le Bijou de la Reine*, sa première œuvre dramatique. Ses romans : *La Dame aux Camélias* (1848) ; *Le Docteur Servans* ; *Césarine* ; *Le Roman d'une Femme* ; *Trois Hommes forts* ; *Tristan le Roux* ; *Le Régent Mustel* ; *La Vie à vingt ans* ; *Diane de Lys* ; *L'Affaire Clémenceau*. — Son Théâtre : *La Dame aux Camélias* (1852) ; *Diane de Lys* (1853) ; *Le Demi-Monde* (1855) ; *La Question d'argent* (1857) ; *Le Fils naturel* (1858) ; *Le Père Prodigue* (1859) ; *L'Ami des Femmes* (1864) ; *Le Supplice d'une Femme* (1865) ; *Héloïse Paranquet*, avec Armand Durantin (1866) ; *Les Idées de Madame Aubray* (1867) ; *La Visite de Noces* (1871) ; *La Princesse Georges* (1871) ; *La Femme de Claude* (1873) ; *Monsieur Alphonse* (1873) ; *L'Étrangère* 1876 ; la même année : *Les Danicheff*, avec Pierre Newski, et *La Comtesse Romani*, avec G. Fould ; *La Princesse de Bagdad* (1881) ; *Denise* (1885) ; *Francillon* 1887. — Théories : *L'Homme-Femme* (1872) ; *Les Femmes qui tuent et les Femmes qui votent* (1880) ; *La Question du Divorce* (1880) ; *Lettre à M. Naquet* (1882) ; *La Recherche de la Paternité* (1883). — Officier de la Légion d'honneur en 1867, commandeur en 1888 ; grand-officier le 28 décembre 1894. — Succéda à P. Lebrun, à l'Académie-Française, le 27 janvier 1874 ; reçu par le comte d'Haussonville le 11 février 1875. — Mort à Marly-le-Roy, le 28 novembre 1895.

h. Salmson

CHARLES DUPUY

HARLES DUPUY aura au moins un mot dans l'histoire anecdotique : ce qui est la gloire assurée. En effet, le 9 décembre 1893, quelques secondes après l'attentat Vaillant, tandis que les députés et les spectateurs hurlaient de peur ou de douleur, ou bien criaient de rage, il prononça ces paroles mémorables : « Messieurs, la séance continue. » Il y avait plus que de la bravoure dans cette phrase, il y avait de l'à-propos. Et si, aux yeux de certains, le *geste* de Vaillant avait quelque beauté, celui du Président avait une crânerie plus respectable et plus imposante. Car l'anarchiste avait prémédité cet essai d'assassinat en masse, tandis que M. CHARLES DUPUY n'a pas eu même le temps de la réflexion. Le mot est sorti naturellement, d'instinct, efflorescence très pure d'un grand caractère.

De taille moyenne, les épaules larges, gros, mais juste ce qu'il faut pour imposer, le regard très franc, la réplique aisée, M. CHARLES DUPUY est actuellement un des hommes sur lesquels compte le plus la démocratie française.

Il achevait brillamment ses études au lycée Charlemagne quand éclata la guerre de 1870 qu'il fit comme engagé volontaire au 7e d'artillerie.

Fils de ses œuvres, il a débuté dans la vie par de modestes emplois. D'abord maître répétiteur au Puy, sa ville natale, il devint bientôt, à force de labeur, professeur de philosophie aux colléges de Nantua et d'Aurillac, puis au lycée du Puy. Agrégé en 1879, il professa encore à Saint-Etienne, puis fut successivement inspecteur d'Académie de la Lozère, du Calvados et en 1883, vice-recteur de Corse.

En 1885, il débute dans la vie politique, de par la volonté des électeurs de la Haute-Loire. Il s'intitule républicain progressiste. Réélu en 1889, par 12.285 voix, il commence à se mêler activement aux travaux de la Chambre. Trois fois il est chargé du Rapport sur l'Instruction publique par la Commission du Budget. En 1892, il fait partie du Cabinet Ribot comme ministre de l'Instruction publique, des Cultes et des Beaux-Arts. A la retraite du Cabinet Ribot, il est appelé à la Présidence du Conseil avec le portefeuille de l'Intérieur.

C'est sous son ministère que furent faites les élections générales de 1893.

Lui-même, au premier tour, sans concurrent, il est à nouveau élu, par 14.513 voix.

C'est lui qui, en vertu de ses hautes fonctions, est chargé de représenter la France à la réception de l'escadre Russe, cette grande fête fraternelle.

En décembre 1893, à la formation du Cabinet Casimir-Perier, le Président du Conseil des Ministres devint Président de la Chambre des Députés.

Son caractère essentiellement combatif, qui lui fit franchir avec une rapidité inaccoutumée les degrés du parlementarisme, semblait à quelques-uns ne pas le destiner au rôle de médiateur et de modérateur. Mais le nouveau Président était d'une trop vive intelligence pour ne pas s'en rendre compte. Aussi eut-il un vrai succès dans son discours, le jour où il prit possession du fauteuil, quand il prononça ces mots : « S'il m'est parfois advenu, dans la bataille des idées, d'avoir l'attaque trop vive et la riposte trop rude, j'aurai d'autant plus à cœur de conserver à la haute fonction dont vous m'avez fait le dépositaire son caractère de courtoisie, de modération et de dignité. »

Nous avons rappelé sa conduite très crâne et son sang-froid le jour de l'attentat anarchiste.

En mai 1894, il redevient Président du Conseil avec le portefeuille de l'Intérieur et des Cultes, il marque encore son passage à ce poste difficile par ses rares qualités d'homme de gouvernement, par la fermeté et la dignité de son caractère, par sa franchise et sa courageuse énergie. En juin, après le tragique événement de Lyon, il manque de devenir Président de la République. Il le deviendra un jour. On sait que, se dévouant à la cause publique et cédant aux vives instances du successeur de M. Carnot, il est resté Président du Conseil des Ministres et demeuré à la tête du Ministère pendant la durée de la Présidence de M. Casimir-Perier.

A l'heure actuelle, il est rentré dans le rang (fauteuil 207, septième travée, de face), modeste et attentif, prêt à se dévouer encore pour les bonnes causes. M. CHARLES DUPUY est un de nos plus clairs et fermes orateurs. Très écouté, disposant d'une large autorité, encore tout jeune (né en novembre 1851), il est certainement un des hommes politiques sur lesquels la France peut fonder de légitimes espérances; il convient d'ajouter que par sa bonhomie, son entrain et sa belle renommée de travailleur, il est adoré de ses concitoyens.

M. CHARLES DUPUY, né au Puy (Haute-Loire), le 5 novembre 1851. D'abord maître répétiteur au lycée du Puy. Professeur de philosophie à Nantua, à Aurillac, au Puy. Agrégé en 1879, professeur à St-Étienne. Inspecteur d'Académie à Mende, à Caen. En 1884, vice-recteur de la Corse. Élu député (scrutin de liste) en 1885, dans la Haute-Loire. Réélu en 1889 (première circonscription du Puy) battant M. de la Batie. Rapporteur du Budget de l'Instruction publique, trois années de suite. 7 décembre 1892, Ministre de l'Instruction-Publique (Cabinet Ribot). 5 avril 1893, Président du Conseil et ministre de l'Intérieur. En août 1893, réélu au Puy, sans concurrent. Le 3 décembre 1893, Président de la Chambre des Députés. Du 30 mai 1894 au 15 janvier 1895, Président du Conseil et ministre de l'Intérieur et des Cultes.

Paris, le 2 octobre 1894

Cher monsieur Marion

Ajoutez mon nom à celui des amateurs et des fidèles de votre excellent ami le Coca. Tous les hommes politiques devraient en user; ils y trouveraient ce dont ils ont le plus besoin, à la fois le calme et l'énergie.

Merci et bien à vous

EDISON

ᴇ grand inventeur Edison est un de ceux dont on peut dire qu'ils ont renouvelé la face du monde.

Il fit à l'école primaire de son pays natal des études on ne peut plus sommaires, mais auxquelles suppléèrent amplement les soins de sa mère d'abord, et sa propre passion pour la lecture. Il avait un goût particulier pour les sciences physiques et, en particulier, pour la chimie. Malheureusement, il fut obligé de se suffire étant encore enfant, et se fit vendeur de journaux sur une ligne de chemins de fer : il n'avait que douze ans à cette époque.

On le retrouve plus tard faisant le même métier, mais vendant, au lieu des journaux des autres, un journal rédigé et imprimé par lui-même. Il employait ses loisirs à des expériences de chimie, et un jour qu'il faisait des expériences sur le phosphore, il mit le feu au train sur lequel il vendait sa feuille : il fut relevé de son privilège. Il devint alors employé du télégraphe dans l'État de Michigan.

Les phénomènes électriques frappèrent, dès le début, l'imagination du jeune homme, et il se mit à les étudier avec une passion exclusive. Il ne tarda pas à aborder la série, presque innombrable, des inventions dont ce mystérieux agent devait lui fournir la matière. Il remplissait les fonctions d'opérateur de nuit, lorsqu'après des expériences répétées, sûr de lui, pensait-il, il proposa à son supérieur hiérarchique d'établir un système télégraphique permettant d'envoyer simultanément deux dépêches dans deux directions différentes avec un même fil. Le chef se débarrassa de celui qu'il croyait être un fou.

Or, un industriel, à qui ce chef avait exposé le cas du jeune Edison, réalisait très peu de temps après le projet de notre inventeur. Edison réclama, mais il n'obtint pas autre chose qu'un peu de bruit autour de son nom.

Edison établit ensuite à Adrian, dans le Michigan, un atelier pour la réparation des appareils télégraphiques. D'Adrian, il alla à Indianopolis, où il inventa son répétiteur automatique, et enfin il s'établit à Cincinnati, dans l'Ohio. Il s'y fit rapidement une grande réputation, et comme constructeur d'appareils télégraphiques et comme inventeur, et fut nommé, peu de temps après, inspecteur d'une Compagnie de mines d'or, dont le siège était à New-York.

S'étant transporté dans cette ville, Edison établit ses ateliers à Newark. Devenu ingénieur-électricien de la Compagnie de l'Union télégraphique de l'Ouest, il inventait, en 1874, avec son collègue Prescott, un appareil permettant la transmission simultanée de quatre dépêches avec un seul fil, deux dans une direction, et les deux autres dans la direction opposée.

En y comprenant cette invention, Edison était alors à la tête de soixante brevets concernant la télégraphie électrique, brevets dont la Compagnie de l'Union de l'Ouest s'était assuré l'exploitation, par un traité avec l'inventeur.

En 1876, Edison voulut se vouer exclusivement aux travaux d'électricité expérimentale; il s'établit, à cet effet, à Menlo-Park, à quarante kilomètres environ de New-York, où il installa une immense usine, avec un laboratoire muni des appareils, machines et ustensiles divers les plus nouveaux.

Nous ne saurions donner ici une liste complète des inventions d'Edison, inventions qui embrassent toutes les branches de la physique.

Nous citerons seulement son téléphone perfectionné, son phonographe, sa lampe électrique à incandescence, qui lui a pris tant d'années de recherches et de travail; l'aérophone, la plume électrique, le micro-tasimètre, et divers modèles de machines dynamo-électriques, propres à des applications variées et dont on a pu voir les principaux types à notre Exposition internationale d'électricité en 1881.

Peu de personnages célèbres ont exercé plus qu'Edison l'imagination des chroniqueurs. C'est lui qui a inspiré un des ouvrages les plus suggestifs du du comte Villiers de l'Isle-Adam, *l'Ève future*, où un inventeur, doué comme l'illustre Américain, finit par constituer mécaniquement un être humain. Plus de vingt pièces de théâtre ont eu comme principal personnage un Faust moderne, produisant chaque jour, comme Edison, des œuvres merveilleuses et dénouant par une idée d'inventeur les situations les plus embarrassées.

Il est évident qu'un homme comme Edison a rendu plus de services à l'humanité que de nombreuses générations de patients chercheurs qui n'ont pas connu les ivresses fécondes de son génie. On a répété souvent que la science contemporaine agrandissait tous les jours les limites de son domaine. Grâce à ces puissants pionniers dont Edison est le type, ce n'est plus à petits pas que cette science marche, c'est à grandes envolées, en un superbe essor, comme si un pouvoir surnaturel la dotait de forces divines.

EDISON (Thomas Alva), inventeur Américain, né à Meron, dans l'Ohio, en 1847. Il a épousé la fille d'un riche manufacturier de ce pays, Mlle Mina Miller. Nommé, en 1881, officier de la Légion d'honneur, à la suite de l'Exposition internationale d'électricité, Edison habite aujourd'hui Newark, où il s'est fait construire un établissement unique, et dont il est toujours l'ouvrier le plus laborieux.

March 22 1892

Monsieur Mariani

  I take pleasure in
sending you one of my photographs
for publication in your Album

    Yours Very Truly

    Thomas A Edison

PAUL. EUDEL

———

n picard naturalisé Parisien. A dépassé aujourd'hui la cinquantaine
et se tient un peu voûté. Il a l'air affable, avec, dans les yeux bleus-
clairs, l'expression d'une volonté opiniâtre.

Sa vie est un des plus beaux exemples de ce que peut faire
un homme à force d'intelligence et de travail, et, comme l'a dit un
de ses compatriotes, elle est tout entière dans l'hôtel Renaissance
qu'il habite rue Victor-Massé, et dont les habitués du *Chat-Noir* connaissent bien les larges baies vitrées, enguirlandées de fleurs et d'oiseaux,
les balcons ouvragés, les colonnades et les rosaces, — joli modèle du style trou-
badour qui semble dessiné par le crayon d'un Célestin Nanteuil. C'est dans
cet hôtel, en effet, que Paul Eudel a mis toutes ses économies, tous ses souvenirs
de famille, de voyages, toutes ses bonnes fortunes artistiques, et il n'est peut-
être pas un meuble, pas un bibelot, pas une tenture qui ne corresponde à une
date curieuse de l'histoire de sa vie.

Existence enviable, s'il en fût! Paul Eudel traverse le monde en dilettante;
il a parcouru toute la gamme des joies du collectionneur : il n'est pas un coin
de sa maison qui ne réserve quelque surprise au visiteur; le vaste hall, couronné
d'une loggia, est un véritable musée; partout on se heurte aux meubles et aux
bibelots précieux; il a réuni une admirable collection d'orfèvrerie ancienne; sa
bibliothèque est une merveille : livres rares, reliures anciennes, manuscrits,
dédicaces, — c'est l'histoire parlante de la littérature à toutes les époques; ses
cartons enfin regorgent de gravures, de dessins originaux, des admirables
estampes des petits-maîtres du xviiie siècle.

Grâce à une indépendance de fortune qu'il ne dut qu'à son travail et à sa
persévérance, il a pu satisfaire ainsi à ses goûts d'artiste; par le livre, par le journal, par le théâtre, il a connu les joies du succès, et il s'est enfin pro-
curé ce plaisir délicat d'être utile à bien des inconnus. De tous temps, en effet,
son salon fut hospitalier aux débutants. Il sut grouper autour de lui, dans des

soirées qui firent grand bruit à Paris, une société choisie dans les arts, dans les lettres et dans la politique. Des jeunes s'y firent connaître; des célébrités y prirent leur essor. C'est chez PAUL EUDEL que le grand poète, Maurice Rollinat, chanta ses premières poésies.

Avant de venir à Paris, PAUL EUDEL avait longtemps vécu à Nantes. Déjà, malgré ses occupations industrielles, il s'était occupé d'art et de littérature ; on l'avait vu collaborer au *Phare de la Loire*, présider des Expositions de peinture et d'archéologie et s'aventurer dans la politique. Ne fut-il pas conseiller municipal pendant deux années ?

Ce fut quelque temps après son arrivée à Paris, en 1878, qu'il fit ses débuts dans la Presse Parisienne. Il créa dans le journal l'*Indépendant* une chronique spéciale sur les grandes ventes, et bientôt, il se fit l'historiographe de l'Hôtel-Drouot. Tout le monde connaît cette remarquable série de neuf volumes qu'il fit paraître chez Charpentier de 1881 à 1888 et qui ont pour titre : l'*Hôtel-Drouot et la Curiosité*. Entre temps, il dévoilait impitoyablement les contrefaçons des faussaires dans son livre sur « le Truquage » qui obtint un vif succès. Rédacteur à l'*Opinion*, à la *Vie Moderne*, au *Figaro*, au *Temps*, à l'*Illustration*, etc., il traitait dans ces journaux, avec un talent et une compétence indéniables, les questions artistiques.

Mais PAUL EUDEL ne se contentait pas d'être un curieux et un critique d'art. Il recueillait ses notes de voyages et publiait un volume sur Constantinople, Smyrne et Athènes, et signait dans les journaux et dans les revues, des nouvelles, des contes, des variétés, qui le placent au rang des bons écrivains. Membre du comité de la Société des Gens de Lettres, élu questeur deux années de suite, il remporta l'un des prix de mérite littéraire en 1891.

Nous l'avons vu ensuite consacrer d'excellentes pages à son ami Champfleury, et c'est peut-être en feuilletant les souvenirs de ce romancier que PAUL EUDEL contracta le goût de la pantomime. Ce fut en effet d'un conte publié par Champfleury, dans la *Vie Parisienne*, qu'il tira cette exquise pantomime de la *Statue du Commandeur*, qui triompha l'an dernier sur la scène des Nouveautés, et qui, après avoir été représentée avec un prodigieux succès à Londres au Théâtre du Prince de Galles, à Vienne à celui d'an der Wien, est en train de faire son tour du monde.

PAUL EUDEL semble aujourd'hui avoir trouvé dans le théâtre une nouvelle orientation de sa vie : déjà il nous avait donné des monologues et des saynètes ; il a écrit en collaboration et fait jouer en ces derniers temps : *Retour du bal,* un proverbe mimé et deux comédies en un acte : *Polichinelle et la Mort, le Clavecin.*

Attendons-nous à le voir prochainement sur une grande scène parisienne avec une pièce en trois actes. Il est de ceux qui ne doivent pas craindre de toucher à tout, car tout lui a souri, jusqu'à présent, et on peut dire que le Succès, cette fois, en faisant de lui un de ses élus, ne s'est pas montré aveugle.

PAUL EUDEL, né au Crotoy (Somme) en 18.., descend d'une vieille famille picarde qui a donné plusieurs mayeurs à Péronne.

A été l'un des fondateurs de la Société des miniaturistes et enlumineurs de France, de l'Association des anciens élèves du lycée de Nantes qu'il a longtemps présidée, du Cercle funambulesque qui a remis la pantomime en honneur, l'un des membres de la commission de l'Exposition rétrospective du Trocadéro et du Congrès littéraire en 1889, etc.

A publié chez divers éditeurs : Le Quartier Saint-Pierre, la Tente Hamilton, le Baron Charles Davillier, Aimé Desmettre, Soixante planches d'orfèvrerie, Poralé et Grammont, Collections et collectionneurs, les Œuvres écrites de mon père, les Locutions nantaises, l'Argot de Saint-Cyr, Champfleury, sa vie, son œuvre et ses collections, une série d'études sur la Bourboule, etc.

A Mariani

Que ne suis-je de la terre où
L'or se mêle à l'esprit des plantes
Tes flammes sont réconfortantes
Coca, tonique du Pérou

Voltaire aurait fait au moka
Des infidélités, sans doute,
S'il eut de la douce coca
Savouré ce vin goutte à goutte.

Pour avoir ce que lenf-coq a
De tintché d'une voix ... puissante
Prenez donc ce vin de coca
Vous verrez après comme on chante

Le cœur tout chaud de ce breuvage
Je rends hommage formel
A son action sur l'œsophage
Et je signe ici

Paul Eudel

Paris 30 novembre 1891

FAURE

---

ous les rois heureux de la scène — lyrique ou dramatique — ont une histoire intéressante à conter; celle de FAURE, souverain de l'art du chant, est plus que toute autre digne d'être connue.

A Paris, en 1838, un modeste chantre à Notre-Dame mourait, laissant à sa veuve trois enfants, parmi lesquels un garçon de sept ans doué d'une jolie voix et de remarquables aptitudes musicales. Ces deux qualités lui valurent une place de.. souffleur d'orgues à la Madeleine. Mais ses dons musicaux et vocaux recevaient bientôt meilleure application; il devint enfant de chœur, puis élève préféré du maître de chapelle Trévaux qui, l'ayant pris en amitié, lui donna des leçons d'orgue et de piano. A douze ans, il put entrer au Conservatoire dans la classe de solfège. Sa voix fut remarquée par son professeur, chef des chœurs du Théâtre Italien. Première étape vers la fortune! Le petit FAURE, fils du chantre de Notre-Dame, fut admis comme choriste à la salle Ventadour, aux appointements de 25 francs par mois.

C'était le beau temps de la jeunesse de Mario et de la Grisi. Dans un jeu de scène des *Puritains,* le choriste se trouva plus d'une fois à tenir le chapeau de Mario. On eût bien étonné le ténor applaudi et le baryton débutant, si on leur avait prédit qu'ils chanteraient à Londres côte à côte vingt ans plus tard, l'un au déclin, l'autre à l'aurore de sa grande réputation.

Passons l'époque des luttes et des emplois pénibles acceptés pour vivre, tels que : organiste, contrebassiste à l'Odéon avec 30 francs par mois, pour arriver aux sourires de la fortune. Trois fois lauréat du Conservatoire, FAURE entre à l'Opéra-Comique où il débute le 20 octobre 1852 dans Pygmalion de *Galathée.* Il crée successivement *le Chien du jardinier, Manon Lescaut, le Sylphe, Quentin Durward, le Pardon de Ploërmel,* etc. Créations et reprises, comme : *Joconde, Etoile du Nord,* sont remarquées et applaudies. FAURE est quelqu'un, presque célèbre.

Après une tournée à Londres, le voilà à l'Opéra ! Les triomphes vont commencer par la reprise d'Alphonse dans *la Favorite* et la création de Nélusko, Leporello, Hamlet, Paddock, Da Posa, Méphistophélès, Don Juan ; ces personnifications admirables, mettent le comble à sa réputation. C'est le chanteur de grande école : voix posée, souple, nette, étendue ; acteur merveilleux de gestes, de physionomie, de mouvements, d'attitudes : cavalier de rare élégance et de mâle séduction. Il a tout ; c'est la perfection ! Un critique parle de lui en ces termes : « Personne ne sait mieux que lui respirer, phraser, donner toute sa valeur à une note, toute sa couleur à une intention, tout son style et pour ainsi dire toute son âme à un morceau. FAURE est un de ces artistes dont l'interprétation est une collaboration. »

Nous n'énumérerons pas les rôles de FAURE depuis 1861 jusqu'à 1877, époque à laquelle l'artiste a quitté l'Opéra.

Depuis, il n'a plus chanté que dans des concerts et des représentations à bénéfice et, à chaque apparition, il a obtenu le même succès que par le passé, laissant à ses auditeurs le regret de sa résolution de ne plus reparaître sur la scène. FAURE se devait de faire des élèves. Dès 1857, il avait été nommé professeur au Conservatoire en remplacement de Frédéric Ponchard. Plusieurs volumes publiés, comme résumés de son enseignement, sont classiques, particulièrement *la Voix et le Chant*.

Chanteur et professeur, FAURE devait ajouter un troisième fleuron à sa couronne : celui de compositeur. Qui ne connaît *les Rameaux*, *l'Alleluia d'amour*, le *Pie Jesu*, etc. ?

FAURE habite aujourd'hui non loin de l'Opéra un appartement décoré et meublé avec une grande sûreté de goût ; son salon est enrichi de plusieurs toiles de maîtres, notamment, du *Bon Bock* et du *Chemin de fer* de Manet. Il est aidé dans ces aménagements artistiques par sa femme, Mme Faure, qui, sous le nom de Caroline Lefebvre, fut une étoile de l'Opéra-Comique. Le souvenir de son passage au ciel lyrique était évoqué récemment par cette dédicace que MM. Louis Gallet et Camille Saint-Saëns écrivaient pour Mme Salla sur une partition de *Proserpine* : « Nous avons eu salle Favart, Caroline Carvalho, Caroline Lefebvre, Caroline Duprez, il nous reste notre chère et belle Caroline Salla... etc. »

Dernier détail : FAURE eut jadis un domestique nègre, connu du Tout-Paris. Il le renvoya, et comme c'était au moment où il allait créer Nélusko dans *l'Africaine*, il disait spirituellement à ses intimes : « Je ne voulais pas être pris pour mon valet de chambre ! »

FAURE (JEAN-BAPTISTE), né à Moulins (Allier le 15 janvier 1830. Venu à Paris à l'âge de trois ans ; perdit à sept ans son père, chantre à Notre-Dame ; successivement souffleur d'orgues, enfant de chœur, choriste au Théâtre Italien, contrebassiste ; entra au Conservatoire en 1850 et en sortit en 1852 avec les premiers prix de chant, opéra, opéra comique. Débuta à l'Opéra-Comique où il a rapidement une situation superbe ; entre à l'Opéra le 15 octobre 1861 ; crée Métra, Don Juan, Don Carlos, l'Africaine, Hamlet, la Coupe du Roi de Thulé, etc. ; quitte l'Opéra en 1876 ; chante à Londres, en 1877 ; à Paris, en 1880. Sociétaire de Directeur, Membre d'un Société Etablie de Liszt. Chevalier de la Légion d'honneur le 30 décembre 1881. Avait le droit, sous l'Empire, de chasser dans les domaines de l'Etat.

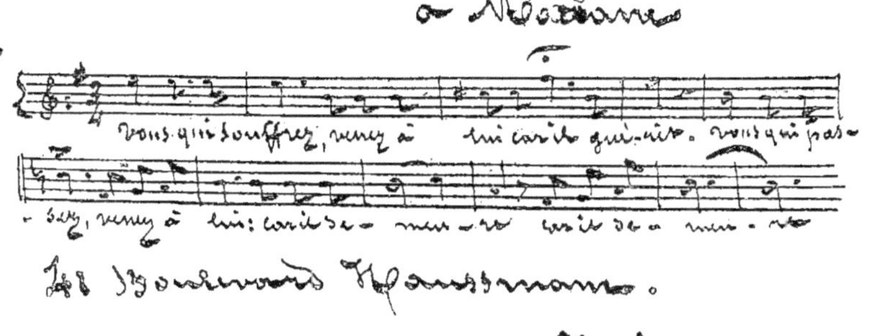
à Madame
Vous qui souffrez, venez à lui car il guérit. vous qui pas-
-sez, venez à lui: car il se meurt car il se meurt.
48 Boulevard Haussmann.
J. Fauré de l'Opéra

LOUIS FIGUIER

A l'âge où les jeunes carabins vont faire du bruit aux cours des professeurs qui leur déplaisent, Louis Figuier était reçu docteur. Un docteur de vingt ans est un oiseau rare, aussi les maîtres du futur savant fondaient-ils de grandes espérances sur sa précoce ardeur au travail.

Louis Figuier devint tour à tour agrégé et docteur ès-sciences physiques, et, après avoir ajouté à de longues études personnelles la réflexion qui les féconde, il se trouva prêt pour tous les combats et entra dans la lice. Son premier adversaire scientifique s'appelait Claude-Bernard. Il s'agissait de la sécrétion du sucre par le foie, un sujet de polémique qui ne court pas les rues. Cette discussion fut très vive; il y eut nombre de mémoires échangés, et l'on ajoute que celui qui devait remplacer Flourens à l'Académie française fut houspillé comme un homme arrivé doit l'être, tôt ou tard, par un jeune en train de faire son chemin.

L'auteur des *Merveilles de la Science*, Louis Figuier, n'aurait besoin, pour être jugé à sa valeur, que de la liste de ses ouvrages. Avec un remarquable talent d'écrivain, il a étudié et fait connaitre aux profanes tous les secrets que la Science a arrachés à la Nature.

Sans parler des beaux feuilletons scientifiques que Louis Figuier a publiés dans la *Presse*, pendant plus de vingt-cinq ans, on peut dire qu'il a promené la foule immense de ses lecteurs des profondeurs des mers et du centre de la terre jusqu'aux régions les plus élevées des cieux. Après avoir fait la description populaire des inventions modernes, un tableau raisonné de la nature entière, l'histoire de l'homme primitif, de la terre avant le déluge, des races humaines, des plantes et des animaux, il a écrit, année par année, un livre d'or de l'industrie qui note, au jour le jour, les progrès accomplis.

M. Louis Figuier a étudié aussi l'alchimie et les alchimistes, et c'est en vivant dans ce monde de mystères et de pierres philosophales qu'il a conçu le sujet de sa remarquable histoire du merveilleux, qui ne pouvait être écrite que par un savant.

Le succès de l'auteur de la *Terre avant le déluge* a été un des plus considérables de la librairie moderne. Malgré ces triomphes remportés sur l'immortel ennemi des écrivains, le lecteur, Louis Figuier a été longtemps rongé par un cuisant regret : il se croyait né pour être soldat, et il ne négligeait aucune occasion de pousser des soupirs à fendre l'âme à propos de sa carrière manquée et de sa vocation contrariée. Quelquefois, il a eu la tentation de travailler le sabre au côté et il lui est arrivé de prendre son copiste pour son ordonnance.

M. Louis Figuier apporte, dans tous ses ouvrages, une grande indépendance de caractère et une remarquable franchise d'allures. Sa profonde expérience, acquise par un demi-siècle de labeurs et de succès, lui donne une autorité qu'on ne saurait récuser sans être injuste. Une de ses préfaces est un modèle d'exposition hardie et de déclaration de haine, — on dit bien déclaration d'amour, — à très haute et très puissante dame Routine, la plus mortelle ennemie des savants et du progrès :

« Je vais soutenir une thèse étrange, dit-il, je vais prétendre que le premier livre à mettre entre les mains de l'enfance doit se rapporter à l'histoire naturelle ; et qu'au lieu d'appeler l'attention admirative des jeunes intelligences sur les aventures du Chat Botté, l'histoire de Peau d'Ane ou les Douze Travaux d'Hercule, il faut la diriger sur les spectacles naïfs et simples de la nature : la composition d'une fleur, la structure d'un arbre, les organes des animaux, la perfection des formes cristallines d'un minéral, l'arrangement intérieur des couches composant la terre que nous foulons sous nos pieds. »

M. Louis Figuier croit que le mal de notre société doit être attribué à cette éducation malsaine dont il a combattu les inspirateurs. Résultat à ses yeux : des esprits faux, faibles et irrésolus.

Un vulgarisateur vulgaire se contenterait de livrer à l'heure dite des volumes impatiemment attendus par l'éditeur. Louis Figuier travaille toujours, mais il n'est pas l'homme des commandes. Il n'écrit pas à la ligne ou à la feuille ; mais lorsque le sujet le tente, il l'étudie consciencieusement et il le traite avec des développements qu'il n'a pas prévus.

Il y a de tout en lui, du mathématicien, du physicien, du chimiste et du naturaliste. Dans ses œuvres, les chiffres succèdent aux expériences et les découvertes aux chiffres. On est émerveillé de l'étendue de ses connaissances et de ses aptitudes incomparables pour en doter les autres.

FIGUIER (Louis) est né à Montpellier le 15 février 1819. Il fut reçu docteur à la Faculté de médecine de cette ville le 16 janvier 1841. Arrivé à Paris, il travailla au laboratoire de la Sorbonne, dirigé alors par Balard, membre de l'Institut. Nommé, en 1846, professeur agrégé à la Faculté de médecine de Montpellier, il y resta cinq ans. En 1849, il épousa Mlle Juliette Bouscaren qui se fit connaître du public lettré par de charmantes nouvelles à la Revue des Deux-Mondes et par quelques œuvres dramatiques. En 1850, Louis Figuier prit le grade de docteur ès sciences physiques. C'est à partir de ce moment qu'il commença par le journal et par le livre, sa brillante carrière de vulgarisateur, interrompue par de remarquables essais philosophiques et scientifiques. Louis Figuier est chevalier de la Légion d'honneur depuis 1862. Nous ne donnerons pas ici sa bibliographie : le nom de ses ouvrages est dans toutes les mémoires.

La nature, de la Coca
Fit le remède souverain
M. Mariani l'employa
Pour le salut du genre humain

Sous le ciel du Pérou elle a reconnu
Mais pour prouver ses vertus, sa puissance,
Sous le ciel de Paris elle eut bonne fleurie
Pour charmer, animer, réveiller et guérir

Louis Figuier

JUDITH GAUTIER

ᴇs légendes racontent que les poëtes sont des êtres privilégiés ; des dieux bons, inconnus, les ont baisés sur les lèvres durant les mélodieuses nuits de mai. Et les poëtes ont ainsi reçu le don divin de chanter la Beauté, c'est-à-dire l'Amour !

Pour louer comme il convient Judith Gautier, ne faudrait-il pas les vers et l'enthousiasme d'un poëte ?

Les fées sourirent à sa venue, car, née au milieu des brumes de Paris, l'enfant s'épanouit cependant ainsi qu'une ardente fleur de soleil.

Les génies qui avaient soufflé l'inspiration au front de Théophile Gautier s'empressèrent autour du berceau où sa fille gazouillait aux anges, et Judith eut aussi en partage le pouvoir de magnifier le Beau !

Élevée d'une façon originale, recevant les leçons d'un Chinois lettré, vivant parmi les célébrités littéraires et artistiques de la période romantique, en quelques années, la jeune fille se développa intellectuellement et physiquement d'une façon splendide.

Elle avait, naturellement, l'âme orientale et lumineuse ; son esprit était tout parfumé des captivants parfums des fleurs merveilleuses des Indes. Elle ne se plaisait point aux futilités mondaines et mesquines.

Belle d'intelligence et de corps, cambrée ainsi qu'une statue antique, Judith nous dévoila bientôt les rêves sommeillant au fond de ses noires prunelles.

Au son de son rythme, de ses phrases colorées comme des aurores d'avril, nous la suivîmes, étonnés et ravis, jusqu'aux pays où trônait son idéal. Alors, nous connûmes de délicieuses jouissances : la Chine et le Japon nous ouvrirent leurs portes d'or et nous assistâmes au spectacle de vies larges et généreuses, de vies ensoleillées d'amour, embaumées de voluptueuses senteurs.

Judith Gautier n'avait guère que quinze ans quand elle publia *Le Livre de Jade*.

Elle avait reçu les leçons d'un Chinois, comprenait et parlait sa langue, comme si elle eût vu le jour sous le même ciel radieux.

La traduction de ces petits poèmes chinois fut une révélation et un succès : déjà Judith Gautier possédait la richesse et l'harmonie de sa palette ; déjà elle savait peindre les paysages luxuriants de clartés et d'éclat ; déjà, avec une finesse de psychologue, elle analysait les sentiments de ses héros aux esprits naïfs, mais aux passions violentes et poétiques en même temps.

Encouragée par son brillant début, la jeune fille fit paraître successivement : *Le Dragon Impérial*, palpitant roman, écrit par une plume d'or guidée par un génie vêtu de blanc et de pourpre;

La Sœur du Soleil, roman historique (le Japon au temps féodal), livre curieux, savant sans pédanterie, couronné par l'Académie-Française; etc., etc.

Judith Gautier était royalement belle; et le roi des poètes, Victor Hugo, qui avait applaudi la jeune et vibrante artiste, un soir, la salua ainsi :

— « Vous êtes un marbre habité par une étoile... »

Au théâtre Judith Gautier débuta par un triomphe : *La Marchande de Sourires*.

Et maintenant, quoiqu'elle soit toujours restée splendidement belle et géniale, elle se repose un peu des louanges qui ont semé sa route de roses...

Très accueillante aux jeunes et aux inconnus, elle sait s'intéresser à leurs rêves et à leurs ambitions. De sa voix lente et mélodieuse, elle donne de précieux conseils et, quand on la quitte, tout pénétré de son charme et de son sourire, on songe à la beauté et à la bonté d'une de ces blanches déesses dont la destinée s'immortalise dans la mémoire des dieux et que l'on voit en rêve, durant les nuits d'été constellées d'étoiles, errer en des jardins fleuris, le front couronné de myrtes et de lauriers, les fleurs d'amour et les fleurs de gloire !

Judith GAUTIER, née à Paris, a publié : *Le Livre de Jade*, petits poèmes traduits du chinois; *Le Dragon Impérial*, roman chinois; *La Sœur du Soleil*, roman historique (le Japon au temps féodal), couronné par l'Académie-Française; *Iskender*, roman persan (histoire d'Alexandre d'après les Persans); *La Conquête du Paradis* (histoire de la conquête des Indes par Dupleix); *Les Poèmes de la Libellule*, traduits du japonais (édition de luxe, illustrée par un Japonais et qui n'est pas dans le commerce); *Fleurs d'Orient*, nouvelles historiques; *Le Vieux de la Montagne* (histoire du temps des Croisades); *Les Peuples étrangers*; *Lucienne*; *Iseline*; *La Fleur-Serpent*; une traduction de *Parsifal*, de R. Wagner, parfaite, vrai régal des dilettantes; *Les Mémoires d'un Éléphant blanc*, histoire pour les enfants, etc., etc...

Judith Gautier a donné à l'Odéon *La Marchande de Sourires*, jouée deux cents fois; et, tout dernièrement, *La Barynia*, en collaboration avec M. Gayda.

oh ' Surprenant effet de la Sainte Coca .
A peine ai-je ' goûté deux doigts du Vin Magique
Que, devenant soudain prêtresse de l'Inca
J'entonne, en Quichua, le Verset liturgique.'

Judith Gautier

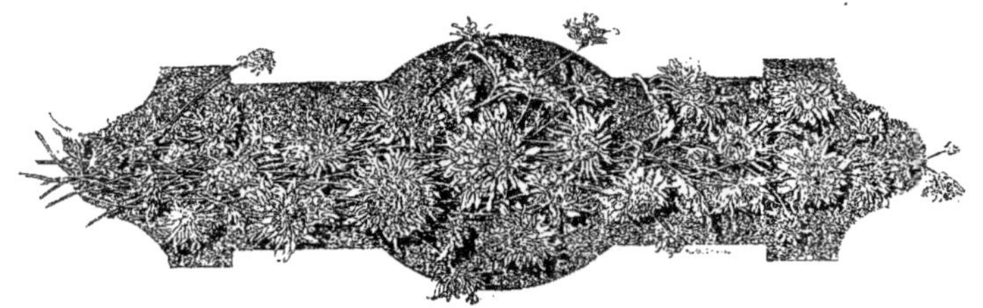

Miss MAUD GONNE

ertes, les « femmes d'Ibsen » ne sont pas exclusivement des scandinaves. Il faut plutôt les voir, des images anticipées — des mirages — de la « femme de demain ». Elles apparaissent très réelles parce que beaucoup de femmes d'aujourd'hui — avec des gestes machinaux, avec une vie toute d'habitude et d'hérédité — portent au fond d'elles l'âme future de ces révoltées.

Miss MAUD GONNE est, en ce sens, une femme réalisée d'Ibsen. Elle a la vigueur, l'autorité, la volonté et cette foi nouvelle que la science et le progrès moral ont enfantée dans le cœur des vraiment forts. *Elle est bonne.* La bonté, c'est le terrain où fleurit le plus logiquement la fleur par excellence qu'est la femme. Et c'est aux privilégiées qui possèdent à la fois beauté et bonté, qu'appartient le royaume de ce monde. Respectée en France, redoutée en Angleterre, Miss MAUD GONNE est adorée en Irlande. C'est la fée bienfaisante, ou plutôt la patronne, la sainte protectrice de cette île couleur d'espoir où règne une perpétuelle terreur parmi la classe pauvre.

L'Amérique a exterminé les Peaux-Rouges — qui furent une race ; — l'Angleterre a juré la destruction de l'Irlandais. L'arme que l'ennemie de l'Irlande emploie est l'organisation de la misère, une aimable façon de faire mourir les gens de faim. Il faudrait remonter très haut dans le siècle pour assister aux débuts de cette horrible campagne anti-sociale. La famine de 1846 est une des grandes batailles rangées de cette guerre sans merci. Des actes du Parlement marquèrent les phases des préliminaires... C'était à la fin du siècle dernier. Une maladie de la pomme de terre fut le prétexte ; il restait bien comme fruit de la terre natale, pouvant nourrir ses enfants, le blé, — mais la totalité des récoltes était versée en Angleterre. Des fabriques de lainages, puis des fabriques de cuirs travaillés, puis des usines de viandes salées s'ouvrirent ; trois édits du

Parlement en fermèrent tour à tour les portes. Il ne restait plus aux Irlandais
qu'à mourir ; c'est ce qu'ils firent en grand nombre. Trois millions disparus sur
une population de neuf millions ! Deux millions sont morts de faim et de fièvre.
Un million a dû émigrer.

Voici que nous oublions Miss Gonne, mais c'est à son imitation, à elle
qui s'oublie pour son pays. Elle avait dix-neuf ans quand son père, qui fut
colonel dans l'armée anglaise, mourut. Il était sur le point de donner sa démission pour se présenter à la députation dans son pays. Les idées nationalistes
s'étaient emparées de son cœur. Sa fille se mit bientôt à l'œuvre rêvée par
l'Irlandais. Un soir elle était à dîner dans un château chez un ami de sa famille.
Au moment de s'asseoir parmi ses hôtes, le riche amphitryon eut de
l'esprit : « Parmi les familles que j'ai chassées de mes terres, il y a une femme
que je viens de rencontrer à la porte du parc, avec une grouillée d'enfants. Ce
qui me fait plaisir, c'est qu'elle ne passera pas la nuit. » Miss Maud Gonne ne
put supporter cette pensée. Elle prétexta un malaise et sortit. De ce jour, elle était
acquise aux opprimés. Conférences, démarches, réunions publiques, souscrip-
tions, elle usa de tous les moyens pour améliorer le sort de ses misérables compatriotes. Les prisonniers politiques sont ses protégés. Elle les visite dans leurs
prisons, correspond avec leurs familles. Déjà elle a sauvé de la mort beaucoup
de condamnés, qu'elle a souvent la cruelle désillusion de retrouver ahuris par
la détention, ou même complètement fous.

L'an dernier, les habitants d'un village d'Irlande étant dans l'impossibilité
de payer leurs loyers, le lord propriétaire, sous la protection de deux cents
policiers, mit le feu aux quatre coins de toutes les maisons, catégorique façon de
donner congé. Un enfant fut à demi brûlé. La Ligue nationale et son président,
sir Harrigton, intentèrent un procès, au nom du père, à l'incendiaire. Une loi
anglaise punit de deux ans de prison au moins quiconque aura volontairement
mis le feu à une *maison*. Notez bien le mot. Le procès fut gagné deux fois par
la Ligue. Le lord en rappela et gagna. Il sut en effet démontrer que l'immeuble
en question, ayant un trou au toit et pas de loquet à la porte, n'était pas une
maison. La loi n'était donc pas applicable.

Il faut voir Miss Maud Gonne raconter ces épisodes, dressant sa haute
taille, les bras raidis en des gestes de justicier, les beaux cheveux blonds comme
prêts à se défaire ; les yeux, étrangement doux d'ordinaire, deviennent d'un roux
étincelant et la voix devient claironnante, comme des appels au bon combat.

Miss Maud Gonne s'exprime en français avec une rare facilité, avec une
élégance à la fois et une puissance qui émerveillent. Son style est nerveux et
imagé, et on resterait des heures à l'écouter, pris par l'esprit et par le cœur.

Nous avons vu, dans son curieux salon de l'avenue d'Eylau, un beau portrait d'elle par une jeune Anglaise. C'est la femme du monde, merveilleusement
belle et douce. D'autre part, le vieux Desboutins, le grand artiste, a fait d'elle
un portrait où vit surtout la conférencière, le front soucieux, la lèvre méchante
pour les méchants. Le vrai portrait de Miss Maud Gonne serait celui où ces
deux caractères seraient unis : la vengeresse, hautaine, et la femme, délicieuse.

EUGÈNE GUÉRIN

Eugène Guérin, né à Carpentras (Vaucluse) en 1849, fit ses
études au lycée de Grenoble, puis son droit à Paris. Lorsqu'éclata
la guerre de 1870, il s'engagea dans les mobiles de Vaucluse. La
paix signée, il revint à ses études. Reçu avocat, il alla se faire
inscrire au barreau de sa ville natale. Vite il s'acquit du renom. Il
fut d'abord simple conseiller municipal, puis adjoint, enfin maire de
Carpentras. Il fit partie du Conseil général de Vaucluse de 1880 à 1886;
il en fut même le vice-président.

Les menées boulangistes achevèrent de le mettre en vue. Il se
montra dans sa région adversaire résolu des belles théories du bouillant général. Aussi, lorsque M. Alfred Naquet, le seul des membres de la Chambre Haute
qui eût adhéré au mouvement boulangiste, eut donné sa démission de sénateur,
M. Eugène Guérin fut désigné par les électeurs sénatoriaux de Vaucluse pour
le remplacer et fut élu le 1er juin 1890 à une grande majorité. Soumis au
renouvellement le 4 janvier 1891, il vit son mandat confirmé.

Dès son entrée au Luxembourg, M. Guérin attira l'attention de ses collègues par son activité. Il prit en effet, dans les rangs de la Gauche, une part
importante aux délibérations. Il s'était fait remarquer par ses profondes connaissances juridiques dans la discussion des rapports qui lui avaient été confiés,
et était secrétaire du Sénat quand il reçut le portefeuille de la Justice dans le
premier Cabinet constitué par M. Charles Dupuy (5 avril 1893).

Il prit à diverses reprises, en qualité de Ministre, la parole devant les
Chambres, notamment dans les questions ayant un caractère juridique

Sénat, il intervint avec succès dans la discussion du projet sur la revision des procès criminels et correctionnels et la réparation des erreurs judiciaires.

Démissionnaire avec ses collègues (décembre 1893), il eut pour successeur M. Antonin Dubost. En janvier 1894, il fut nommé membre de la Commission sénatoriale des Finances.

Le 31 mai 1894, quand le Cabinet Casimir-Périer fut remplacé par le second Ministère Dupuy, M. EUGÈNE GUÉRIN reçut de nouveau le portefeuille de la Justice (juin 1894-janvier 1895). Au lendemain de l'assassinat du Président Carnot il déposa sur le bureau de la Chambre la loi sur les menées anarchistes. La discussion fut des plus laborieuses et n'occupa pas moins de quatorze séances, au cours desquelles l'opposition radicale-socialiste organisa une véritable obstruction. Plus de deux cents amendements furent présentés et combattus par le Gouvernement. L'ensemble de la loi fut enfin adopté le 27 juillet 1894 par une majorité de plus de trois cents voix.

Quoi qu'on ait pu dire de cette loi, elle a eu cependant un réel effet d'intimidation ; elle a produit le double résultat : d'arrêter la propagande anarchiste par la voie de la presse et les conciliabules secrets, et d'enrayer les attentats anarchistes qui avaient troublé le pays.

Revenu à son banc de sénateur, M. GUÉRIN s'est livré à l'étude de toutes les questions intéressant notre organisation judiciaire.

En juin 1895, il est rentré à la Commission des Finances et a été chargé du Rapport du budget de la Guerre.

Il a pris la parole au mois de novembre dans la discussion de la loi relative aux accidents du travail. Il a combattu et fait repousser par le Sénat, à une très forte majorité, l'institution d'une juridiction spéciale, appelée tribunal arbitral, destinée à juger les contestations qui s'élèvent entre ouvriers et patrons au sujet des accidents.

La Commission du Sénat et le Sénat se sont mis d'accord pour maintenir aux tribunaux ordinaires l'examen et le jugement de ces contestations, en organisant toutefois un ensemble de mesures destinées à assurer aux ouvriers une justice économique et rapide.

Tout jeune encore, excessivement actif et d'une intelligence non moins vive, M. EUGÈNE GUÉRIN reviendra au pouvoir. De taille un peu au-dessus de la moyenne, la démarche d'un officier, il porte la moustache qu'il a blonde.

C'est un de nos hommes d'État les plus intéressants.

GUÉRIN (EUGÈNE), né à Carpentras (Vaucluse) en 1849. Etudes au lycée de Grenoble. Avocat. Tour à tour conseiller municipal, adjoint et maire de Grenoble ; conseiller général. Elu sénateur le 1er juin 1890. Ministre de la Justice, dans le premier Ministère Dupuy (3 avril 1893-décembre 1893). Ministre de la Justice, dans le second Ministère Dupuy (juin 1894-janvier 1895).

MINISTÈRE
DE LA JUSTICE
—
CABINET
du
Garde des Sceaux

Paris le 3/5/74

Monsieur,

Vous me demandez mon Autographe, je suis vraiment bien embarrassé. Il n'ajoutera rien, d'ailleurs, à l'universelle réputation dont jouit votre excellent vin.

Dans un temps où l'énergie et la virilité sont plus que jamais nécessaires, iriez-vous à [?] Vous rendez un service réel ? Aux hommes politiques :

Agréez, Monsieur, mes salutations distinguées

[signature]

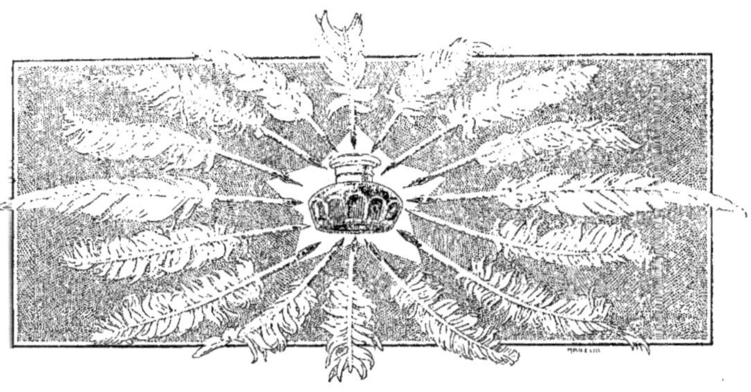

LUDOVIC HALÉVY

Fils et neveu d'hommes de théâtre, Ludovic Halévy fréquentait dès la première dent de sagesse l'Opéra, la Comédie-Française et l'Odéon. Cette façon de faire ses classes lui fut profitable. Cependant il resta treize ans dans un ministère très sagement, jusqu'à la croix, puis il tira la révérence aux dossiers, abandonna son rond de cuir et fit des pièces.

Il en fit tant et tant que, dans la nomenclature que nous joignons à cette petite esquisse littéraire, nous en sautons les trois quarts. Elles sont trop. Pour être exact, nous aurions dû transformer ces pages en un catalogue avec dates seulement à l'appui. — Trois ou quatre pièces par an, tel est le bilan dramatique de ce fécond écrivain. Et, par un privilège heureux, presque tous les titres de ces ouvrages sont restés gravés dans les mémoires. Quelques-uns même claironnent des fanfares de grandes victoires : *Frou-frou ! La Belle Hélène ! Orphée aux Enfers ! La Grande Duchesse ! Fanny Lear !*

« Songez aux *menus faits*, » répétait souvent Stendhal (un des auteurs favoris de Ludovic Halévy). Le « disciple » suivit le conseil du maître ès-pensée ; toute son œuvre en effet est en menus faits, ce sont de petites juxtapositions réunies à la colle forte de la verve. Si c'est de la « comédie sérieuse » (*Frou-frou, Fanny Lear, La Boule*, etc.), ce sont les caractères choisis et les morceaux de ces caractères qui représentent cet émiettement habile (diviser pour régner), ces petits coups de pinceau (dont aucun ne repasse sur le voisin pour le parfaire) dont l'ensemble atteint à la fresque.

S'il s'agit d'opérette, c'est dans la facilité à transporter les événements de jadis en petits faits contemporains que se retrouve la caractéristique du talent d'Halévy. Laissons de côté en effet tout ce que la *Belle Hélène* et *Orphée aux Enfers* peuvent avoir d'irrévérencieux, de dépoétisant, de rapetissant, pour ne voir que ce fait : Ludovic Halévy est un ironiste, un philosophe gai, il *castigat ridendo...*, il pirouette ses conseils, tourne en couplets sa morale. « Un jour, raconte Jules Claretie, c'était vers 1848, le directeur d'un journal socialiste demanda à Léon Gozlan un roman où fussent traités les problèmes qu'on agitait alors (et qu'on agite encore aujourd'hui d'ailleurs).

« — Le voulez-vous gai ou sérieux ? dit Gozlan.

« — A votre aise.

« Gozlan le fit terriblement gai, ce roman ! »

Ce que fit Gozlan en écrivant *Aristide Froissart* où, tout en plaisantant, il montrait la décomposition sociale, Ludovic Halévy le continua pendant toute la période dramatique de sa carrière et même en ses nouvelles (en particulier celles qui ont pour théâtre le « foyer » du père, de la mère et des petites Cardinal).

Quant au style, spirituel seulement en ses œuvres de parodie, il atteint à la force et à la grâce dans des ouvrages davantage mûris. C'est un écrivain de dialogue, c'est-à-dire de vie. « La vie, c'est la vertu de l'œuvre d'art. » Mais il reste toujours artiste, c'est-à-dire créateur, ou si le mot paraît un peu gros, arrangeur d'humanité. Il cueille les vices (de toutes essences), les petitesses, les fanfaronnades, les inepties, les bonnes grosses sottises, il y ajoute quelques fleurettes de sentimentalité et tout cela forme un bouquet d'odeur bizarre, prenante, énervante un peu (par ce qu'elle a de mortel tout au fond, de morose, de désenchanté) et vers laquelle on se tourne de préférence à de plus subtiles. Ludovic Halévy a le don de paraître tout simple et très clair malgré tout le compliqué des dessous.

Mais voici venir l'*Abbé Constantin*, le bénisseur final, celui qui par la main conduisit Halévy à l'Académie-Française. L'*Abbé Constantin*, roman puis comédie. Cette œuvre, une des dernières de longue haleine qu'ait produites notre auteur, était l'indispensable conclusion d'une carrière littéraire, burlesque à la surface seulement, très moralisante au fond. L'*Abbé Constantin* fut un gros succès de librairie, qui fit lire les précédents ouvrages imprimés de l'auteur de la *Belle Hélène* qu'on était habitué à considérer seulement comme un amuseur de tréteaux. Que de douces larmes fit répandre ce livre très chaste ! Une romanesque sommeille au cœur de toutes les Françaises. L'*Abbé Constantin* en réveilla des milliers et des milliers. Puis le roman devint pièce. Et la gloire doubla de Ludovic Halévy.

Aujourd'hui, tout jeune encore, il semble vouloir prendre du repos. Mais l'automne des écrivains est la plus belle saison : nous attendons de Ludovic Halévy de nombreux livres pour nos filles, d'autres pièces pour nos fils.

HALÉVY (Ludovic), auteur dramatique et romancier français, membre de l'Académie-Française, né à Paris le 1er juillet 1834. Fit ses études au lycée Louis-le-Grand. De 1852 à 1858, rédacteur au Secrétariat du Ministère d'État. Puis chef de bureau au Ministère des Colonies. En 1861, rédacteur au Corps-Législatif. Donne sa démission pour se consacrer entièrement au théâtre. Sous le pseudonyme de Jules Servières, il avait déjà donné deux petites opérettes, *Une pleine eau* et *Madame Papillon*, qui furent jouées aux Bouffes-Parisiens. Il signa seul encore *Rose et Rosette*, drame-vaudeville, musique de M. Oray (1858). En collaboration avec M. Battu : *l'Impresario*, opérette-bouffe (1856), le *Docteur Miracle*, opérette en un acte, musique de G. Bizet et Lecoq (1857) ; avec M. Busnach : *Pomme d'api*, musique d'Offenbach (1873); avec M. Crémieux, la *Chanson de Fortunio*, musique d'Offenbach (1861) ; les *Eaux d'Ems*, musique de Léo Delibes (même année); le *Pont des Soupirs*, opéra bouffon (même année), musique d'Offenbach ; le *Roman comique*, musique du même (1862), etc. ; avec son père : *Le mari sans le savoir*, musique du duc de Morny (1860). En collaboration avec H. Meilhac, les opérettes : la *Belle Hélène*, musique d'Offenbach (Variétés, 1865); *Barbe-Bleue*, musique du même (1866 ; la *Grande Duchesse de Gerolstein*, musique du même (1867) ; la *Vie Parisienne*, musique du même (même année) ; la *Périchole*, musique du même (1868 ; le *Château à Toto*, musique du même, même année ; la *Diva*, musique du même (1869) ; les *Brigands*, du même (1869) ; la *Boulangère à des écus*, musique du même (1875). Les livrets d'opéras et de ballets : *Carmen*, musique de Bizet, Opéra-Comique (1875) ; le *Fandango*, musique de Salvayre (1877) ; le *Petit Duc*, musique de Lecoq (1878 ; *Jean...*, musique du même (1878), et l'année suivante la *Petite Mademoiselle*. Sans musique : les *Moulins à vent* (1862) ; les *Brebis de Panurge* (1863); *Fanny Lear* (1868) ; *Frou-frou* (1869) avec Desclées, puis avec Sarah Bernhardt; le *Réveillon* (1872); l'*Été de la Saint-Martin* (1873) ; la *Petite Marquise* (1874) ; la *Boule* 1875 ; le *Prince* 1877 ; le *Mari de la Débutante* (1879); la *Petite Mère* (1880) ; la *Roussotte* 1881).

Dans le roman, seul : l'*Invasion* (1872) ; *Monsieur et Madame Cardinal* (1873) ; les *Petites Cardinal* (1880) ; l'*Abbé Constantin* (1882) ; *Criquette* (1883) ; *Princesse* 1886 ; *Karikari* (1892).

A. Sadoux

SIR AUGUSTUS HARRIS

ir Augustus Harris, né en 1853, est fils de feu Mr Augustus Harris qui, de son vivant, fut un des plus célèbres directeurs de l'Opéra Italien. Il a fait ses études à Paris et fut un temps correspondant étranger de la Maison Emile Erlanger et Cie. A la mort de son père, il entra dans la profession dramatique, et en septembre 1873, il joue Malcolm dans *Macbeth*, au Théâtre Royal de Manchester, sous la direction John Knowles. Puis, engagé à l'Amphithéâtre de Liverpool, il y joue les jeunes premiers et les rôles légers avec M. Harry Sullivan. Durant ce dernier engagement, Mr Mapleson le demanda comme régisseur de son Opéra Italien.

En 1876, Sir Augustus Harris, alors Mr Harris, fut envoyé à Paris par le comte de Kilmorey (à cette époque lord Nevry) pour acheter au théâtre de l'Odéon la permission de donner *Les Danicheff* au Théâtre Saint-James, et il fut complimenté par le directeur bien connu, M. Bondois, sur sa façon de jouer sur les théâtres de Londres.

Pendant sa visite à Paris, Mr Harris vit les *Dominos Roses* et persuada M. Charles Wyndham d'acheter et de monter au Criterion-Théâtre ces fameux *Pink-Dominos* de Hennequin. Dans cette pièce, Mr Harris joua le rôle de Harry Greenlanes où il fut merveilleux et qu'il tint pendant toute la durée du long succès de la comédie.

La première pantomime que Mr Harris interpréta fut *Sinbad the Sailor* (*Sinbad le Marin*) au Crystal-Palace, en 1876, sous M. Charles Wyndham.

En 1879, Mr Harris devint directeur de Drury-Lane et y joua, le
1er novembre, le *Henri V* de Shakespeare. Puis il monta une pantomime :
Bluebeard (Barbe-Bleue). Il continua ce genre de spectacle qui réussissait
beaucoup et il monta chaque Noël une nouvelle pantomime : c'est ainsi qu'il
a fait jouer seize pantomimes, chacune surpassant en magnificence la précédente.

Il a aussi monté chaque année un mélodrame. Les plus connus sont :
*The World, Pluck, La Nature Humaine, Le Plaisir, Jeunesse, Run of Luck
(Le Guignon), Million of Money, Une Vie de Plaisir, The Derby Winner, Cheer
Boys cheer*, etc., etc.

Il introduisit aussi à Londres la troupe de la Cour du Duc de Saxe-
Meiningen qui joua plusieurs pièces de Shakespeare, de Schiller et de Gœthe.

En 1882, il alla une saison à l'Opéra Allemand et organisa de même à
Londres plusieurs saisons de l'Opéra Carl-Rosa à Drury-Lane.

En août 1891, Mr Harris, présenté par un des Sheriffs de la
Corporation de la Cité de Londres, était décoré par Sa Majesté la Reine, à
l'occasion de la visite de l'Empereur d'Allemagne à Londres.

Comme Directeur du Théâtre de Covent-Garden, Sir Augustus Harris,
avec un succès sans précédent, a dirigé plusieurs saisons d'Opéra Italien. Jamais,
à Londres, on ne s'était trouvé à pareille fête d'art, et les amateurs de musique
ayant fréquenté les grandes villes d'Europe avouaient que nulle part interprétation meilleure ne leur avait été présentée.

Parmi les artistes qui parurent sur la scène de Covent-Garden, pendant
l'habile direction Harris, il convient de citer Mmes Adelina Patti, Albani,
Melba, Emma Calvé, Eames, Bellincione ; MM. Jean de Reszké, Edouard de
Reszké, Plançon, Alvarez, Maurel, Signor Tamagno, etc.

Comme nous écrivons ces notes (octobre 1895), Sir Augustus Harris
et M. E. C. Hedmondt inaugurent une série d'opéras anglais. Mais dès le
commencement de 1896, l'Opéra Royal Italien sera donné comme d'habitude.

Ces dates et ces noms propres, à la suite les uns des autres, peuvent
donner une idée de l'activité que dépense Sir A. Harris, depuis quelques
années. Maître des destinées des deux plus importants théâtres de Londres,
il sait y attirer le public intelligent et le gros public par des spectacles à la fois
beaux pour tous et précieux pour le petit nombre. Il ne néglige rien : décors
somptueux et interprètes célèbres.

Au physique, le beau portrait que nous donnons peut facilement con-
vaincre : Sir Augustus Harris a un visage remarquablement intelligent et
distingué. Il vient souvent à Paris et son profil n'est point inconnu des
boulevardiers.

Sir Augustus HARRIS, né à Londres en 1853, fils de Mr Augustus Harris, directeur de l'Opéra Italien.
Fit ses études à Paris. Débuta en septembre 1873 dans *Macbeth*. Actuellement Directeur des Théâtres de
Drury-Lane et de Covent-Garden.

A splendid restorative?
After many a days work when tired out
a glass of Mariani Wine has given one fresh strength & courage
and has enabled me to go on –
It is really good – & therefore I do not hesitate to say so.

3 December 1892   Augustus Harris.

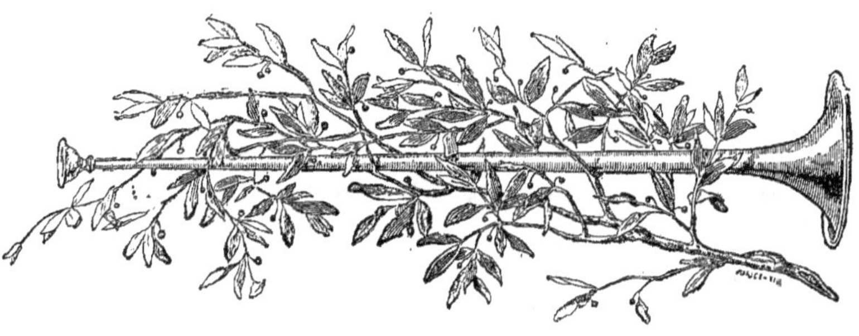

ALFRED HENNEQUIN

estiné à la haute industrie, Alfred Hennequin, l'un des auteurs qui ont le plus fait rire en France, avait fait dans son pays, à Liège, de sévères et longues études. Il fut d'abord attaché en qualité d'ingénieur à l'exploitation des chemins de fer de l'Etat Belge, où ses connaissances techniques le firent vite apprécier.

Mais il n'était pas né pour étudier les questions de tarifs, d'exploitation ou de contrôle. Possédé du démon du théâtre, il fit représenter à Bruxelles, aux galeries Saint-Hubert, une comédie en deux actes, intitulée *J'attends mon oncle*. C'était en 1869.

L'année suivante, renonçant à un pseudonyme sous lequel il avait abrité ses débuts, il donna sur la même scène *Les trois chapeaux*, comédie en trois actes, d'une verve comique étonnante, qui fut représentée deux ans après sur le théâtre du Vaudeville, à Paris.

Alfred Hennequin avait d'autres comédies toutes prêtes ; mais à Paris la concurrence est plus terrible qu'à Bruxelles, et la difficulté ne consiste pas à écrire des pièces intéressantes, mais à les faire accepter par des directeurs, qui sont souvent engagés pour plusieurs années à l'avance.

Ce n'est qu'au mois de juin 1875, par une chaleur torride et alors que les artistes du Vaudeville exploitaient à l'aventure cette scène pour leur propre compte, que l'on vit surgir un soir le *Procès Vauradieux*, dont le succès fut aussi éclatant qu'inattendu.

La nouvelle pièce, pour laquelle Alfred Hennequin avait obtenu la collaboration d'Alfred Delacour, fut jouée cent quarante fois de suite.

Cet énorme succès fit bien faire la grimace à la petite coterie de fournisseurs des théâtres du boulevard, qui suivent la fortune d'un directeur ou d'une étoile et qui acceptent difficilement qu'un nom nouveau figure sur *leur* affiche ; mais elle lança le jeune auteur belge qui donna, pour la saison suivante, les *Dominos roses*, qui sont le triomphe de l'imbroglio.

Puis vinrent, en 1877, *Bébé*, au théâtre du Gymnase, en collaboration avec

M. Emile de Najac ; le *Phoque,* au Palais-Royal, avec Alfred Delacour ; la *Poudre d'escampette,* aux Variétés, avec M. Henri Bocage.

Les années qui suivirent virent apparaître *La petite correspondance,* au Gymnase ; le *Renard bleu,* au Palais-Royal ; puis la série des pièces écrites pour Mme Judic en collaboration avec Albert Millaud : *Niniche, la Femme à papa, Lili,* etc.., qui, pendant de longs mois, firent salle comble au théâtre des Variétés, où l'on connut alors l'apogée des recettes.

Tout en travaillant à la prospérité de la scène du boulevard Montmartre où Alfred Hennequin avait trouvé comme interprètes les maîtres du rire, — Dupuis et Baron, pour n'en citer que deux, — l'auteur à succès écrivait en même temps pour d'autres théâtres. C'est ainsi qu'il donna successivement : *Fleur d'oranger,* aux Nouveautés ; *Noumou,* au Gymnase ; la *Corbeille de Noces,* au Palais-Royal ; *Ninetta,* à la Renaissance etc.. etc...

Alfred Hennequin a eu cette bonne fortune de renouveler un genre au théâtre : ce genre, c'est le quiproquo qui s'en allait, quand il l'a pris, mourant d'inanition.

En somme, c'est Molière qui a donné la formule de ces sortes de vaudevilles dans la fameuse scène de l'*Avare,* où Harpagon redemande sa cassette volée à Valère, qui entend qu'on lui parle de sa fille séduite. Combien de pièces de Scribe, Bayard, Rosier, Duvert et Lausanne pourraient se ramener et se réduire à l'exclamation classique : « Les beaux yeux de ma cassette ! »

L'originalité d'Alfred Hennequin, ce fut de disposer avec art un grand nombre de quiproquos, rebondissant les uns sur les autres, comme les billes de billard dans la partie russe, et produisant ainsi des carambolages inattendus.

Le succès des *Trois chapeaux* et du *Procès Vauradieux* fut aussi prodigieux qu'instantané. Le public est un grand enfant : et vous n'avez qu'à voir les bébés, jamais ils ne rient d'aussi bon cœur que d'une méprise.

Le *Procès Vauradieux* et les *Dominos roses* sont deux spécimens absolument parfaits du genre. On a beau dire, on ne va pas au théâtre pour apprendre la vie : on y va pour se distraire, et, dans la patrie de Rabelais, quand on a ri pendant toute une soirée, la soirée n'est pas perdue.

La critique s'est attachée à démontrer qu'Alfred Hennequin avait trouvé, avec *Bébé,* la voie toute tracée pour entrer victorieux dans nos grands théâtres d'ordre.

Il est évident que cette pièce du Gymnase est absolument charmante, et qu'avec un effort de plus l'auteur des *Trois chapeaux* aurait produit des comédies excellentes. Il n'a pas voulu briller au premier rang, se contentant d'avoir amusé tout Paris avec sa verve et son esprit endiablés.

Alfred Hennequin a été l'un des auteurs les plus demandés. les plus courus. N'avait-il pas le rare don de faire augmenter la recette ? C'est pour répondre à trop de directeurs qu'il a été emporté, jeune encore, par de véritables excès de travail.

HENNEQUIN (Armand-Nicolas), né à Liège, en Belgique, le 13 janvier 18.. Petit fils du peintre français Hennequin, il entra à l'Ecole des mines de Liège. A sa sortie il fut attaché aux Chemins de fer de l'Etat belge, puis passa à l'hôtel de ville de Bruxelles en qualité d'ingénieur-chef du cabinet du bourgmestre de cette ville, M. Anspach. Tout en remplissant ces diverses fonctions, il fit représenter plusieurs pièces au théâtre des galeries Saint-Hubert, sous le pseudonyme d'Alfred Debrou. Sa première œuvre fut donnée, de même, à Paris pour la reprise des *Trois Chapeaux,* au Vaudeville. A partir de ce jour commença la série de ses pièces comiques que nous avons citées dans sa biographie. Alfred Hennequin est mort le 8 août 18..

Mon cher Mariani

Voici mon portrait.
Je suis heureux de vous l'offrir
puisqu'il vous est agréable de l'avoir.
Et bien que couvert de mon chapeau,
je salue en vous le bienfaisant
créateur du bienfaisant vin de Coca
et vous envoie mes bien cordiales
amitiés.

A. Hennequin

31 mai 83.

ARSÈNE HOUSSAYE

ERTAINEMENT l'une des plus curieuses figures du XIXe siècle littéraire.

ARSÈNE HOUSSAYE représente parmi nous une joie qui n'existe plus. C'est *la joie de vivre*, la franchise et l'insouciance dans le débordement du rire et de l'esprit, le laisser-aller fleuri toujours de la politesse, enfin l'amour de l'infini... féminin.

Il aima : et ses romans, ses comédies, ses poèmes, ses mémoires, sont des pages d'amour. D'amour, avec toutes ses pittoresques variantes : amour joli, amour brutal, amour mignard, amour franc; amour qui se cache, peureux, et amour qui s'affiche, comme pour rayonner du plaisir pour les autres; amour jaloux et amour quiet, etc. Mais le sentimental domine toujours, et c'est la caractéristique de ces livres charmants : ils sont écrits non avec la tête, mais avec le cœur, un cœur qui aurait beaucoup d'imagination, tout en restant maître absolu des évènements.

ARSÈNE HOUSSAYE a traversé le siècle presque d'un bout à l'autre (il est né en 1815, et il n'a nulle envie, en 1895, de clore ses volets); il a donc traversé ce siècle le sourire aux lèvres, allant de fête en fête, en inventant pour en célébrer davantage. Il ignora le pessimisme et le bourgeoisisme, ces deux plaies de notre temps, ces deux aveux d'impuissance, qui sont aux pôles l'un de l'autre, mais qui cependant semblent avoir des points de contact.

Nous ne voulons pas nous égarer à essayer de conter cette vie. On n'analyse pas un feu d'artifice. On ouvre de grands yeux éblouis et on pousse des « ah ! »

Voyez-le aujourd'hui ce beau vieillard à la barbe fleurie, au front encore tourné vers les cieux, le Maître bienveillant et spirituel. Il ne donne pas de conseil, il raconte. L'anecdote remplace le chapitre de morale. Il voit la vie d'ailleurs de plus haut que messieurs les faiseurs de dogmes. La routine et l'hypocrisie sont ses deux ennemies favorites, si l'on peut dire ainsi. Il est le poète qui chante et rit parce qu'il a des chansons et des rires en lui. C'est sa destination, sa raison d'être.

Je retrouve ce petit croquis qui date de 1892 et dépeint la demeure seigneuriale d'ARSÈNE HOUSSAYE dans l'Aisne :

« De l'herbe et des fleurs dans les bosquets, dans les massifs, dans les allées. Çà, là, des statues, moussues ou vert-de-grisées. Puis un silence sur tout, dans tout, non pas un silence triste, mais recueilli seulement, comme fait de souvenirs; tout à coup, « le cri valkyrien d'un paon », et en écho, le rire clair de quelque chose de blanc qui court ou glisse ou vole à travers toutes ces choses d'hier... Un arrêt brusque, un chapeau qui s'envole, de longs cheveux blonds qui frôlent les arbustes, une fleur cueillie et voilà que tout s'anime : c'est Demain qui sourit au passé, l'enjolive de rieuse jeunesse... Lent, mais droit, le Maître à la barbe fleurie, au front songeur, aux yeux toujours gais, à la voix toujours charmeuse, descend les marches du château qu'il nomme Parisis comme en dénégation des distances. Il vient de revoir, pieux pèlerinage de chaque jour, son musée, le long des murs, où tous les maîtres se coudoient qui, comme leur hôte, eurent le culte de la Femme... »

L'année d'après nous retournions à Parisis. Tout s'était, comme par miracle, transformé : les allées avaient repris leurs serpentements blonds, les massifs étalaient de vives couleurs, et du château, hier silencieux, partaient des fusées de rire, et des toasts et des chansons gaillardes. Paris avait envahi Parisis. Aux couplets d'antan Parisis ajoutait un nouveau couplet.

Arsène Houssaye est bien le dernier survivant des grands organisateurs de fêtes artistiques, lui qui fut le plus grand, le plus éclatant. La mode s'est perdue de ces charmantes, de ces exquises journées faites pour rire et aimer, de ces réceptions pleines de franchise et d'imprévu où se coudoyaient les jeunes et les maîtres, les éditeurs et les édités et même les éditables, les amoureux et les belles femmes.

Quant à l'œuvre d'Houssaye, nous ne pouvons ici qu'en donner le catalogue. Encore est-il sans doute incomplet. Le vieux Maitre a certainement publié plus de deux cents volumes !

HOUSSAYE (Arsène Housset et), littérateur français, né à Bruyère près de Laon (Aisne), le 28 mars 1815, d'une ancienne famille d'agriculteurs alliée aux d'Aguesseau et aux Condorcet : vint de bonne heure à Paris. En 1836, deux romans : *la Couronne de Bleuets* et *la Pécheresse*; *Revue du Salon de 1844*; *Galerie des portraits du XVIII° siècle* (1844, 1re série, 2 vol.) ; *Histoire de la Peinture flamande et hollandaise* (1846, in-fol., 100 gravures sur cuivre) ; *Un martyr littéraire, touchantes révélations*. En novembre 1849, il devint administrateur du Théâtre-Français. Ramena la prospérité matérielle et fit jouer plus de cent pièces de Victor Hugo, Alexandre Dumas, Ponsard, Augier, Musset, Mailefille, Mme de Girardin, Sandeau, Gozlan, etc. Après le coup d'Etat de 1851, il composa pour Rachel une cantate : *L'Empire, c'est la paix*. En 1856, il donna sa démission et devint inspecteur général des musées de province. Décoré de la Légion d'honneur le 6 mai 1846, il a été promu officier le 30 juillet 1858.

Romans : *Les Aventures galantes de Margot*; *les Onze Maîtresses délaissées* (1840, 2 vol.); *la Vertu de Rosine* (1844); *les Trois sœurs* (1847, 2 vol.); *Philosophes et Comédiennes* (1850); *la Pantoufle de Cendrillon* et *le Voyage à ma fenêtre* (1851); *les Filles d'Eve* (1852); *Sous la Régence et sous la Terreur* (1852); *le Repentir de Marion* (1851); *le Violon de Franjolé* (1856); *les Revenants* (1859, 2 vol.); avec Jules Sandeau : *Mlle de Vaudeuil*, 1842, nouvelle édition (1870); *Mlle de Kéronare* (1842); *Milla* (1842); *Marie* (1843); *Mlle Mariani* (1859); *Mlle de La Vallière et Mme de Montespan* (1860); *Mlle Cléopâtre* (1864); *Blanche et Marguerite* (1864); *le Roman de la Duchesse* (1865); *les Légendes de la Jeunesse* (1865); *les Grandes Dames* (1868, 4 vol.); *les Parisiennes* (1869, 4 vol.); 2e série des *Grandes Dames*; *les Courtisanes du Monde*; 3e série des *Grandes Dames* (1870, 4 vol.); *le Chien perdu et la Femme fusillée* (1872); *Tragique aventure de bal masqué* (1873); *Lucie, histoire d'une fille perdue* (1873); *les Mains pleines de roses, pleines d'or et pleines de sang* (1874); *la Belle Rafaella* (1874); *les Amours de ce temps-là* (1875); *les Dianes et les Vénus* (1875); *les Femmes du Diable* (1876); *Histoire étrange d'une fille du monde* (1876); *Alice* (1877); *Bianca, suivie de Mlle Phryné*; *les Trois Duchesses* (1877, 2 vol.); *les Charmeuses* (1878); *les Larmes de Jeanne* (1878); *la Robe de la Mariée* (1879); *l'Eventail brisé* (1879, 2 vol.); *Histoires romanesques* (1879); *les Princesses de la ruine* (1881); *Mlle Rosa* (1882); *les Douze nouvelles* (1883); *la Comédienne* (1884); *Contes pour les Femmes* (1885); *Rodolphe et Cynthia* (1888); etc., etc.

Poésies : *Les Sentiers perdus* (1841); *la Poésie dans les bois* (1845); *Poèmes antiques* (1855); *la Symphonie de vingt ans* (1867) ; *Cent et un sonnets*; diverses rééditions, 1858, 1877.

Théâtre : *Les Caprices de la marquise* (Odéon, un acte, 1844); *la Comédie à la fenêtre* (1852). *Mademoiselle Trente-Six Vertus*, drame, cinq actes (Ambigu, 3 mai 1873); *les Comédiennes*, comédie en cinq actes, non jouée.

Ouvrages critiques ou humoristiques : *Le Voyage à Venise* (1849); *l'Histoire du quarante et unième fauteuil de l'Académie-Française* (1855); *le Roi Voltaire : sa généalogie, sa jeunesse, sa cour, ses ministres, son peuple, sa dynastie, etc* (1878); *Histoire de l'Art français* (1860); *les Femmes comme elles sont* (1861); *les Femmes du temps passé* (1862); *les Charmettes; J.-J. Rousseau et Mme de Warens* (1863); *Notre-Dame de Thermidor, histoire de Mme Tallien* (1867); *Histoire de Léonard de Vinci* (1869); *Galerie du XVIII° siècle* (dixième édition en 1876); *les Comédiennes de Molière* (1873); *Molière, sa femme et sa fille* (1880, in-folio avec portraits et gravures); *les Destinées de l'âme, essai d'une philosophie spiritualiste fondée sur le sentiment et l'imagination*, 1880); *le Livre de minuit* (1887); *les Confessions, souvenirs d'un demi-siècle* (six volumes). En tête d'éditions de leurs œuvres, études sur Chamfort, Fontenelle, Rivarol, Boufflers, Piron, etc. Collabora à la *Revue de Paris*, à la *Revue des Deux-Mondes*, à *L'Artiste*, à *La Presse*, au *Gaulois*, au *Journal*. Quelques-uns des pseudonymes d'Arsène Houssaye : G. de Montbrauus, Alfred Mousse, Lord Pilgrim, Comte d'O, René de la Ferté, Pierre Dax, etc.

À Mariani

Salut Mariani petit fils de Noé
La vigne est merveilleuse Évohé Évohé
Le Coca c'est la vie après tous les orages
Le coup d'étrier pour braver les naufrages
Il me rend ma jeunesse en ses jours embrasants
J'ai quatre fois vingt ans et non / quatre vingts ans

Arsène Houssaye

HENRY HOUSSAYE

ILS d'Arsène Houssaye, HENRY est l'homme qui voit la vie à travers l'histoire. C'est l'homme sérieux, grave, attelé à une œuvre d'exhumation et qui ne connaît de meilleure jouissance que de se salir les doigts à la poussière des manuscrits de jadis. C'est l historien, comme son père était le poète. L'un chante le présent, l'autre raconte le passé : tous deux, si divers, se donnent la main dans l'avenir : leur œuvre ne sera point éphémère.

HENRY HOUSSAYE, né à Paris le 24 février 1848 (pour un futur historien, voilà une date fatidique), fit ses premières études au Lycée Henri IV, alors Lycée Napoléon, puis son père, qui était alors Inspecteur général des Musées de province, confia le soin de terminer son instruction à un ami, le poète Philoxène Boyer. Le jeune homme voulut d'abord être peintre ; à ces travaux, il gagna un goût profond pour l'ancienne Grèce, goût qu'il manifesta dans ses premiers écrits. Tout enfant, il vivait dans l'intimité des poètes et des écrivains amis de son père, Théophile Gautier, Saint-Victor, Banville, Sandeau. « J'étais homme de lettres avant d'avoir fait ma première communion, » nous dit-il un jour.

Tout adolescent, il écrivit à *L'Artiste*, à la *Revue Française*, à la *Revue du xixe siècle*, à *La Presse*. Il avait dix-neuf ans lorsque parut son premier livre, *Histoire d'Apelles*, étude sur l'art grec, qui fut très discuté. Il regarde ce livre comme un péché de jeunesse ; il a, plus tard, racheté à l'éditeur et fait détruire les exemplaires qui restaient.

En 1868, HENRY HOUSSAYE partit en Grèce. Il y resta toute une année. Il était de nouveau dans la Péninsule hellénique quand fut déclarée la guerre de 1870. Il revint à la hâte et servit comme sous-lieutenant à la Ire compagnie du 4e bataillon des mobiles de la Seine. Du camp de Châlons, les mobiles de la Seine furent rappelés à Paris, avant l'investissement. H. HOUSSAYE assista aux combats de Châtillon et de Bagneux ; nommé alors officier d'ordonnance de l'amiral Pothuau, il resta jusqu'à l'armistice aux avant-postes de Vitry et prit part aux batailles des 29-30 novembre et

2 décembre. Il se distingua en particulier le 30 novembre, à l'affaire de la Maison Crénelée et fut nommé chevalier de la Légion d'honneur.

Après la guerre, l'histoire d'HENRY HOUSSAYE se confond avec l'histoire de ses livres et son assidue collaboration aux revues critiques et au *Journal des Débats*. Ses *Salons* à la *Revue des Deux-Mondes* et ses critiques littéraires des *Débats* ont été réunis en volume sous ces titres : *L'Art français depuis dix ans* (1882) et *Les Hommes et les Idées* (1886). C'est de la claire et haute critique, sachant ce qu'elle veut et où elle va.

En 1873, il avait fait paraître un grand ouvrage : *Histoire d'Alcibiade et de la République athénienne depuis la mort de Périclès jusqu'à l'avénement des trente Tyrans* (2 volumes). L'Académie-Française décerna à cet ouvrage (1874) le prix triennal fondé par M. Thiers.

Encore des dates : *Le premier siège de Paris, an 52 avant l'ère chrétienne*, étude d'archéologie militaire (1876); *Athènes, Rome, Paris* (l'histoire et les mœurs), 1878. Cette même année, il est nommé membre du Comité des Beaux-Arts. En 1882, il est promu officier de l'Instruction publique. En 1891, il succède à Ernest Renan comme Président de la Société des Études grecques.

Longtemps, HENRY HOUSSAYE ne fut connu et estimé que des lettrés : son **1814** (Histoire de la chute du premier Empire, d'après les documents originaux) lui donna la célébrité. Il est classé actuellement le premier de nos historiens. Il a renouvelé l'histoire en y faisant entrer la psychologie des masses populaires. HENRY HOUSSAYE, dédaigneux des œuvres de compilation, va aux sources. D'où ses ouvrages de claire vérité exprimée en langue claire, sans sot sentimentalisme comme sans fade froideur.

En 1893, H. HOUSSAYE continua ce grand ouvrage en publiant **1815** (la première Restauration ; le Retour de l'Ile d'Elbe ; les Cent-Jours). Ces deux livres ont eu un gros succès de vente. Le premier en est à sa vingt-unième édition et la vingtième est atteinte par le second. Le troisième et dernier volume **1815** (*Waterloo*) est en préparation.

« Chez M. HENRY HOUSSAYE, pas de phrases, point de paroles vaines et ornées. Partout la vérité des faits et l'éloquence des choses. » A ce mot d'Anatole France, ajoutons celui-ci, très juste, de Jules Simon : « Je rends justice à cette étude savante, à cette exposition claire et complète où l'auteur laisse parler les faits sans y mêler aucune réflexion, et dans laquelle cependant on lit sa pensée à chaque page. » Citons enfin M. Brunetière : « Précision des renseignements, choix heureux des détails, netteté de l'ordonnance, juste proportion des parties, vigueur enfin du style, tout concourt à faire de ces livres comme un tableau dont la sévère beauté n'a d'égale que la solidité de l'instruction qu'on en tire. »

HENRY HOUSSAYE a été élu membre de l'Académie-Française le 6 décembre 1894 par 28 voix sur 30 votants. Il occupe le fauteuil de Pierre Corneille, de Victor Hugo et de Leconte de Lisle dont il a prononcé l'éloge le 12 décembre 1895.

HOUSSAYE (HENRY), historien et critique français, fils d'Arsène Houssaye, né à Paris le 24 février 1848, fit une partie de ses études au lycée Napoléon, les acheva sous la direction particulière de Philoxène Boyer. Officier dans la garde mobile en 1870, il prit part à plusieurs combats livrés sous Paris et reçut, pour faits de guerre (30 novembre 1870), la croix de la Légion d'Honneur. Bibliographie : *Histoire d'Apelle*, étude sur l'art grec (1867 — il avait dix-neuf ans); — *Histoire d'Alcibiade et de la République Athénienne depuis la mort de Périclès jusqu'à l'avénement des trente Tyrans* (1873, 2 volumes); cet ouvrage obtint, en 1874, le prix triennal fondé par M. Thiers. — *Mémoire sur le nombre des citoyens d'Athènes au Vᵉ siècle; La Loi agraire à Sparte* (1883); *Aspasie, Cléopâtre, Théodora* (1890, cinquième édition 1892). Dans un autre ordre d'idées : *Le premier siège de Paris en 52 avant Jésus-Christ*, Étude d'archéologie militaire (1876), imprimée avec d'autres sous ce titre : *Athènes, Rome, Paris* (1878); *L'Art Français depuis dix ans* (1882); les *Hommes et les Idées* (1886), **1814** (1888); **1815** (1893). A collaboré à la *Revue des Deux-Mondes* et au *Journal des Débats*.

Élu membre de l'Académie-Française en 1894. — Grand-officier de l'Ordre du Sauveur de Grèce, etc.

Ὁ μῦθος ἀναφέρει ὅτι ὁ ὄφις
ὑπέδειξε τῷ Ἀσκληπιῷ βοτάνην
τινα θαυματουργὸν θεραπεύουσαν
τὰ παντὰ νοσήματα.
Τὸ Κόκα ἐστι ἡ βοτάνη αὐτη.

"La Fable rapporte qu'un serpent montra à
Esculape une plante qui guérissait toutes les
maladies
La Coca (Τὸ Κόκα) est cette plante-là."

Henry Houssaye

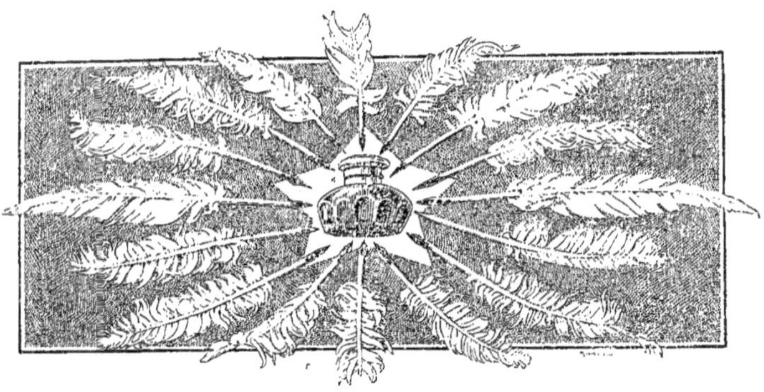

CLOVIS HUGUES

Montmartre, voisinant avec le *Moulin de la Galette*, en une gaie maison ensoleillée quand vient l'avril, le poète Clovis Hugues compose l'harmonieuse musique de ses vers. Le cabinet de travail, — égayé par les paysages que le spirituel conteur s'amuse à peindre d'un pinceau verveux et facile, — est encombré par des revues bleues, jaunes, vertes, etc., etc. C'est que ce romantique à tous crins, — et il en a encore une épaisse forêt, — ce romantique est l'esprit le plus large, le plus accueillant que je connaisse. Il a toujours une parole d'amitié pour les jeunes, un mot d'espoir pour encourager les hésitants débuts.

La vie de ce poète qui est en même temps romancier, auteur dramatique, journaliste, homme politique, est un véritable roman, un roman où la tragédie s'allie au merveilleux et à la comédie.

Clovis Hugues est né le 3 novembre 1851 à Minerbes (Vaucluse). Son père était meunier et... l'est encore, toujours au même moulin. L'enfance du futur poète fut bercée par le chant des sources, le murmure de l'eau faisant tourner le moulin.

Tout jeune, Clovis Hugues manifesta des sentiments religieux très mystiques. Il rêvait la gloire apostolique des missionnaires. Mais ce qu'il rêvait surtout, c'était de détrôner saint Louis de Gonzague.

Toute la famille partit pour Marseille; sur les instances de l'abbé Truchet, Clovis Hugues... prit la soutane. Mais la lecture des journaux : *La Lanterne*, qui venait de paraître ; *L'Ami du Peuple*, publié sous la direction de M. Royaunez, qui devait être plus tard son beau-père, tout cela ébranla sa foi ; il douta et, semblable à Montaigne, il doute encore. Au bout de trois mois, il quitta la robe pour courir après celle des séduisantes Marseillaises. Il avait alors seize ans et demi.

A Marseille, les parents de Clovis Hugues furent en proie à une gêne profonde, — la mère gagnait *douze sous* par jour en travaillant à la confection de chemises ; détail que devait rappeler, plus tard, à la tribune, le brillant orateur, en parlant de la crise sociale.

Peu de temps après, Clovis Hugues entra comme commis chez un courtier de commerce, pour ramasser les échantillons de blé autour de la Bourse. Besogne qui lui fut payée 20 francs par mois.

Un jour, Clovis Hugues apprend que l'on demandait un garçon de bureau au journal *Le Peuple ;* il se présente, est accepté. Il s'acquittait avec zèle de ses nouvelles fonctions lorsque le rédacteur en chef apprend que Clovis Hugues fait des vers ; il lui commande un article pour le lendemain. Le garçon de bureau pose son plumeau, prend une plume, écrit une chronique étincelante et... sur le champ, est attaché au journal en qualité de rédacteur avec des appointements fort honorables.

C'est d'alors que date la vie agitée de Clovis Hugues ; il prenait part à toutes les réunions, parlait dans les assemblées, et était acclamé comme un triomphateur, comme un poète. La Commune éclate ; elle est proclamée à Marseille le 23 mars. Clovis Hugues prend part au mouvement communiste ; mais le 5 septembre 1871, il est arrêté pour un article publié dans le *Vrai Marseillais*. Enfermé avec Gaston Crémieux, Pollio, etc., Clovis Hugues reste quatre ans en prison et en visite sept ou huit pendant sa détention. Il est libéré de la prison de Tours. Il revient alors à Marseille, écrit à l'*Egalité*, la *Petite Muse*, fonde la *Jeune République*. Il se marie civilement avec une petite amie d'enfance, qui lui avait écrit pendant sa longue captivité.

M. Daime, sous le pseudonyme de Désiré Mordant, publie un article contre la femme mariée sans prêtre. Violente polémique entre Clovis Hugues et M. Daime : duel ; M. Daime est tué. Clovis Hugues s'exile alors en Italie ; cinq jours avant les assises, il vient se constituer prisonnier ; il est acquitté. Pendant l'exil de Clovis Hugues, Raspail était mort ; Clovis Hugues se présenta à la députation, il échoua pour cent voix.

Il vint alors s'établir à Paris et collabora à la *Lune Rousse*, avec Gill ; au *Mot d'Ordre*, à la *Vérité*. Nommé député en 1881, réélu en 1885, et en 1893 prit la parole à la Chambre dans les questions sociales. Grands succès d'orateur ; plusieurs de ses discours sont restés célèbres.

Clovis Hugues a publié plusieurs volumes de vers : les *Soirs de Bataille* (1882) ; les *Jours de Combat* (1883) ; les *Evocations* (1885) ; il a fait représenter le *Sommeil de Danton*, drame en cinq actes en vers ; il a également fait paraître deux romans : *Madame Phaéton* et *Monsieur le Gendarme*. Collabore actuellement à plusieurs journaux.

Ce qu'on ne peut ni dire, ni rendre, c'est la verve et l'esprit dont Clovis Hugues est pétri. Les yeux rayonnent de vie et de malice au milieu de la figure ennuagée par des cheveux épais, longs, touffus ; la bouche dit la bonté. La bonté est la qualité dominante de cet exquis poète, de ce sentimental qui est un fort, qui est *un crâne*, quand sonne l'heure du combat pour le triomphe du Bien et du Beau !

A Mariani

Au sang des vignes pareil,
Votre vin réjouit l'homme;
Et quand on le boit, c'est comme
Si l'on buvait du soleil.
Clovis Hugues

INJALBERT

A vingt ans, le maître sculpteur Jean-Antonin Injalbert s'occupait d'ébénisterie artistique dans un atelier du boulevard Voltaire. On n'avait pas encore décrété la journée de huit heures, et l'humble ouvrier dépassait la mesure permise par les réformateurs du Premier Mai. Il fallait bien gagner son pain et les charges de la famille n'autorisaient pas la douce espérance d'un mandat-poste, même intermittent.

La pauvreté n'exclut pas l'ambition, et celle du jeune Injalbert était d'apprendre le dessin, que M. Ingres appelait la probité de l'art. Et les nuits paraissaient courtes pendant lesquelles, penché sur une feuille blanche, il cherchait la ligne rêvée ou le mouvement entrevu.

Une des caractéristiques d'Injalbert, c'est l'énergie, une énergie qui se traduit par une extrême tenacité venant en aide à un tempérament ultra-méridional que l'âge a assagi, sans diminuer en rien la chaleur du foyer intérieur. Et c'est grâce à cette enthousiaste opiniâtreté qu'Injalbert, prix de Rome pour la sculpture, habitait à trente ans la villa Médicis, où Falguière et Mercié avaient déjà fait apprécier les sonorités musicales de l'accent languedocien. Falguière et Mercié sont de Toulouse, Injalbert est de Béziers : ils parlent donc tous les trois la belle langue de Goudouli.

Le jeune sculpteur avait soumis au jury de l'Institut la statue d'Orphée. Il avait enlevé tous les suffrages et l'on vit, au premier coup d'œil, qu'il était bien de la race des maîtres. Il devait, en effet, contribuer à l'éclat de notre admirable pléiade de statuaires, que le monde nous envie beaucoup plus que notre administration.

L'influence de la ville des Césars et des Papes-Rois fut féconde pour Injalbert, et pour un lévite du ciseau ce n'est pas une médiocre fortune que de pouvoir brûler au pied du *Moïse* de Michel-Ange tout l'encens de ses juvéniles admirations.

Son envoi de première année fut une page de premier ordre : la *Tentation*, splendide bas-relief qui fit pousser à la critique un long cri d'admiration. Le second envoi : *Adam et Ève*, valut à Injalbert une seconde médaille.

Pendant qu'il obtenait ce dernier succès au Palais de l'Industrie, le jeune sculpteur travaillait sur les bords du Rhin à la plus ardue des tâches : un Christ en croix.

Dans l'attente de la mort, anéantie par de longues tortures, la victime s'abandonnait, et le fils de l'Homme râlait, suspendu comme une masse inerte. Lamentable, ses genoux saillaient dans le vide, ses pieds se convulsaient en des affres dernières. Et de cette lente agonie se dégageait une horreur qui, en des siècles de foi, eût arraché des larmes à la chrétienté tout entière.

L'œuvre était sensationnelle. Elle fut très discutée d'abord, mais, au Salon de 1878, le jury n'hésita pas à la récompenser par une première médaille.

En 1880, INJALBERT fit « les lions » qui décorent l'entrée de la promenade du Peyrou, à Montpellier. C'est dans cette ville, où il jouit à bon droit d'une grande popularité, qu'il a exécuté de nombreux ouvrages, entre autres quatre figures : la *Danse*, la *Musique*, la *Tragédie* et la *Comédie*, pour la frise du nouveau théâtre, et, pour le même monument, deux *Renommées* de la plus superbe allure.

Nommé chevalier de la Légion d'honneur en 1887, INJALBERT a donné depuis, à tous les Salons, des œuvres justement remarquées. En 1888, c'est une statue de la *Douleur*; en 1889, un *Enfant qui joue* et un masque merveilleux de *Silène* barbu et hilare. En 1890, c'est le marbre de Gavarni, et, en 1891, une admirable série de *Faunes et Faunesses* et des *Jeux de Satyres et de Chèvre-pieds*.

INJALBERT a consacré le meilleur de son temps à la fontaine du *Titan*, campé radieux sur le plateau ensoleillé de Béziers, et au monument élevé au Panthéon à la gloire de Mirabeau.

La première de ces deux œuvres rappelle aux compatriotes de là-bas la renommée conquise à force de travail et d'inspiration. La seconde constate l'éternelle conquête de Paris par le Midi. Quand la Provence veut se dresser en plein Panthéon, elle n'a qu'à se faire sculpter par le Languedoc.

INJALBERT est professeur à l'École des Beaux-Arts. L'ancien élève dont la carrière se déroule laborieuse et féconde, pleine d'œuvres qui affirment sa maîtrise, enseigne maintenant aux jeunes générations cet art sculptural auquel il a donné sans partage toutes les forces de son cœur. Il apprend aux nouvelles légions d'artistes comment on fait vivre le bronze, et leur dit, avec le poète :

> L'art moderne réside au-delà de la ligne...
> Il faut que Galathée ardente fasse un signe
> Qui jette dans ses bras Pygmalion vainqueur.
> Qu'importe le beau corps d'où la vie est proscrite ?
> Il faut voir sur le marbre une pensée écrite
> Et, quand nous l'auscultons, entendre battre un cœur !

INJALBERT (Jean-Antonin) est né à Béziers en 1845. Prix de Rome pour la sculpture en 1874 ; son premier envoi de la Villa Médicis lui valut une seconde médaille au Salon de 1877. Il obtint une première médaille au Salon de 1878. Chevalier de la Légion d'honneur depuis 1887. Injalbert a été nommé le 21 novembre 1903 professeur à l'École des Beaux-Arts.

Vive... le Vin de Coca Mariani...
Décembre
1892

IRVING

HAKESPEARE a eu en Angleterre de merveilleux interprètes dans la personne de Garrick, de Macklin, de Kean, de Kemble et de Macready. Il était réservé à IRVING de continuer cette phalange d'artistes de génie qui ont mis toute leur âme au service du maître des auteurs tragiques du monde moderne.

Avec IRVING, qui a apporté dans sa manière de jouer tant d'innovations remarquables et une si brillante originalité, le théâtre anglais s'est affranchi des traditions de l'Ecole de Kemble qui a été le Talma de l'Angleterre.

La majesté a été remplacée par la passion, la dignité par l'élan et par la vigueur, enfin le calme voulu, mais toujours un peu froid, par une énergie passionnée.

IRVING, qui a ouvert un monde nouveau aux amateurs éclairés de l'art, fit d'excellentes études dans une des premières institutions de Londres.

Il parut pour la première fois sur la scène au théâtre de Sunderland, le 29 octobre 1856.

Après avoir passé deux ans et demi à Édimbourg, il débuta le 25 septembre 1859 au Théâtre de la Princesse, à Londres, où il ne resta que trois mois.

Au mois d'avril 1860, IRVING partit pour Glasgow, fut attaché au théâtre de cette ville jusqu'au mois de septembre suivant, et joua ensuite au théâtre de Manchester, jusqu'en avril 1865.

Cette année-là, il prit part avec M. Macrabe à des représentations données pour servir de cadre aux fameuses *spiritual seances* des frères Davenport.

A la fin de 1866, IRVING fut engagé au théâtre du Prince-de-Galles, à Liverpool, puis il revint à Manchester, choisi par M. Dion-Boucicault pour jouer dans son nouveau drame intitulé *Hunted Down*. Le principal rôle de femme était tenu par une actrice célèbre, Miss Kate Terry.

Le succès qu'il obtint avec l'œuvre nouvelle lui valut un engagement sérieux à Londres, où il débuta au théâtre Saint-James, dans le rôle de Doricourt de *Belle's Stratagem*.

En 1867, IRVING passa au Théâtre de la Reine, et après quelques tournées pendant lesquelles sa réputation s'affirmait, il entra au mois de mai 1870 au théâtre de Vaudeville, dans le rôle de Digby Grant des *Deux roses*, comédie de M. Albery, qui eut trois cents représentations consécutives.

En novembre 1871, il paraissait au Lyceum dans les *Bells*, adaptation du *Juif polonais*, de MM. Erckmann-Chatrian.

Il parut ensuite dans les rôles de Charles Ier, Richelieu, Eugène Aram, etc...

En 1874, il donna une série de représentations d'*Hamlet* accueillies avec enthousiasme par le public.

IRVING est revenu depuis principalement aux *Bells* qu'il a jouées de nouveau au Lyceum en 1876 et 1877 avec un succès toujours plus grand.

Il parut également dans le rôle de Philippe de *la Reine Marie*, drame du poète lauréat Tennyson ; dans celui de Lesurques, du *Courrier de Lyon* ; dans le principal rôle de *Vanderdecken*, drame de Percy Fitzgerald et de Wills ; etc., etc.

La retraite de Mme Bateman ayant laissé à IRVING la direction du Lyceum, il y reprit, le 30 décembre 1878, ses représentations shakespeariennes : il commença par *Hamlet*.

Il y joua ensuite les *Frères Corses* et la *Coupe*. En juillet 1883, il partait pour les États-Unis, emmenant avec lui sa troupe du Lyceum.

A cette occasion, un banquet d'adieu lui était offert à Saint-James Halls, banquet dans lequel Lord Coleridge, le *lord Chief Justice* d'Angleterre, occupait le fauteuil de la présidence.

Après une tournée fructueuse, IRVING revint à Londres et reprit la direction de son ancien théâtre. Il y a joué, en 1886, un *Faust* de Wills qu'un de nos critiques conseillait récemment d'adapter à la scène française.

La gloire d'IRVING, dont la carrière continue plus brillante que jamais, a été son interprétation magnifique de Shakespeare, et surtout des rôles tragiques d'Hamlet, de Macbeth et d'Othello, où il a mis tant de puissance, qu'il y a bien des risques désormais à les reprendre après lui.

IRVING (John-Henry-Brodribb) est né à Keinton (Somersetshire) le 6 Février 1838. Après avoir débuté dans les principaux théâtres de Londres et d'Angleterre, il devint le plus célèbre interprète des personnages de Shakespeare. Il créa *Hamlet*, en 1874 ; *Macbeth*, en 1875 ; *Othello*, en 1876 ; *Richard III*, en 1877. Il devint ensuite directeur du Lyceum dont il resta le premier artiste. En 1883-84, il fit une tournée, en Amérique, qui lui valut les plus grands triomphes. En 1887, il donna de nouvelles représentations aux États-Unis. M. Joseph Hatton a raconté ce dernier voyage sous le titre de : *Henri Irving's impressions of America* (2 vol., 1884).

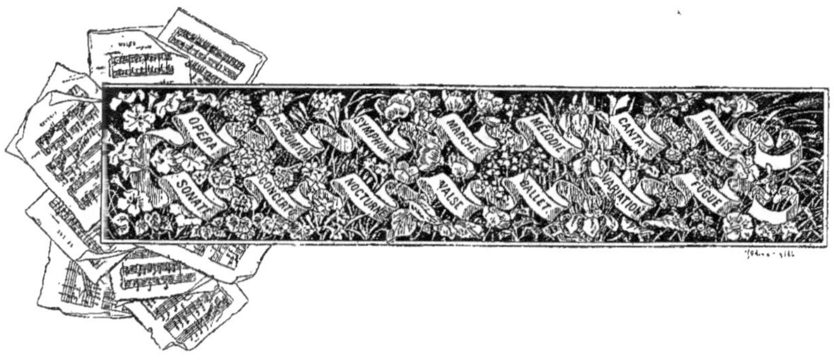

VICTORIN JONCIÈRES

uand Victorin Joncières sortit du lycée Bonaparte, il avait seize ans à peine, et comme à cet âge on croit toujours à une mission personnelle, le jeune bachelier se voua... à la peinture. Il entra dans l'atelier de Picot où il ne tarda pas, malgré la précocité de son expérience, à comprendre qu'il n'était pas né pour augmenter le prix des toiles encadrées. Et presque aussitôt — la jeunesse a de ces inconstances — il approuva l'admirable définition de Royer-Collard :

« La peinture est l'art d'inutiliser les surfaces planes ».

Victorin Joncières avait reçu fort jeune d'excellents principes musicaux ; il prit donc la route du Conservatoire qui devait le mener plus loin que celle des ateliers.

A peine âgé de vingt ans, il écrivit la partition d'un petit opéra-comique, brodé par un de ses amis sur le thème du *Sicilien* ou l'*Amour médecin*, de Molière, et que les élèves du Conservatoire jouèrent avec un gentil succès sur cette petite scène de la rue de la Tour d'Auvergne où débutèrent tant d'artistes dramatiques aujourd'hui célèbres.

La représentation de cette œuvre ne charma pas seulement le public : elle intéressa vivement quelques critiques, et l'un d'eux, Frank Marie, qui tenait à la *Patrie* la férule musicale, conseilla vivement au compositeur adolescent de se consacrer tout entier à la musique.

Victorin Joncières, heureux d'inspirer tant d'intérêt à un lundiste, se mit à suivre avec enthousiasme le cours d'harmonie du petit père Elwart, que Chérubini avait nommé professeur-adjoint au Conservatoire, puis celui de fugue et de contre-point de Leborne.

Notre étudiant se préparait à concourir à l'Institut, lorsqu'à la suite d'une discussion avec ce dernier professeur à propos de Richard Wagner, qui venait de donner son premier concert au Théâtre-Italien, il quitta l'école. Il se livra dès lors sérieusement à la composition ; fit jouer aux Concerts Musard une ouverture, une marche et divers morceaux d'orchestre, puis écrivit une intéressante partition pour l'*Hamlet* de MM. Alexandre Dumas et Paul Meurice.

Dès le 8 février 1867, le jeune compositeur fit de véritables débuts à la scène en donnant au Théâtre-Lyrique un grand opéra en trois actes, *Sardanapale*, dans lequel Mlle Nilsson, dont c'était la première création, jouait le principal rôle.

Victorin Joncières donna sur le même théâtre le *Dernier jour de Pompéi*, et le 5 mai 1876, le Théâtre national lyrique représentait son troisième opéra, *Dimitri*, écrit sur des paroles de M. Henri de Bornier et de M. Armand Silvestre.

Dans *Sardanapale*, l'artiste s'était montré avec l'instinct des belles choses et l'audacieuse inexpérience de la jeunesse ; dans le *Dernier jour de Pompéi*, le tempérament du musicien se dégageait sans effort.

Avec *Dimitri*, le public se trouva en face d'un homme auquel des efforts intelligents et persévérants avaient révélé tous les secrets du métier. C'est de cette sûreté et de cette maîtrise que tous les connaisseurs furent frappés à partir de l'introduction symphonique, d'un large et beau caractère, du premier chœur et de l'énergique chant des Cosaques célébrant le vieux fleuve Don « qui trempe l'acier et les cœurs » des soldats campés sur ses rives.

Dans les grandes pages de l'orchestre ou dans les pittoresques épisodes de l'instrumentation, dans les chœurs maniés par les grandes masses, Victorin Joncières était admirablement à l'aise. On ne pouvait mieux distribuer les sonorités, et, dans les dessins les plus enchevêtrés, la pensée de l'artiste se formulait avec une frappante clarté.

La soirée fut pour l'auteur de *Dimitri* une de celles qu'on n'oublie pas. Rarement les interprètes obtiennent un succès plus complet que celui que toute une salle enthousiasmée fit à Lassalle et à Duchesne et à Mlles Engalli et Zina Dalti. Mais le héros de la fête fut le premier, celui qui tient encore aujourd'hui et avec tant d'éclat le rôle de baryton à notre Académie nationale. On l'avait prêté, pour la circonstance, au troisième théâtre lyrique où il émerveilla littéralement une des plus brillantes assemblées qu'un musicien puisse rêver pour lui soumettre une œuvre longtemps caressée.

A *Dimitri* succédèrent la *Reine Berthe* et le *Chevalier Jean*.

Victorin Joncières est le seul de nos grands compositeurs qui n'ait point abandonné la presse. Depuis plus de vingt ans, il donne à la *Liberté* un feuilleton musical qui jouit d'une grande autorité dans le monde des notes. Comme critique, en effet, l'auteur de *Dimitri* n'a jamais abandonné ses croyances artistiques et il les défend dans une belle langue, ce qui n'est point fait pour diminuer la portée de son apostolat.

JONCIÈRES (Victorin) est né à Paris le 1er avril 1839. Il reçut, fort jeune, d'une de ses tantes, les principes de l'art musical et aborda l'étude du piano. On le destinait d'abord au barreau, mais il se sentait une vocation innée pour la peinture, qu'il abandonna pour la musique. Nous avons donné la liste de ses œuvres, auxquelles il faudrait ajouter de nombreux morceaux de piano, un concerto de violon joué au Conservatoire par M. Danbé, et une *Symphonie romantique* exécutée au Concert national au mois de mars 1873. Victorin Joncières a été nommé chevalier de la Légion d'honneur le 8 février 1877.

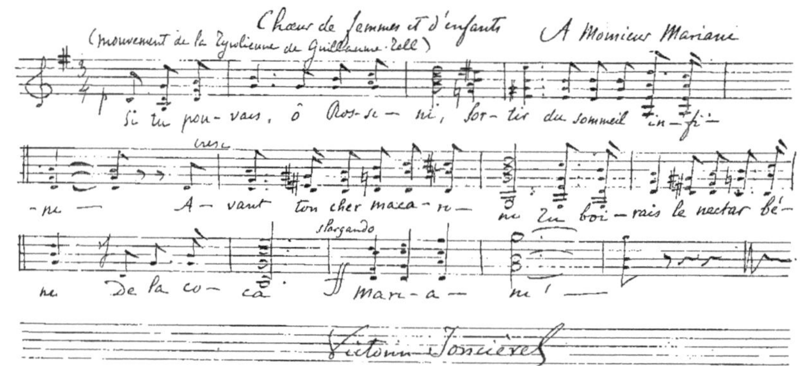

Chœur de femmes et d'enfants
(mouvement de la Tyrolienne de Guillaume-Tell)
A Monsieur Mariani
Si tu pou-vais, ô Ros-si-ni, sor-tir du sommeil in-fi-
cresc.
-ne — A-vant ton cher maca-ro-ni Tu boi-rais le nectar bé-
slargando
ne De la co-ca. Mari-a-ni!
Victorin Joncières

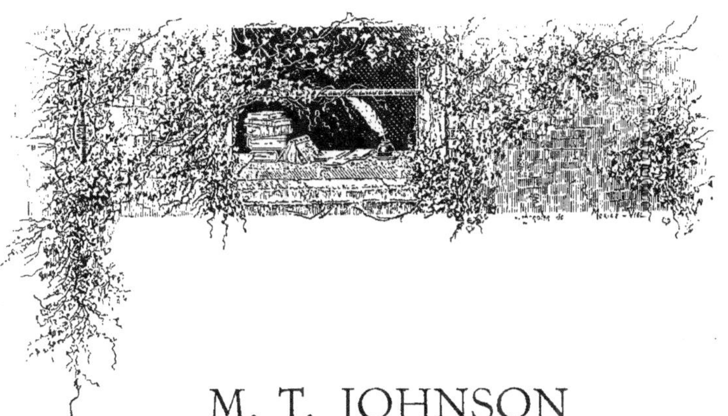

M. T. JOHNSON

ARIS ne possède guère que trois journaux, le *Figaro,* le *Temps* et le *Journal des Débats,* qui aient à l'étranger des correspondants scrupuleusement choisis et assez autorisés pour traiter avec compétence toutes les questions d'actualité.

Les correspondants du *Journal des Débats* et du *Temps* ont dû forcément prendre la note sérieuse et grave de la rédaction de Paris. Ils sont dogmatiques afin de ne pas faire un contraste trop frappant avec leurs collaborateurs.

Les correspondants du *Figaro,* au contraire, doivent garder l'allure légère que M. de Villemessant a imprimée à sa feuille éminemment parisienne et se souvenir qu'il faut toujours, pour charmer des lecteurs mondains, conserver une plume alerte, tantôt frivole et tantôt fantaisiste, mais toujours spirituelle. Et c'est ainsi que, toutes les semaines, nous avons les nouvelles à la main qui égaient les capitales intellectuelles de l'Europe.

A la tête des correspondants du *Figaro,* par droit d'ancienneté et de maîtrise, il faut placer M. T. JOHNSON, chargé depuis plus de quinze ans de nous tenir au courant des faits et gestes de nos voisins du Royaume-Uni, si l'on peut sans ironie appeler de la sorte le pays qui enchaîna à ses destinées la malheureuse Irlande.

M. T. JOHNSON a admirablement compris sa mission. C'est un Parisien dont les brouillards de la Tamise sont impuissants à refroidir la verve, et parmi les journalistes qui nous envoient un courrier hebdomadaire, il n'en est certes pas de plus varié, de plus intéressant, de plus complet.

La correspondance que M. JOHNSON adresse au *Figaro* et qui paraît tous les mercredis en tête de la partie étrangère, est un véritable régal pour tous les lecteurs, mais pour ceux d'entre nous qui ont habité ou visité Londres et qui ne sauraient être indifférents à ce qui se passe dans la plus populeuse cité de l’univers, cet article si vivant, si bien informé et si *figariste* est toujours attendu avec la plus vive impatience.

M. Johnson est certainement le correspondant par excellence de la presse du boulevard, de celle qui veut que le public ait, suivant le mot de Molière, des clartés de tout, à la condition qu’une ombre d’ennui ne vienne pas rembrunir les fronts des lecteurs ou des lectrices.

Il y a quelques années. M. Johnson faisait précéder ses articles d’un sommaire. Il fallait ne rien comprendre à la vie intelligente, à la vie artistique ou élégante pour ne pas être attiré par un de ses sous-titres alléchants.

Nous avons parlé de la variété de ces correspondances : elle est inépuisable.

Les nouvelles de la cour de la Reine d’Angleterre et Impératrice des Indes, qui compte tant de sujets dans son auguste famille, les comptes-rendus des procès si piquants dans un pays où un baiser surpris met en branle les juges et les sollicitors, les grandes lignes et les anecdotes de la politique anglaise, le mouvement littéraire, les reflets de l’histoire coloniale d’un peuple qui est ou se croit chez lui dans tous les coins du monde, tout cela nous apparaît tour à tour dans un alinéa d’une excessive sobriété, mais entre les lignes duquel voltige sans cesse l’esprit français. Sans ce condiment nécessaire, en effet, il n’y aurait pas d’inconvénient à ce que la prose du *Figaro* parût dans la *Revue des Deux-Mondes*.

M. T. Johnson ne s’est pas contenté d’écrire le plus attrayant courrier qu’on puisse attendre de l’étranger : il s’est donné, à Londres, une mission patriotique qu’il remplit avec une périodique ardeur.

Il a fait les plus utiles campagnes entre deux nouvelles mondaines. Il a rendu les plus grands services à la corporation des professeurs de français, si nombreux à Londres, et qui avaient à lutter contre un syndicat d’Allemands composé de huit mille professeurs dont la plupart enseignent aussi notre langue, Dieu sait comment! Il s’est occupé, avec une sollicitude qui ne s’est jamais démentie, de la Société de bienfaisance française, celle qui est fondée pour porter secours à nos nationaux en détresse et qui est parvenue, grâce à l’appui d’hommes dévoués comme M. Johnson, à faire des pensions aux pauvres français qui, devenus vieux ou infirmes, n’ont plus le moyen de gagner leur existence en travaillant.

C’est à M. Johnson que revient aussi l’honneur d’avoir en toute circonstance appelé l’attention des gens de bien sur l’hôpital français de Londres et d’avoir contribué, par une propagande féconde, à augmenter graduellement les ressources de cet établissement.

Mais l’un des mérites les plus parisiens du correspondant du *Figaro*, c’est d’avoir défendu en Angleterre, et avec un ferveur d’apôtre, la patrie artistique et littéraire. Personne n’a combattu avec plus de verve et avec plus d’indignation la théorie et, hélas ! la pratique de l’*adaptation* qui consiste à prendre à nos éditeurs ou à nos directeurs de théâtre un livre ou une pièce à succès, à en changer le titre, et à les présenter au public comme des œuvres originales.

Enfin M. Johnson s’est fait l’introducteur de nos artistes sur les grandes scènes de Londres, et, en nous tenant avec une évidente complaisance au courant de leurs triomphes, il a mieux fait que garder les traditions du *Figaro*, il a bien mérité de Paris.

<hr>

JOHNSON (Théodore) est né à Paris en 1842. Après avoir fait du journalisme dans plusieurs grandes revues, il fut choisi par M. de Villemessant en qualité de correspondant du *Figaro* à Londres. Depuis 1871, il envoie toutes les semaines un article sur la politique, la littérature et la vie mondaine anglaises. M. Johnson a collaboré pendant plusieurs années au plus important de nos journaux de musique, au *Ménestrel*.

De trop près ne regardez pas
Le visage de ce bonhomme
Qui doit au vin de la Coca
de se croire parfois jeune homme
Beni sois tu o Mariani
Qui malgré mon peu de sagesse
M'a sauvé du mortel ennui
de l'inexorable vieillesse

Johnson

ANNA JUDIC

ans la Côte-d'Or, à Semur, en plein sol bourguignon, est née ANNA JUDIC. Tout le monde chante là-bas, le marteau des tonneliers marque le rythme d'un bout de l'année à l'autre, et quand vient l'heure des vendanges, il y a autant de chansons dans l'air que de paniers à raisins à la bordure des vignes.

C'est en chantant des chansons que la petite JUDIC a fait la conquête de Paris. C'est court une chanson. Mais que d'art l'on peut y mettre ! JUDIC l'a compris et cela a été une des raisons de son succès. Elève de Régnier, de la Comédie-Française, elle a fait, pour chacune des chansons qu'on lui a confiées, le même travail de composition qu'une comédienne peut déployer pour créer un grand rôle. Elle a étudié le rire et les larmes, l'effet des silences, les jeux de physionomie, les nuances les plus variées de l'expression et surtout — il n'y a pas de vrai talent sans cela — elle s'est efforcée d'être simple et de jouer naturellement. Son art est ainsi devenu parfait.

Après avoir rempli quelques petits rôles au Gymnase, dirigé alors par Montigny, l'oncle de sa mère, JUDIC entra à l'Eldorado, puis aux Folies-Bergère où sa réputation commença. Sardou et Offenbach la remarquèrent et l'engagèrent à la Gaîté pour créer le rôle de Cunégonde dans *Le Roi Carotte*. La création de Malda, dans *La Timbale d'argent*, aux Bouffes, rendit célèbre le nom d'ANNA JUDIC. Sacrée diva, elle justifia sa renommée et l'engouement très légitime du public qu'elle a conquis. Entrée en 1876 aux Variétés, elle y apporta le succès. *Niniche, Lili, Mam'zelle Nitouche, La Femme à Papa, La Cosaque*, obtinrent des représentations sans fin. Judic fut promenée dans tout l'univers civilisé par d'avisés impresarii. Partout elle fit merveille. — Elle fait merveille partout encore.

Dans toutes ces pièces elle fut exquise. Maîtresse souveraine en l'art des sous-entendus, elle sait chatouiller le public sans pourtant le démoraliser. Jamais peut-être aucune femme, au théâtre, ne saura comme elle triompher avec autant de décence dans la grivoiserie la plus décisive. Paul de Saint-Victor a résumé sa manière par cette jolie figure : « Elle joue de la feuille de vigne comme d'un éventail ! »

C'est qu'en effet Judic offre sur son visage les contrastes les plus surprenants et les plus imprévus. Quand les paupières sont baissées, la tête est ravissante avec son front large, son nez droit et pur, sa bouche très petite, son expression douce et tranquille. Il y a quelque chose de virginal dans l'ensemble de cette figure gracieuse. — Tout à coup les yeux s'ouvrent, grands, noirs, profonds, étincelants. Les longs cils relevés laissent éclater la malice et la caresse du regard, découvrent des Caprées et des Paradis terrestres. Un clin d'œil a suffi pour opérer la métamorphose, pour faire succéder à l'aspect innocent de la jeune fille la provocante beauté de la femme.

La diva se donne tout entière au public dans un regard et se reprend aussi facilement en fermant les yeux. Ces abandons et ces reprises, ces contrastes étranges et charmants qui résultent du moindre mouvement de la frange noire de ses cils, donnent aux mots qu'elle dit une portée inattendue. Elle peut, les yeux baissés ou seulement voilés, rendre innocents les refrains de corps de garde ; elle peut d'un éclair de sa prunelle pimenter violemment les vers les plus candides.

Grande est la charmeuse qui fait passer ainsi dans le cœur des hommes, au gré de son caprice, l'essaim des idées blanches ou le vol des idées roses.

Et quand finie sera sa carrière, quel long chemin de succès Judic n'aura-t-elle pas parcouru ! Quel plaisir délicieux tout ensemble et mélancolique, dans le souvenir, elle en gardera ! — Mélancolique un peu, car Judic quittera le théâtre, quelque jour, avec le regret de n'y avoir pas fait peut-être tout ce qu'elle eût pu y faire. Ne fut-elle pas sur le point de jouer *Carmen*, à l'Opéra-Comique ? (C'était en 1887.) Sa timidité seule l'empêcha d'incarner ce rôle, dans lequel elle eût, sans nul doute, prouvé des qualités qu'elle avait, qu'elle a, et qui demeureront ignorées !

Cependant la gloire de Judic demeurera enviable et durable. Elle aura sa place à part dans le Théâtre contemporain.

JUDIC (Anna Damiens, dame), née à Semur (Côte d'Or), le 17 juillet 1849. Entra au Conservatoire où elle eut pour maître Régnier. Débuta au Gymnase dans *Les Grandes Demoiselles*, entra à l'Eldorado ; puis, après la guerre, aux Folies-Bergère. Créa, à la Gaîté, Cunégonde, dans *Le Roi Carotte*, en 1872 ; Malda, dans *La Timbale d'argent* ; *Le Moulin enragé* (1873), *Madame l'Archiduc* (1874 : *La Créole* (1875). Aux Variétés : *Niniche* (1878), *La Femme à Papa* (1879) : *Le Grand Casimir* ; *La Roussotte* (1881) : *Lili* (1882) ; *Mam'zelle Nitouche* (1883) ; *Les Charbonniers* ; *La Cosaque* (1884) ; reprit *La Belle Hélène*, *La Grande Duchesse de Gérolstein* ; puis créa *Le Fiacre 117*, *La Japonaise*, etc. Mme Judic se maria le 5 avril 1867 ; est veuve depuis quelques années.

A. Lalauze

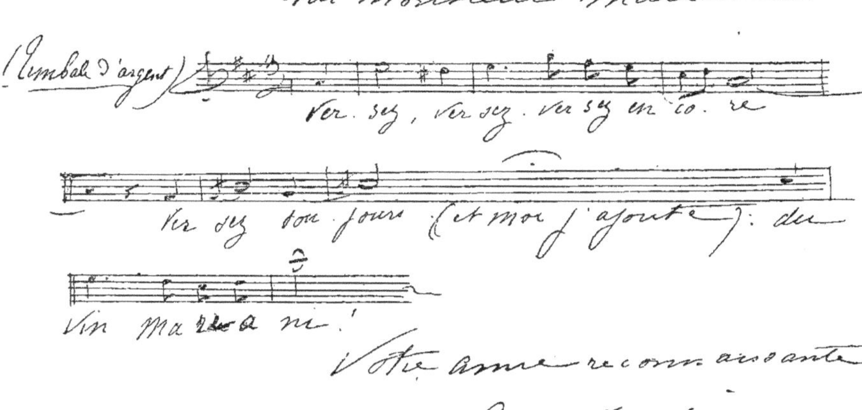

Cher Monsieur Mahaux
(Timbale d'argent)
Ver-sez, ver-sez, ver-sez en-co-re
Ver-sez tou-jours (et moi j'ajoute): du
vin Ma-da-me!
Votre amie reconnaissante
Anna Judic
1895

MARIE-LAURENT

A vie de Marie-Laurent pourrait s'écrire en deux mots : grand cœur, merveilleuse artiste.

Enfant de la balle, Marie-Laurent a eu, dès ses premières années, la vocation du théâtre.

Elle joua son premier rôle dans les *Lions de Mysore*.

La petite Marie Luguet, qui avait alors six ans, continua à jouer des bouts de rôle, jusqu'à l'âge de quatorze ans où elle est engagée à Genève, en qualité de *deuxième amoureuse*, et aux appointements de *vingt-cinq* francs par mois.

Elle y débuta dans Colin de la *Fille de l'Air*. Mais c'est Rouen qui, l'année suivante, lui fit son premier succès, dans une pièce du crû : *Un Hidalgo au temps d'Isabelle*, qu'elle créa au Théâtre des Arts. Puis elle passe au Théâtre-Français de Rouen, où elle joue *Virginie*, en compagnie de son frère Henri qui jouait *Paul*.

M. Delestre-Poirson, Directeur du Gymnase, qui avait pressenti Rachel, devina Madame Laurent.

— Elle est excellente, déclara-t-il, quand il l'eut entendue dans les *Premières Amours;* mais je ne peux pas l'engager : elle touche de ses coudes les deux côtés de mon théâtre. Qu'elle aille à l'Odéon ou à la Porte-Saint-Martin.

Marie Luguet alla aux Variétés.

Nestor Roqueplan y régnait et Marie ne put s'entendre avec lui ; elle s'engage donc à Toulouse comme deuxième amoureuse, ce qui ne l'empêche pas de créer les premiers rôles dans *Madeleine*, la *Grâce de Dieu*, *Dix ans de la vie d'une femme*, la *Tour de Nesle*, et Tullie de *Lucrèce* avec Boccage. La spontanéité, la vigueur, l'originalité de son talent commencent à percer. Chaque soir on la rappelle, chaque soir on la mitraille de bouquets. Un directeur de Bruxelles vient tout exprès pour l'applaudir et l'engage.

C'est à Bruxelles qu'elle épouse Laurent, le charmant baryton dont le Théâtre-Lyrique déplore encore la perte.

Au commencement de 1847, Vizzentini lui fait signer un engagement pour l'Odéon.

Elle y débute par une tragédie, *Isabelle de Castille*. Madame LAURENT reprend ensuite dans *Clotilde*, de Frédéric Soulié, et dans *Mademoiselle de Belle-Isle*, d'Alexandre Dumas, les rôles de Mademoiselle Mars. Elle crée avec une grâce antique le personnage de Méganire, dans la *Fille d'Eschyle*, d'Autran.

Madame LAURENT joua dans *Antony* et y réussit d'une façon admirable. Dès lors, le drame a trouvé son actrice et la réputation de MARIE-LAURENT est faite. L'Odéon reprend le *Diogène* de Félix Pyat ; notre héroïne y représente Aspasie ; elle est couverte de bravos. Elle crée ensuite des rôles dans le *Chariot d'Enfant*, de Méry et Gérard de Nerval ; elle est Vivia dans *Martyre de Tivia* de Reboul.

Enfin, George Sand compose pour elle le rôle de Madeleine, dans *François le Champi*, et voilà ce qu'elle écrivait dans sa préface : « Madame LAURENT a créé le type de la femme honnête et bonne, de la mère à la fois austère et tendre ; jamais on n'a moins *joué* un rôle, jamais on ne l'a mieux fait sentir. »

L'engagement de Madame LAURENT, à la Porte-Saint-Martin, est conclu en 1851. Elle y crée successivement : l'*Imagier de Harlem*, la *Poissarde*, les *Nuits de la Seine*. Quelque temps après, nous la retrouvons à l'Ambigu, dans la *Prière des Naufragés*.

Pendant son grand succès des *Chevaliers du Brouillard*, elle épouse son camarade Desrieux.

En 1860, Madame LAURENT reprit la *Marâtre* au Vaudeville. Puis elle a créé la *Tireuse de Cartes*.

Suivre Madame LAURENT dans chacune de ses créations, c'est la suivre de triomphe en triomphe. De 1860 jusqu'aujourd'hui, Madame LAURENT a remporté succès sur succès. C'est d'abord la *Sorcière, Rocambole*, la *Voleuse d'Enfants*, l'*Aïeul, Phèdre, Lucrèce Borgia*.

Elle joua *Notre-Dame de Paris* au Théâtre des Nations : « Depuis Dardal, son illustre marraine, écrit « Parisis », on n'avait pas vu sur les planches pareille incarnation de la mère. »

Elle joue Marfa de *Michel Strogoff* ; à la Gaîté en 1882, la Flécharde de *Quatre-vingt-treize* ; Porte-Saint-Martin, en 1884, Thomyris de *Théodora* ; en 1886, l'Amirale de *Martyre* ; en 1887, Mᵐᵉ Meludier du *Ventre de Paris* ; en 1888, Molende de *Germinal*.

Qui ne se souvient de la dernière création de Mᵐᵉ MARIE-LAURENT dans l'*Arlésienne* de Daudet ! MARIE-LAURENT était admirable et tout le monde se pressait au Grand-Théâtre pour l'applaudir.

Merveilleuse artiste, MARIE-LAURENT est un cœur d'or. Elle a fondé, en 1880, l'Orphelinat des Arts où des jeunes filles de cinq à dix-huit ans reçoivent une éducation qui doit en faire d'honnêtes femmes. On leur apprend la couture, l'aquarelle, le piano ; on donne à chacune un métier, afin qu'elle puisse gagner sa vie par son travail.

Le ruban de la Légion d'honneur décore Madame MARIE-LAURENT : juste hommage rendu à son magnifique talent et à son cœur généreux.

Votre Vin a rendu la force à mes filles
malades Cher Monsieur Mariani. Je Vous
rends grâce du bienfait et suis heureuse de
Constater le Succès.

à Vous de toute ma Gratitude
Marie Laurent

JULES LEFEBVRE

———

U 5 de la rue La Bruyère, un beau petit hôtel. Voici le grand atelier du premier étage, solitaire. De grandes draperies, des études de maîtres, un tableau en train : un merveilleux portrait de femme. Au centre, une sorte de trône sur lequel va s'asseoir dans un instant la grande dame dont c'est la semaine. Parquet ciré, fauteuils somptueux, un grand air répandu sur toutes choses. On se sent chez un portraitiste mondain, dont l'atelier est un salon. On s'attend à voir apparaître quelque maître à jabot de dentelle, fier de sa gloire et très dédaigneux du visiteur inconnu... Et l'on voit venir à soi un brave homme à la main tendue, à la démarche d'un bon commandant sans façon, et qui tout de suite vous met à l'aise. On s'installe et l'étonnement est bientôt complet, doublé de brusque sympathie : JULES LEFEBVRE, interrogé sur lui-même, se met à parler des autres, des vieux maîtres, de Corot, etc., et aussi des jeunes, de Rochegrosse, son élève préféré, des peintres révolutionnaires, contestés, contestables, de l'art, de la vie actuelle, interviewant l'intervieweur...

Et la conversation est d'un grand charme.

Sagesse et bonne humeur, santé et poésie, telles paraissent être les qualités parmi lesquelles vit de préférence le bon grand peintre.

Racontons un peu sa vie.

« Il avait deux ans, dit un de ses biographes, M. Jahyer, lorsque son père vint habiter Amiens, pour y exercer la profession de boulanger. Les aptitudes toutes particulières qu'il montra fort jeune pour le dessin, étant à sa pension, encouragèrent son père, qui voulait le prendre pour successeur, à le laisser partir pour Paris, comme JULES LEFEBVRE en manifesta le désir, à l'âge de seize ans. Toutefois, sa mère, pour un louable motif, contrecarrait tout d'abord ces idées ; il lui semblait injuste de faire pour son plus jeune fils plus que pour l'aîné, qui devait alors, dans ces conditions, rester seul à aider son père dans son métier. Cependant elle céda bientôt devant les idées arrêtées de son enfant... »

Il habita 30, rue de l'Université. Par Msr Salinis, évêque d'Amiens, il fut recommandé à Léon Cogniet, dans l'atelier duquel il entra dès seize ans. En 1858, il était reçu en loge, l'année où Henner remporta le Grand Prix. L'année suivante, avec ce sujet : *Coriolan chez les Volsques*, il obtint le second grand prix de Rome. Enfin en 1861, avec la *Mort de Priam*, JULES LEFEBVRE remporte le Grand Prix et part pour la Villa Médicis. Donnons, par curiosité, la liste des dix concurrents, dans l'ordre de réception : 1. J.-J. LEFEBVRE ; 2, M. Firmin Girard ; 3, Tony Robert-Fleury ; 4, F.-S. Leyrand ; 5, Pierre Dupuis ; 6, V.-J. Giraud ; 7, L.-B. Perrault ; 8, A.-L. Leloir ; 9, P.-Louis Nanteuil ; 10, A.-Louis Douillard.

Dès l'école, JULES LEFEBVRE avait atteint cette perfection dans le modelé qui est la marque de son talent.

Il voit la nature à travers une certaine conception de la beauté dont l'élégance est bien à lui. Ses femmes ont une grâce et une gracilité qui les font reconnaître entre toutes.

Il y autant de verve et d'entrain dans ce rendu achevé, que dans telle *impression* d'un autre. L'impression, chez JULES LEFEBVRE, c'est la perfection immédiate.

Avant de partir pour Rome, il avait déjà exposé au Salon. De Rome, il envoya ses premiers *nus* si admirés : *Baigneuse* (1863), *Nymphe et Bacchus* (1866) ; enfin à son retour, une toile des plus remarquables, *Cornélie* (1867). Sa fameuse *Femme couchée*, qui appartint à Alexandre Dumas, est de 1868 ; sa *Vérité*, actuellement au Musée du Luxembourg, est de 1870. En 1872, au Salon de la Renaissance nationale, comme l'appelle M. Jules Claretie, JULES LEFEBVRE envoie *la Cigale*.

Puis il donna, parmi d'autres beaux portraits, ceux de Mme *Claudon*, du *Prince Impérial* (1874), *Cloé, le Rêve* (1875), *Pandore* (1877), et l'un de ses chefs-d'œuvre : *Diane surprise* (1879). *Ondine* (1881), *la Fiammetta*.

Toute une série d'œuvres ne fut pas exposée, destinée qu'elle était à passer vite l'Atlantique pour orner la chambre à coucher de M. Vanderbilt. Nous en avons pu voir les photographies. Il y a parmi ces peintures décoratives des merveilles.

En 1883, *Psyché* ; en 1884, *l'Aurore ;* en 1890, *Lady Godiva*, une grande toile de resplendissante beauté, puis d'autres œuvres encore dont on verra plus loin le très écourté catalogue. JULES LEFEBVRE a beaucoup produit.

A notre dernière visite, dans son grand atelier du troisième, l'atelier des grandes compositions, le Maître travaillait à un plafond destiné à la Cour de Cassation : *La Vérité se dégageant de la Loi*, qui sera un des chefs-d'œuvre de ce mâle à la fois et précieux artiste. Toutefois, la dominante de son beau talent est la délicatesse, et M. Péladan n'a pas eu tort de le dire le Sully-Prudhomme de la peinture. M. LEFEBVRE a fait sa série de sonnets parfaits et ses longs poèmes somptueux et grandioses.

LEFEBVRE (JULES-JOSEPH), peintre français, né à Tournan (Seine-et-Marne), le 10 mars 1836. Élève de Léon Cogniet ; eut le Prix de Rome en 1861 avec la *Mort de Priam*. Il avait débuté au Salon en 1855 par le portrait de M. Fuselier. Il s'acquit très vite une brillante renommée par plusieurs tableaux, entre autres la *Femme couchée* (1868) qui fit partie de la collection Alexandre Dumas. Mais c'est surtout comme portraitiste qu'il est réputé ; il eut et a encore la plus brillante clientèle. Un de ses chefs-d'œuvre est le portrait de M. L. Reynard, directeur général des Phares (1876). Citons encore le portrait de Mme Lemaire (1858), portrait de Mme *** ; portrait de M. Lemaire (1858) ; portrait de M. Pelpel (1861) ; portrait de Mme Laure (1870) ; portrait de Mme la marquise de Montesquiou (1870) ; portrait du *Prince Impérial* (1874). Parmi ses toiles célèbres il convient de nommer : la *Veille de Noël* 1861) ; la *Charité romaine* (1864) ; *Jeune fille endormie* (1865) ; *Nymphe et Bacchus* (1867) ; *Pasuccia* (1869) ; la *Vérité* 1870, aujourd'hui au musée du Luxembourg ; la *Cigale* 1872 ; *Rêve, Cloé* 1875 ; *Madeleine* (1876) ; *Pandore* 1877) ; *Mignon* (1878 ; *Diane surprise* 1879) ; *Ondine* 1881 ; *l'Aurore* (1884) ; *** (1889) ; *Lady Godiva* (1890) ; *Une fille d'Ève* (1892). — M. Jules Lefebvre a obtenu des médailles aux Salons de 1865, 1868 et 1870. Il est membre de l'Institut depuis 1891. Chevalier de la Légion d'honneur en 1870, il fut promu officier en 1878. Derniers Salons : 1893, *Portrait du général Bugère* ; 1894, deux portraits de femmes ; 1895, *Psyché*.

Ad. Lalauze

. . . .
Psyché garde en ses mains
la vigueur des Demains!
Le Vin Mariani
par qui rien ne finit
. . . .

Jules Lefebvre

LE DR LENNOX BROWNE

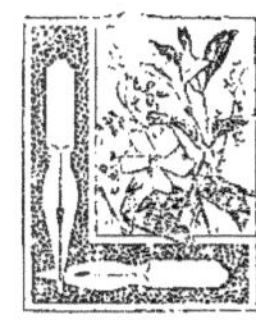

ENNOX BROWNE est le fils d'un docteur connu. Il étudia à l'Université d'Edimbourg et au Saint-George's Hospital de Londres. Par une fantaisie curieuse (ou plutôt qui nous paraît curieuse, à nous autres Français sédentaires, mais qui n'est que logique : le jeune homme voulait connaître la vie avant de s'y engager officiellement), il fit deux fois le tour du monde avant d'obtenir son grade de docteur.

Il commença à pratiquer à Londres et, tout de suite, il prit la spécialité du traitement des maladies de la gorge, de l'oreille et des parties avoisinantes. Il fut bientôt l'aide principal de sir Morell Mackenzie à son hôpital privé. Sept ans il resta le collaborateur actif du célèbre médecin.

En 1874, il fut le principal promoteur de la fondation de l'Hôpital Central de Londres pour les maladies de la gorge et de l'oreille. La première pierre de cet utile monument fut posée par Adelina Patti, la grande cantatrice. Aujourd'hui le Docteur LENNOX BROWNE est le médecin principal de cette institution.

Il est également le médecin de la Société Royale des Musiciens, de l'Opéra Royal Italien, et médecin consultant de divers hôpitaux.

Son remarquable ouvrage sur *la gorge, le nez et leurs maladies* a paru en 1878. Une quatrième édition vient d'être mise en vente. Le Docteur Aigre, de Boulogne-sur-Mer, en a publié une traduction française (sur la troisième édition) en 1891.

En 1876, il fit paraître ses *Aperçus médicaux sur la production et le ménagement de la voix pour le chant,* ouvrage qui est actuellement répandu à plus de dix mille exemplaires.

Une foule d'autres brochures sont d'ailleurs sorties de sa plume autorisée. Fin 1883, il collabora avec feu M. Emile Behnke à un ouvrage intitulé : *Le chant et le parler de la voix,* destiné à être un manuel complet pour les chanteurs et les orateurs. Ce livre a déjà atteint sa quatorzième édition. Il en existe une traduction française.

Il est un des éditeurs de la *Revue mensuelle de Laryngologie* et il a traduit et fait paraître le *Mécanisme de la voix,* de Witkowski, et le *Mécanisme de l'ouïe.*

M. Lennox Browne est connu pour l'ardent défenseur de ce principe que la plupart des maladies de la gorge des chanteurs est due à l'ignorance et à la négligence des enseignements de la science relatifs à l'émission de la voix. Il a publié une dissertation intitulée : *La science et le chant,* réclamant avec force l'autorité de ce principe et plaidant pour une *préliminaire éducation* de l'émission de la voix, comme étant la seule base de l'aisance et de l'endurance de la voix parlée et chantée, et il amène ces idées à leur conclusion logique en renvoyant chanteurs, acteurs et orateurs... au traitement des maladies de la gorge.

En effet, dans ces sortes de maux, il faut prévenir et non guérir. D'une guérison, il reste toujours trace. Tandis que l'organe entretenu en bonne santé, protégé, soigné journellement, n'a rien à redouter et même acquiert à ce traitement préservatif de nouvelles forces pour la bataille quotidienne. On dit d'un artiste : Il a cent mille francs dans le gosier. Et on ne songe pas qu'un simple rhume mal soigné peut enterrer à jamais ces belles promesses.

M. Lennox Browne est donc la providence des chanteurs, des acteurs et des orateurs. Aussi est-il adoré d'eux tous. Et c'est à ce titre aussi bien qu'à celui de savant et d'homme célèbre qu'il devait avoir sa place dans cette galerie.

LENNOX BROWNE (F. R. C. S.), célèbre médecin anglais, fils d'un médecin connu. Étudia à Édimbourg et à Londres. 1874 : Fondation de l'Hôpital Central de Londres pour les maladies de la gorge et de l'oreille ; 1876 : *Medical Hints on the Production and management of the Singing Voice;* 1878 : *The Throat and Nose and their diseases* (Traduction française du Docteur Douglas Aigre, de Boulogne, en 1891); 1883, en collaboration avec M. Émile Behnke : *Voice Song and Speech.* — C'est un des directeurs de la *Revue Mensuelle de Laryngologie.* — A traduit les deux ouvrages de Witkowski : *Mechanism of the Voice* et *Mechanism of Learning.* — On a encore de lui : *Science and Singing.* — Médecin traitant de plusieurs hôpitaux. Fut pendant sept ans le principal aide du Docteur Morell Mackenzie, à son hôpital particulier.

To my friend Mariani in cordial
acknowledgement of invaluable assistance
to many of my lyric patients,

Lennox Browne

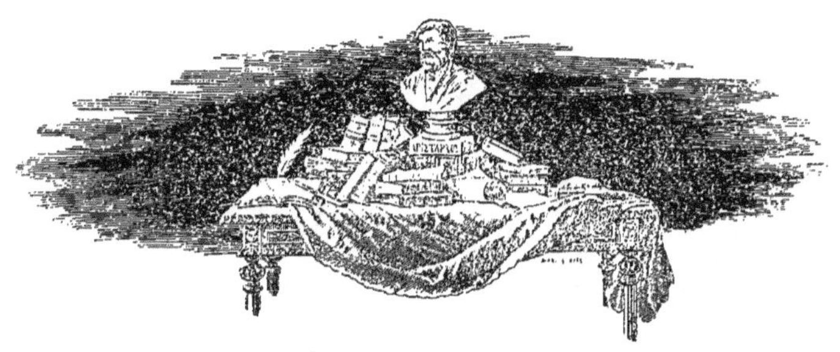

EUGÈNE LINTILHAC

Eugène Lintilhac *a voulu* sa vie.

Comme un bon élève de rhétorique, il s'est fait un plan d'existence avant de se lancer dans la mêlée; d'où une belle supériorité sur le commun des littérateurs d'aujourd'hui et une grande force pour arriver à la meilleure renommée.

Il est né à Aurillac : aussi est-il têtu de race, qualité rare dans nos années agitées où l'instinct est presque souverain maître. Mais il n'a pas le calme narquois de l'Auvergnat. Un de ses ancêtres a dû prendre femme du côté de Marseille. Il a l'entrain du Provençal et sa belle confiance en lui. Tel est le double caractère que M. Lintilhac montre en ses actes comme en ses écrits, comme en ses discours.

Après de dures études, d'austères veilles, il s'est fait professeur. Son programme portait que, pour bien connaître les vivants et pour se faire une place parmi eux, il devait d'abord fréquenter les morts, les meilleurs parmi les grands. C'est à cette époque de sa vie que se rattachent ses *Études* sur Beaumarchais, sur Lesage, sur Scaliger, et ce *Précis historique et critique de la Littérature Française* (deux volumes) si utiles aux élèves et aux maîtres. Ce dernier livre est à la fois complet et court, d'une clarté de langue et de renseignements admirable. Il indique d'ailleurs en notes les sources de son érudition, de sorte que le curieux peut approfondir telle partie qui lui plaît de notre histoire littéraire. Tel un magicien qui, à l'attrait de ses tours d'adresse, ajouterait le piquant de leur explication. Il dévoile ses trucs, et avec ses livres, comme il le dit lui-même, on peut devenir plus savant que lui.

Il y a plus de philosophie dans les trois études que nous citions plus haut, et il y a inauguré une critique scientifique très à la mode aujourd'hui. Cet esprit scientifique introduit dans la critique littéraire n'interdit pas d'ailleurs les délicatesses du goût, mais il exige l'*ordre*. Dans ces volumes, M. Lintilhac, pour employer une comparaison, est plus architecte que peintre : la ligne est

plus visible. La critique fantaisiste d'un Jules Lemaître, par exemple, ressemble
à un visiteur du Labyrinthe qui irait à la découverte les mains dans les poches,
en fumant une cigarette. Il faut être très adroit pour ne pas trébucher.
M. Lintilhac, lui, a acheté chez le concierge du monument un fil d'Ariane de
bonne qualité et qu'il ne lâche pas un instant, même lorsqu'il s'arrête pour jeter
un mot gai. Car ses travaux sur les auteurs de *Gil Blas* et de *Figaro* ne compor-
taient pas nécessairement une austérité lugubre. M. Lintilhac met de la vie
dans ses moindres écrits.

Avec Beaumarchais, c'était la loi, il devait jouer avec les idées et les mots,
mais avec Scaliger, il avait à jongler avec des poids, de lourdes phrases. Il le fit
avec une aisance qui a pu ne pas être du goût de certains pédants qui, d'ailleurs,
ne pouvaient mordre sur le fond. Ses juges de Sorbonne lui rendirent cette
justice que la différence des tons employés pour peindre Scaliger et Lesage était
une preuve manifeste de goût et de talent. Son *Lesage* est d'ailleurs son chef-
d'œuvre par la bonne grâce, la prestesse et l'équilibre.

Son discours est limpide et spirituel : à la soutenance de sa thèse, durant
sept heures de bataille, la foule applaudit, malgré la consigne, et le doyen lui
fit ce compliment qu'il était vraiment un petit-fils de Figaro.

Car M. Lintilhac est écrivain, mais surtout orateur. Qui ne l'a entendu,
soit à l'Odéon, soit à Bruxelles, soit à Rome, ne le connaît pas tout à fait.
Il est né conférencier : par tempérament moral et sève physique ; c'est un
nervoso-sanguin, pas bilieux, certes ! Il pense tout haut, face au public, sur
une forte trame d'idées-mères, nécessairement, mais improvisant ses mots, ses
images, ses mouvements. Il vit sa parole et reste toujours maître de lui.

Entré dans le journalisme, le voici dans la mêlée vivante ; c'est une nouvelle
vie, mais son livre sur *les Félibres* (à travers leur monde et leur poésie) dit
bien qu'il y est très à l'aise. Il a construit solidement ses bases sur les anciens.
Les contemporains n'ont qu'à se bien tenir.

« Un lutteur, et taillé pour la lutte ; un combatif, et très armé, voilà avant
tout ce qu'est M. Eugène Lintilhac », dit quelque part M. Jean Ajalbert, un
bon juge. « Au physique et au moral, chez lui tant de qualités, qui chez d'autres
s'excluent, se rencontrent pour ordonner le plus heureux équilibre. Puissamment campé, d'aspect massif, de large carrure, qui feraient un autre épais et
lourd, il reste souple, prompt et rapide, à stupéfier les paysages qu'il parcourt
à bicyclette, ou les montagnes de son pays qu'il escalade comme une chèvre.

« Et la pensée est toujours en éveil derrière cette face grasse — aux
mâchoires solides — où, sous le front durement formé, sont braqués deux yeux
impétueux. De son corps, il est puissant et agile ; il est fort et fin de l'esprit. »

LINTILHAC (Eugène), né à Aurillac, le 5 janvier 1854. Docteur ès-lettres, publiciste, professeur de
rhétorique au lycée Saint-Louis, conférencier, chevalier de la Légion d'honneur, officier de l'Instruction publique.
Collabore à la *Revue des Deux-Mondes*, à la *Revue Libre*, à la *Nouvelle Revue*, au *Temps*, au *Journal*. Chroniqueur
littéraire et dramatique au *Rappel* et au *XIXe Siècle*. Président d'honneur des Anciens Élèves de la Sorbonne.
— Bibliographie : *Beaumarchais et ses œuvres*, Hachette (ouvrage couronné par l'Académie-Française) ; *D.
J.-C. Scaligeri Poetice* (Hachette) ; *Précis historique et critique de la Littérature française, depuis les origines jusqu'à nos
jours* (Paris, André Guédon, deux volumes) ; *Études littéraires sur les classiques français* (en collaboration avec
M. G. Morlet), Hachette ; *Lesage* (collection des *Grands Écrivains français*), Hachette (ouvrage couronné par
l'Académie-Française) ; *les Félibres* (Lemerre, éditeur).

Élixir des cœurs,
Ce n'est vraiment qu'au cas
à l'intérieur s'emeut sur sa circonférence,
Avant la conférence,
Qu'on sait ton prix ; alors on t'enregistre et crac !
Le borborygme fuit dont le glouglou tracasse
L'orateur et le casse
...teur tue un microbe et Marsan le trac.

E. Pintelhac

LE PÈRE HYACINTHE LOYSON

ARIS est à deux pas, et cependant quel calme, parmi ces villas du boulevard d'Inkermann! Neuilly a des coins charmants...

Pour entrer chez le populaire orateur chrétien, il faut écarter les branches des lilas. C'est en mai que je vins là pour la première fois et les oiseaux me chantèrent la bienvenue. Non, ce n'est pas la maison d'un maudit. Dès le seuil il vous arrive des bouffées de bonheur... Voici le vestibule et le salon, des fleurs partout... Des marches, des corridors avec des livres qui font la haie, enfin nous pénétrons dans le cabinet-bibliothèque-chapelle un peu aussi, de M. HYACINTHE LOYSON. Tout de suite une main franche se tend, une main d'homme loyal. Belle figure rasée, avec, derrière les lunettes d'or, des yeux de savant qui se lèvent par moment vers les cieux en un beau geste de foi. De taille ordinaire, de larges épaules. Le costume des prêtres à Rome, longue redingote, col droit blanc et pantalon noir... Sur le bureau que domine un haut Christ d'argent, un article commencé : une large et ferme écriture d'un sage qui voit clair en lui et dans les choses de ce monde... Dans un coin de la pièce, un autel, qu'on devine sous la housse de serge; partout ailleurs des bibliothèques. Nous sommes bien chez un homme *qui croit*, chez un homme *qui sait*. Science et religion se balancent dans le cercle de cette pièce autour de ce prêtre savant, de ce rénovateur de la religion chrétienne qui mène la foi dans les sentiers du progrès moderne. Par la fenêtre ouverte, les lilas et les pinsons jettent leur note de poésie et la fusion de tous ces éléments qu'on juge inconciliables s'accomplit, doucement...

Le maître du logis parle, et c'est un charme de plus. La voix est nette comme le regard est clair; les idées sont franchement énoncées. « Il ne faut rien détruire! il faut tout transformer! disait mon vénéré maître Baudry, directeur au séminaire Saint-Sulpice, alors que j'y étudiais, et cette parole je l'ai méditée toute ma vie et réalisée. Car je n'ai jamais changé d'idées. J'ai logiquement évolué vers le mieux de ma foi primitive et je bénis le Ciel de m'avoir inspiré : je me sens dans la bonne voie. La religion ne saurait se heurter à la science, l'harmonie universelle les unit, les mêle... Je suis le prêtre de la religion chrétienne libérale et progressive... »

Certes l'humanité doit sans cesse marcher vers de continuelles aurores. S'arrêter, c'est manquer à notre devoir. « Malheur aux Églises qui regardent en arrière, comme la femme de Loth, s'écrie le Père HYACINTHE dans *Mon Testament* (un livre tout entier à lire, à relire, à méditer) : comme elle aussi, elles seront changées, si elles ne le sont déjà, en statues funèbres ! »

Le christianisme de *doctrine* doit s'élever à la qualité de *vie*. Ce qui fit la déroute de la *foi* c'est la nuit dans laquelle ses prêtres s'obstinèrent à l'enfermer. « La foi cherche à comprendre », dit saint Anselme. Expliquons donc l'Évangile et le monde nouveau naîtra : « Quand j'aurai été élevé de terre, j'attirerai tout à moi ! » parole sublime de Jésus par laquelle les âmes remonteront des profondeurs de ces enfers sociaux qu'on croyait éternels : l'ignorance, la misère, le vice. Ils n'existent pas en eux-mêmes, ce sont de courtes maladies de l'humanité : l'homme en guérira et l'aurore tant désirée éclairera le monde nouveau...

L'œuvre du Père HYACINTHE a donc une énorme portée ; c'est un ancêtre : il annonce la venue du définitif, si l'on peut s'exprimer ainsi. C'est un grand voyant et sa vie fut conforme à ses pensées.

Sa vie fut conforme à ses pensées. Il fut ce qu'il voulut être. Science, volonté, foi, trinité sublime de l'intelligence humaine s'élevant de terre à Dieu.

Et maintenant résumons pas à pas la vie toute d'action de cet homme étrange en notre platitude moderne.

LOYSON Charles (père Hyacinthe), prédicateur français, né le 10 mars 1827, à Orléans. Entré à Saint-Sulpice à dix-huit ans, ordonné prêtre après six ans d'études théologiques. Enseigna la philosophie au grand séminaire d'Avignon, puis la théologie à Nantes. Il sentit bientôt que sa vocation l'appelait à la chaire. Après deux ans de noviciat aux Carmes, il entra dans cet Ordre et débuta en prêchant avec succès la retraite au lycée de Lyon. Il prêcha ensuite l'*Avent* à Bordeaux, le *Carême* à Périgueux. Nous sommes en 1864, et le Père Hyacinthe arrive à Paris, prêche à la Madeleine, puis à Notre-Dame. Il obtient dans l'*Avent* de 1865 un beau succès qui grandit les années suivantes. En 1867, *Avent* : La morale dans la famille, il paraît suspect aux orthodoxes, il est dénoncé, mais il se justifie devant le Pape. Nouvel orage en 1869 ; enfin le 20 septembre, dans une lettre au R. P. des Carmes, il rompt avec son ordre. Blâme de Louis Veuillot, rappel fraternel de Mgr Dupanloup, applaudissements d'un grand nombre de libéraux. L'excommunication majeure est prononcée. Septembre 1871, malgré ce qu'il y avait de pénible à passer la frontière après notre défaite, il assiste au Congrès des Vieux-Catholiques, à Munich, que présidait M. Dœllinger. Septembre 1872, son mariage à Londres, avec Émilie-Jane Butterfied, veuve du capitaine E. R. Meriman. En février 1873, élu curé de Genève, où il a fondé la première église vieille catholique. Retour à Paris. Conférences au Cirque-d'Hiver, la première est présidée par M. Yung, la seconde par M. Clamageran, la troisième par Eugène Pelletan. Fondation de l'église gallicane de la rue Rochechouart, puis de la rue d'Arras, dix-huit ans d'existence.

Ouvrages principaux : *Conférences de Notre-Dame* (épuisé) ; *De la Réforme catholique*, lettres, fragments, discours, Sandoz et Fischbacher ; *L'Église catholique en Suisse*, Genève, 1876 (épuisé) ; *Trois Conférences au Cirque-d'Hiver* 15, 22 et 29 avril 1877 ; *Ni cléricaux ni athées*, discours et lettres sur la troisième République, Marpon et Flammarion ; *Edmond de Pressensé*, discours prononcé après sa mort dans l'église gallicane de la rue d'Arras, 1891, Grassart ; *Mon Testament*, Fayard, éditeur, boulevard St-Michel, 1893.

Trop souvent funeste aux hommes, le
ne leur apporte par vos mains que des
faits. Ceux dont je vous suis redevable,
sieur, sont trop précieux pour que je ne
prie pas, une fois de plus, d'accepter
remerciements bien sentis.

Parc de Neuilly, le 20 septembre 1894.

Hyacinthe Loyson

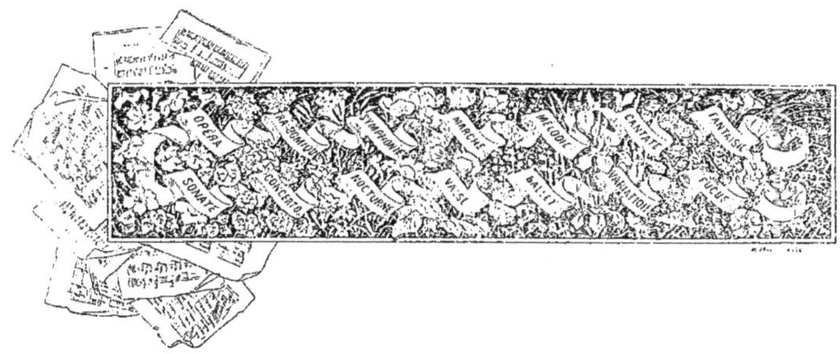

MASSENET

Ι ressemblant que soit le portrait tracé par la main du peintre ou
du graveur, il ne reproduira jamais que les traits physiques du modèle, et, pour ainsi parler, son aspect extérieur : l'âme restera cachée.
La graphologie a sur les arts plastiques l'avantage de soulever un coin
du voile et de montrer parfois l'invisible.

Prenons comme exemple le portrait qui orne cette page et, sup-
posant qu'il est celui d'un inconnu, tâchons de démêler ce qu'on a coutume d'appeler son « caractère ». Nous jugerons à première vue qu'un
artiste est devant nous, et un grand artiste. En effet, son écriture présente réunis tous les signes auxquels se reconnaît le sens esthétique :
lettres majuscules ou minuscules de forme typographique, courbes
gracieuses, lettres disjointes dans les mots et séparées inégale-
ment, correspondant à la sensibilité cérébrale, aux facultés intuitives, et en
particulier à l'esprit d'assimilation. Elle est simple et élégante, sans fioritures,
sans traits à la fin des mots, avec des marges à droite et à gauche, preuves de
distinction et de goût en matière d'art. Les *d* dont la hampe se relie à la lettre
suivante, les *b, f, g, h, j, l, y* dont les panses sont remplacées par de simples
bâtons, sont autant d'indices se rapportant à la culture intellectuelle, et la simplicité de l'ensemble marque d'un signe indéniable la supériorité dans le vouloir
et dans le penser.

Mais ces dons naturels de qualité si rare perdraient tout ou partie de leur
prix s'ils n'étaient secondés, vivifiés et comme mis en valeur par une faculté qui
s'impose ici presque avec autant de force que l'amour de l'art : la volonté, et
son dérivé pratique, l'activité. La barre du *t* est un des signes spéciaux de la
volonté : placée en avant de la lettre, elle souligne l'esprit d'initiative ; courte et
forte, l'énergie ; courte et terminée en pointe, la vivacité, la causticité et même
l'irritabilité. Tout cela se retrouve en cette écriture, qui, de plus, est spontanée,
tracée avec aisance (activité), sobre et ferme en ses traits (énergie). Les points
jetés sur les *i* comme des accents, et certains mots rapidement figurés caracté-
risent un besoin de mouvement, qui parfois aboutit à des accès de travail
fiévreux. La rigidité des lignes jointe au caractère anguleux de maintes lettres
accuse, outre l'activité, un peu d'entêtement.

L'artiste ne peut concevoir et exécuter, c'est-à-dire créer, sans la sensibilité
qui lui permet d'être ému et d'émouvoir les autres. Elle s'affirme ici par les
nombreux changements de forme, de direction, de grandeur, de mouvement,

et par la séparation de certaines lettres dans un même mot. A cette sensibilité s'ajoute la sensualité, reconnaissable à la manière dont l'écriture en général est appuyée, mais sensualité dépourvue de toute bassesse et grossièreté, aboutissant en somme au culte intelligent de la beauté sous l'une quelconque de ses formes matérielles, paysage ou tableau, livre ou statue. Car l'intérêt est constant pour toutes les manifestations artistiques, et, tandis que le développement de certaines lettres majuscules indique l'imagination, le soulignement fréquent des mots dénote l'affirmation exagérée, l'emballement, l'enthousiasme pour les sentiments ou les idées qui mettent en jeu l'activité physique et morale, sans toutefois jamais faire tort à l'ordre dans le mouvement qui se reconnaît à la ponctuation méthodique, aux alinéas bien marqués, aux nombreux points séparant les phrases et exprimant le besoin de clarté. L'écriture, dont les formes tantôt arrondies, tantôt anguleuses représentent un mélange de grâce et de fermeté, reflète en son allure générale la gaieté et la vivacité de l'esprit, additionnées d'une pointe de nervosisme qui conduit à l'impatience, quelquefois vive, mais toujours de courte durée.

Les qualités morales apparaissent avec non moins de certitude. La loyauté et la franchise s'affirment par la netteté, la clarté et la simplicité de l'écriture : de telles natures peuvent être trompées et se tromper : elles ne trompent pas. La grandeur et la forme de l'*M* majuscule correspond à un orgueil légitime, car il témoigne d'une ambition proportionnée au mérite et n'a rien de commun avec la vanité. La majuscule liée à la lettre suivante est un signe d'altruisme, qui dit l'amabilité, l'abord facile ; en outre les *n* et *m* minuscules faits comme des *u* dénotent l'absence d'égoïsme ; les *e* tracés en accent circonflexe, la bienveillance naturelle ; les *o* et les *a* ouverts au sommet, la bonté doublée de la générosité ; d'où l'on peut conclure qu'un cœur bat, à côté du cerveau qui pense et du bras qui agit. D'autres traits, comme l'entrain, la susceptibilité, ou du moins la vive sensibilité intellectuelle et morale, devraient compléter ce portrait graphologique ; mais le manque de place m'oblige à n'esquisser que les lignes principales. Comment au surplus ne pas admirer ces facultés créatrices qui, mises en œuvre par un travail soutenu et sans cesse renouvelé, produisent des tableaux de couleurs si chatoyantes, d'agencement si ingénieux, de facture si souple, d'expression si vibrante, d'aspect si divers ! Sur sa riche palette l'artiste trouve les tons qui conviennent aux merveilles de Byzance et aux splendeurs du paradis d'Indra ; dans son cœur ému il rencontre les accents qui traduisent la galanterie de Manon et la passion de Werther. Il passe avec aisance du grand opéra décoratif comme le *Mage*, religieux comme *Hérodiade*, héroïque comme le *Cid*, mystique comme *Thaïs*, à l'opéra-comique comme *Don César de Bazan*, au tableau de genre comme le *Portrait de Manon*, au drame énergique et concis comme la *Navarraise*. Dans ses oratorios, dans ses suites d'orchestre abondent les trouvailles rythmiques, harmoniques, instrumentales, et ses célèbres petits poèmes pour voix seule constituent un fonds mélodique sur lequel toute une génération de jeunes compositeurs a vécu depuis vingt ans.

On peut dire de Massenet qu'il est une des forces musicales de notre époque. Comme récompense de ses efforts il a d'ailleurs obtenu le succès, la célébrité, et même.... l'hostilité systématique d'adversaires qui le loueraient plus s'il réussissait moins.

MASSENET (Jules), né à Montaud (Loire), le 12 Mai 1842. Grand Prix de Rome en 1863. Œuvres dramatiques : *La grand'tante* (Opéra-Comique, 1867), *Don César de Bazan* (Opéra-Comique, 1872), *Le Roi de Lahore* (Opéra, 1877), *Hérodiade* (Bruxelles, 1881), *Manon* (Opéra-Comique, 1884), *Le Cid* (Opéra, 1885), *Esclarmonde* (Opéra-Comique, 1889), *Le Mage* (Opéra, 1891), *Werther* (Vienne, 1892), *La Navarraise* (Londres 1894), *Le Portrait de Manon* (Opéra-Comique, 1894). Ballet : *Le Carillon* (Vienne, 1892). Musique de scène pour *Les Érinnyes* (1873), *Le Crocodile* (1886) etc. Oratorios : *Marie Magdeleine* (1873), *Ève* (1875), *La Vierge* (1880). Scènes avec chœurs : *Narcisse, Biblis*. Sept suites d'orchestre. Quatre volumes de mélodies. Pour chant : Poème d'Avril, Poème d'amour, Poème d'octobre, Poème pastoral, Poème d'hiver, Poème du souvenir, Lui et Elle. Ouvertures, marches, morceaux de piano, etc. — Chevalier de la Légion d'honneur (1876), officier (1890). Membre de l'Institut (1878).

à mon ami Angelo Mariani
en souvenir reconnaissant du "pays de la Coca!"
Lent
antique chant
Péruvien.
Massenet
paris - Janvier 1895.

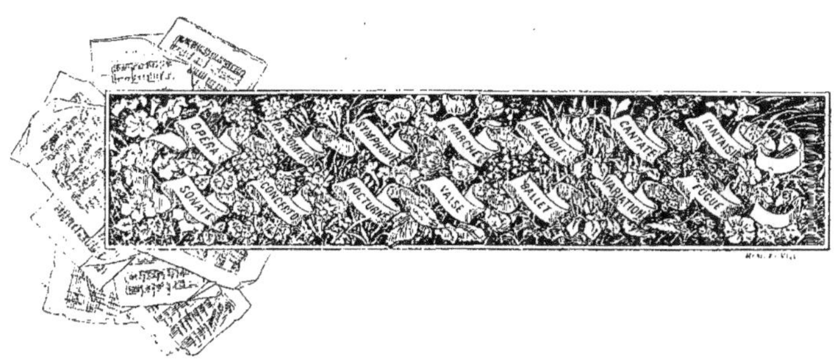

VICTOR MAUREL

E célèbre baryton Victor Maurel parut pour la première fois en public devant ses compatriotes, les Marseillais ; et, quand il vint se faire inscrire au Conservatoire de Paris, il avait déjà chanté *Guillaume Tell* avec un succès qui donnait les plus belles espérances.

Deux ans après son stage à notre Ecole nationale, Victor Maurel obtenait les deux premiers grands prix de sa classe, et personne ne les lui disputa sérieusement.

Il était naturellement désigné pour entrer à l'Opéra, où il ne fit qu'une courte apparition, brûlant de se consacrer à la carrière italienne.

En 1869, Victor Maurel débuta au théâtre de la Scala, de Milan. De là, il se rendit à New-York, à Boston, à Saint-Pétersbourg, à Moscou et dans les principales villes de l'Europe.

Sa réputation grandissante le fit engager à l'Opéra par M. Vaucorbeil, et il y débuta dans le rôle d'*Hamlet*.

Pour bien juger des choses et des personnes au théâtre, il faut se garder des préoccupations exclusives du passé et ne pas chercher, sous le couvert de la tradition, le sillon déjà tracé. La comparaison entre Faure, le créateur, et Victor Maurel, était intéressante à bien des titres.

Victor Maurel a compris le rôle à l'anglaise, d'autres diraient à la Shakespeare. S'inspirant d'Irving et de Boot, les deux grands Hamlet anglais et américain, il a mouvementé et, pour ainsi dire, photographié sur place son héros, tandis que Faure l'a compris comme Fechter, en classique.

Le baryton Maurel est arrivé à donner à la musique d'Ambroise Thomas une allure et un rythme plus accentués, et a obtenu ainsi des effets personnels considérables.

Après *Hamlet*, il joua *Don Juan*, puis Admonastro, d'*Aïda*, et Méphistophélès, de *Faust*.

Victor Maurel partit ensuite pour l'Espagne, continua à se faire remarquer par de rares qualités scéniques, et, revenu à Paris en 1883, il prit, avec Corti, la direction du Théâtre-Italien. Il attira tout Paris à la salle de l'ancien Théâtre des Nations, où il produisit une troupe exceptionnelle qui comptait parmi ses artistes Mmes Adelina Patti, Marcella Sembrich, Cepeda et Fidès-Devriès et MM. Nicolini, Gayarré et les frères de Reszké.

Le 27 novembre, il donna la première représentation de *Simon Boccanegra*, de Verdi. Il avait joué ce rôle à Milan et il y fut accueilli avec les mêmes applaudissements que dans celui d'Hérode, d'*Hérodiade*, de Massenet, qu'il créa quelques mois plus tard. Il se fit entendre dans *Rigoletto* et dans *le Barbier de Séville*, et les rôles si opposés qu'il tenait dans ces deux ouvrages montrèrent toute la souplesse de son beau talent.

En 1885, il donna quelques représentations à notre Opéra-Comique, dans l'*Etoile du Nord*.

C'est de ses débuts que la reprise du chef-d'œuvre de Meyerbeer tira tout son éclat.

Victor Maurel dessina largement le personnage de Pierre-le-Grand en en mettant bien en relief les rudes aspérités. Rien que l'entrée du czar charpentier avec sa hache suspendue au côté et de longues planches sur l'épaule avait fait sensation. On sentait bien là l'ouvrier royal. Ce fut un triomphe, que le grand artiste devait retrouver quelques jours après dans le rôle de Shakespeare, du *Songe d'une nuit d'été*.

Comme toujours, le comédien s'y montra de grande allure et le chanteur développa toutes les ressources de ce style savant qui est sa marque distinctive.

Depuis, dans *Faust*, dans le *Vaisseau fantôme*, dans *Zampa*, l'éminent artiste a obtenu en Espagne, en Italie, en Russie et en Angleterre les plus légitimes succès.

On peut dire de Victor Maurel que, de tous les acteurs lyriques de ce temps, c'est celui qui a le plus fouillé ses personnages et apporté le plus de conscience artistique dans l'interprétation de tous ses rôles.

Si Faure représente les classiques, Victor Maurel représente les romantiques ; mais, malgré la fougue de son tempérament et les difficultés d'introduire un élément nouveau sur nos grandes scènes de chant, il n'a jamais, dans ses plus audacieuses trouvailles, heurté les gens de goût, même ceux qui aiment la tradition comme on aime la routine.

Victor Maurel est jeune encore, malgré une carrière si bien remplie, dont nous n'avons donné qu'une idée imparfaite, et nous osons prévoir qu'il ne se contentera pas de charmer les Parisiens et les étrangers qui vont, au premier frisson de novembre,

Au pays des fruits d'or et des roses vermeilles...

MAUREL (Victor) est né à Marseille le 17 juin 1848. Il obtint, au concours du Conservatoire, en 1867, les deux premiers grands prix. Il entra à l'Opéra, où il doubla Faure et Caron. Ayant résolu de suivre la carrière italienne, il débutait en 1869, au Théâtre de la Scala, de Milan, dans *Guarany*, de Gomez. Il joua *Fosco*, du même auteur, et *Ruy-Blas*, de Marchetti. Il chanta ensuite à Londres, puis en Russie. Engagé à l'Opéra par M. Vaucorbeil, il débuta dans *Hamlet*. En 1883, il devint directeur du Théâtre-Italien, où il fit entendre une troupe de premier ordre. C'est alors qu'il créa *Hérodiade*, de Massenet. Après sa direction, il recommença ses tournées, obtint de très grands succès en Espagne et fit une apparition triomphale à l'Opéra-Comique, dans le rôle de Peters, de l'*Etoile du Nord*. Depuis, à Londres, à Milan, à Barcelone, et dans toutes les capitales artistiques du monde, il a été l'un des plus brillants interprètes de toutes les grandes œuvres contemporaines.

Mon cher Mariani . notre ami celeste.
Joubisson me demande si je fais toujours
usage de votre excellent vin à la coca
Certainement oui . et fréquemment .
Poignée de main . et à bientôt
Vor Maurel

MAVROGÉNY-PACHA

ᴇ doyen d'âge, et de science aussi, des médecins turcs.

Il est né le 15 septembre 1815, d'une très ancienne famille qui compte parmi ses ancêtres le doge Morosini. Cette famille a joué un rôle important dans l'histoire de l'Empire Ottoman. Son Excellence Mavrogény-Pacha a eu pour grand-oncle S. A. R. le prince Nicolas Mavrogény, hospodar de Moldavie et de Valachie, et pour oncle le prince Jean Mavrogény qui, pendant près de quarante ans, fut le chargé d'affaires et le conseiller intime de Turquie à Vienne, à l'époque même où le prince de Metternich conduisait la politique intérieure et extérieure de l'Autriche avec tant d'éclat.

Son père était Spiridion Mavrogény, secrétaire intime de S. E. Panyosaki-Morousi, Grand Drogman de la Sublime-Porte; sa mère était Esmeralda Karadja, fille cadette de S. E. Manuel Karadja, Grand Drogman et conseiller d'Etat; par sa grand'mère maternelle, elle était princesse Rhomanos.

Mavrogény-Pacha avait donc de qui tenir. « Le monde est un théâtre où les places sont retenues d'avance, » a dit quelque part Cicéron. Le siège de Mavrogény était en effet marqué, mais pas dans le milieu qu'il convoitait; la science l'attirait, et c'est à force de volonté et de sagesse que notre jeune savant conquit ses premiers grades. Il fit ses études médicales à l'Université de Vienne, où ses excellentes dispositions et sa fièvre d'apprendre lui firent obtenir, en 1843, le titre de docteur. Il avait désormais le droit d'enseigner à autrui ce qu'il avait lui-même si profondément gravé en lui.

Deux ans après, il retournait dans sa patrie, à Thérapia, une des plus jolies résidences d'été du Haut-Bosphore; bientôt, il fut nommé médecin de l'Hôpital de l'artillerie, à Top-Hané, puis il fut chargé d'une mission en Roumélie, et à son retour, il fut choisi comme médecin principal de l'Hôpital militaire de Haïdar-Pacha, en Bithynie.

Enfin, il gagna Constantinople. Il fut nommé successivement professeur d'hygiène publique et privée à l'Ecole Impériale de Médecine; puis, après la démission du docteur Fauvel, professeur de pathologie interne; enfin, professeur de clinique interne. Notons que, dans ces différentes situations, MAVROGÉNY-PACHA s'efforça toujours de maintenir le français comme langue officielle dans l'enseignement de la médecine. Il alla jusqu'à publier et répandre une brochure dans laquelle il exposait tous les désavantages qui résulteraient pour l'École, si on cédait à cet excès de zèle patriotique, en remplaçant la langue française par la turque. Nous lui devons ici de particuliers remerciements.

Lors de son avènement au trône, Sa Majesté Impériale le Sultan Abdul-Hamid Khan II ayant nommé Son Excellence MAVROGÉNY-PACHA son médecin en chef, celui-ci se vit dans l'obligation de donner sa démission de professeur. Il fut alors nommé médecin honoraire de l'École Impériale de Médecine. Il fut tour à tour promu au grade de maréchal, nommé sénateur à vie, revêtu de la charge de premier Inspecteur général des Écoles médicales et des Hôpitaux civils et militaires de l'Empire.

Toutes les distinctions possibles, il les obtint, ou plutôt on les lui offrit. De nombreux grands-cordons se superposent sur son uniforme : ceux des ordres impériaux du Medjidié et de l'Osmanié, ceux de la Couronne de Fer d'Autriche, du Lion et du Soleil de Perse, de Gustave Wasa de Suède et de Norwège, etc. Mais ce ne sont là que des récompenses légitimement acquises.

Ses énormes travaux le désignaient à tout le monde, quelle que soit la nationalité.

Doué d'une activité étonnante, qui se manifeste encore aujourd'hui comme aux premiers jours de lutte par une ardeur admirable, Son Excellence MAVROGÉNY-PACHA a fondé, en 1887, la *Gazette des Hôpitaux civils et militaires de l'Empire Ottoman*, où avec de jeunes et brillants collaborateurs, il tient ses collègues au courant des progrès de la science et de son expérience personnelle.

C'est un habile conférencier et un remarquable écrivain. Ses conférences aux Hôpitaux de Koulély, de Top-Hané et de Haïdar-Pacha, conférences qui ont su d'abord captiver l'attention d'un nombreux auditoire, ont paru en volumes et, à la lecture, on dut reconnaître que MAVROGÉNY-PACHA n'était pas seulement un orateur distingué, mais un penseur au verbe net, un écrivain aussi verveux que sérieux. Car on verra plus loin qu'il sait manier l'ironie. Ses conférences sur la mal'aria, commencées le 14 janvier 1886, sont mises par le docteur Brouardel au rang des ouvrages les plus remarquables qui aient paru sur les maladies infectieuses. Les conférences faites aux Hôpitaux que nous nommions il y a un instant, seront toujours consultées avec fruit par les hygiénistes, et en particulier par les médecins militaires.

Fondateur de la Société Littéraire Grecque de Constantinople, membre honoraire de la Société Impériale de Médecine, fondateur et Président de la Société Philanthropique *l'Amie du Travail*, fondée pour venir en aide aux ouvriers qui, par manque d'argent ou des instruments de leur métier, ne peuvent gagner leur vie, MAVROGÉNY-PACHA est membre correspondant de plusieurs sociétés savantes d'Europe, entre autres de la Société d'Hygiène de Paris, de celle d'Alger, etc.

C'est aussi un littéraire, avons-nous dit. Très versé dans les littératures grecque et allemande, il possède surtout admirablement le français. En passe-temps, il compose des études humoristiques très piquantes. Son petit opuscule, *Les chiens errants de Constantinople*, lui a valu du maître Alexandre Dumas une jolie lettre de compliments.

Le Sultan Abdul-Hamid a donc, on le voit, honoré en ce savant, un homme digne de cette haute protection.

MAVROGÉNY-PACHA, maréchal, sénateur, inspecteur général des Écoles de Médecine et des Hôpitaux civils et militaires de l'Empire Ottoman, petit-fils de S. A. R. le prince Nicolas Mavrogény, hospodar de Moldavie, fils de Spiridion Mavrogény, est né à Thérapia, le 15 septembre 1815. Directeur de la *Gazette des Hôpitaux* de Constantinople; conférences; divers opuscules : *Les chiens errants de Constantinople*, etc.

Yldiz le 2 juillet 1895

Ennemi juré des spécialités, qui, depuis quelque temps,
ont envahi le monde entier, dans un but de lucre,
sans aucun profit, ni pour la Science, ni pour
l'Humanité, je fais une exception pour celles
qui feront du bien, en visant à un but louable. Tel
est le vin Mariani, qui sans se couvrir du masque
trompeur du mysticisme, est bienfaisant, en relevant
les forces épuisées des hommes, par les abus, si en
vogue, dans notre siècle, en partie perverti.

Ainsi gloire et félicitations à l'Inventeur.
Qu'il profite de son mérite.

Le Dr S. S. Harroszing-Pacha

CONSTANT MAYER

Tout classique qu'il soit, tout H. C. qu'il demeure, Constant Mayer est un irrégulier de la peinture française. De bonne heure, il s'est fait ce raisonnement que puisqu'un peintre vendait sa peinture, il devait s'arranger de façon à la vendre le plus cher possible ; et que, puisqu'il existait un pays achetant davantage et mieux que tout autre, c'était ce pays-là qu'il devait habiter. C'est ainsi que Constant Mayer, né à Besançon, élève de Léon Cogniet, partit pour l'Amérique où il est aujourd'hui célèbre. On ne saurait le blâmer de cette désertion du sol natal. Il a compris la vie moderne et ses exigences ; bravement il a pris la résolution qu'il fallait, et après de belles années de lutte, il est arrivé à une haute et estimable situation.

A l'heure actuelle, il divise ses années en deux portions et vit six mois à New-York et six mois en Europe et particulièrement à Paris, où nous avons pu le voir.

C'est un bel homme, droit et correct, aux cheveux blanchis, à la voix ferme et agréable. S'avoue nerveux à l'excès: « La solitude et l'obscurité sont mes deux effrois, » dit-il. Nous retrouvons ce caractère en ses œuvres qui chantent surtout la vie, le plein soleil, ou bien qui pleurent la souffrance (mais la vie, là encore, est en face).

Il se fit d'abord connaître, en Amérique, comme portraitiste. Il fit le portrait de tous les gens connus de la République, celui du général Grant, entre autres, celui du général Sheridan, le commandant en chef des armées aux États-Unis.

Au Salon de 1869, à Paris, il envoya deux toiles, *Une Femme iroquoise,* mais surtout *La Rencontre,* épisode de la guerre d'Amérique 1863 : un soldat confédéré reconnaît son frère dans un éclaireur fédéral qu'il vient de blesser mortellement. En France, ce tableau valut à son auteur la croix de la Légion d'honneur ; mais en Amérique, ce fut un succès d'émotion. Tant de familles avaient des deuils à déplorer !

Mais une autre composition le rendit tout à fait célèbre. Texte : *Consolation* ; c'était une religieuse lisant des prières à un blessé. La toile avait douze pieds de haut et dix de largeur. L'acquéreur la fit voyager de ville en ville. Dans certaines cités, on fut contraint de construire des barrières pour faire entrer et sortir la foule. Des femmes s'évanouirent, des mères reconnaissaient leur enfant dans le jeune mourant. Constant Mayer connut la gloire.

Nous avons pu voir toute une série de ses dernières œuvres. Les titres disent bien le côté noblement sentimental de l'inspiration ; c'est : *Mendiante bretonne, Chanteurs de village, Les deux amis, Chant de la Forêt* (de la toute pure poésie), *Potins* (une toile de genre, amusante, très vivante : deux jeunes femmes parlant gentiment de leurs connaissances), *Le jour du Seigneur, Rêve d'amour* (dans une note très délicate, sans le moindre maniérisme), un grand *Paysage* (des ravins, des bois et des fleurettes), *La Charmeuse* (bien jolie et prenante), *Châteaux en Espagne* (des bambins occupés à échafauder des cartes, — plus tard ce seront vos illusions que le vent soufflera et vous souffrirez), *Espagnole* (une mignonne petite marchande de fleurs), etc.

Mais nous retenons surtout le *Rêve d'amour* et en particulier *Chant de la Forêt.* Ces deux jeunes filles qui vont récitant des légendes et chantant des vieilles chansons très douces, accompagnées du bruissement protecteur et approbateur des feuillages des grands chênes — on dirait de jeunes et vierges druidesses sacrifiant des poèmes aux dieux.

Tout cela est de solide peinture, d'un dessin très net, vigoureux. La composition est franche, claire, harmonieuse. La peinture de Jules Lefebvre pourrait servir de point de comparaison à ceux qui n'ont pu voir les tableaux de Constant Mayer : c'est le même souci de faire vrai, poétique, et un peu la même façon d'impressionner.

Nous allions oublier un des gros succès de notre peintre. *Trilby,* une scène principale du célèbre roman qui passionna pendant des mois les lecteurs de *Punch.* Constant Mayer sut réunir dans sa toile les principaux personnages et le public l'acclama.

Mayer (Constant), né à Besançon. Élève de Léon Cogniet. Part en 1865 pour l'Amérique. Portraits des principaux personnages: général Grant, général Sheridan, etc. Principaux tableaux : *La Rencontre* (Salon de 1869) ; *Femme iroquoise* ; *Maud Muller* (John Whittier, ballade américaine). Salon de 1870 : *Consolation* ; *Trilby* ; *Chant de la forêt* ; *Rêve d'amour* ; *Le Jour du Seigneur* ; *Châteaux en Espagne,* etc., etc. Vit tantôt à New-York, tantôt à Paris. Chevalier de la Légion d'honneur après le Salon de 1869.

Si j'étais poète, je chanterais les louanges
du vin Mariani, et de Mariani lui même,
mais, ne l'étant pas, je ne puis que constater
les effets bienfaisants de l'un, et exprimer
mon amitié pour l'autre.

Constant Mayer

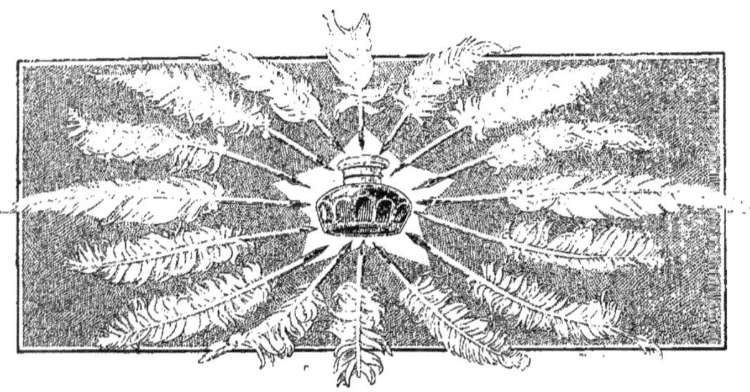

CATULLE MENDÈS

ui a dit si joliment : « Les poètes n'ont pas d'âge » ?

CATULLE MENDÈS, le merveilleux ciseleur de rimes enchanteresses, le souple écrivain dont la magie emperle les mots, a conservé le brillant privilège de la jeunesse. Tel il était quand il quitta les bords fleuris de la Garonne, tel il est encore aujourd'hui « sur les bords fleuris qu'arrose la Seine ». Il a pour l'art même enthousiasme ardent, même fougue. C'est toujours le même poète au vol magnifique qui créa la *Revue Fantaisiste* où Albert Glatigny, Villiers de l'Isle-Adam, François Coppée, Sully-Prudhomme, Léon Dierx, J. Hérédia, Verlaine, se révélèrent Parnassiens.

Producteur infatigable, CATULLE MENDÈS passe du roman au théâtre, de la critique à la poésie. Et, dans chacune de ses œuvres, on sent toujours l'écrivain maître, maître de sa langue jusqu'à la prestidigitation. Au milieu de ses transformations, MENDÈS conserve toujours la même souplesse, la même verve, on dirait d'un éphèbe créé par les dieux, un jour de complaisante indulgence : CATULLE a de la poésie, jusque dans la douceur de son nom.

La plus grande qualité de CATULLE MENDÈS est le charme. Il a une séduction magique à laquelle nul ne sait résister. Lisez tel de ses contes, ou telle de ses poésies, prise au hasard, et tout de suite vous vous sentirez pris, possédé tout entier. C'est que MENDÈS est avant tout poète, poète sincère, et que la poésie a une puissance magnétique sous laquelle se courbent les hommes et les fleurs.

Charmeur, MENDÈS n'abuse pas de son pouvoir : il a la douceur, cette vertu des forts. Mais il a souffert lors de la terrible guerre ; il a pleuré sur la patrie en sang et, après avoir fait crânement son devoir, il a publié *la Colère d'un franc-tireur*, où se rencontre une mâle énergie unie aux plus nobles sentiments.

Mendès est un heureux : il est venu au monde « sous une bonne étoile ». L'étoile lui a versé l'enthousiasme pour la Beauté, ce principe de toute œuvre vraiment grande. Mendès qui avait le culte de l'harmonie, l'harmonie des sons et l'harmonie des lignes, Catulle a eu la joie de naître beau. Beau, élégant, spirituel, que pouvait-il craindre ? Rien : pas même les femmes, car, avec de tels dons, on ne subit pas le despotisme de l'éternel féminin, on le maîtrise par le charme.

La vie de Catulle Mendès s'est déroulée comme un poème au bruit des baisers et des chansons. Parfumé de roses, les yeux irradiés d'espoir, Catulle va dans l'existence, ainsi qu'à la comédie la plus agréable. Les roses qu'il a effeuillées n'ont pas eu d'épines ; et quand — dans longtemps, oh ! bien, bien longtemps encore ! — Mendès s'endormira pour voler vers le paradis bleu des poètes, il aura encore toute la délicatesse de sa nature, car rien ne l'aura froissée.

« Quelle merveilleuse existence d'artiste ! » écrit Armand Silvestre dans le *Journal* ; « Mendès aura été un grand écrivain, un poète impeccable, un admirable prosateur, et il est décoré d'aujourd'hui seulement ! (14 juillet 1895 !) M. le Ministre de l'Instruction publique, en lui donnant la croix de la Légion d'honneur, a bien mérité de tous ceux dont la plume est la gloire en même temps que la vie. »

Au banquet qui lui fut offert, à cette occasion, par ses amis et admirateurs, Silvestre, Dierx, Coppée, de Hérédia, à l'envi louèrent les qualités du plus fécond, du plus brillant des Parnassiens, leur frère. Le charmant poète répondit lui-même et de son joli discours nous citerons cette phrase qui caractérise bien le groupe auquel il appartient : « D'ailleurs, l'amour des Lettres, la fervente passion de la Beauté ne faisait pas de moi une exception dans le groupe aujourd'hui immémorial qu'on appela tour à tour les Fantaisistes, les Impassibles, les Parnassiens ; nous nous donnions l'un à l'autre l'exemple de la Foi en notre art, comme nous nous donnions l'un à l'autre l'exemple de la loyale, de la tendre camaraderie. Nous fûmes des poètes qui aimaient bien la poésie et qui s'aimaient bien entre eux. »

MENDÈS (Catulle), né à Bordeaux en 1843 ; venu à Paris dès l'âge de dix-huit ans pour suivre la carrière des lettres, fonda en 1861 une petite feuille littéraire : *La Revue Fantaisiste*, où collaborèrent Coppée, Villiers de l'Isle-Adam et les Parnassiens. Il publia en 1861 son premier volume de vers : *Philomela*. En 1871 les *Odelettes guerrières*. Travailleur acharné, riche, d'une richesse qu'on dirait inépuisable, de rimes et de pensées, Mendès a publié chaque année un nouvel ouvrage ; parfois même plusieurs, comme en 1872 ; il fit paraître successivement : *La Colère d'un franc-tireur*, poème ; *Contes épiques* ; *Hespérus*, épopée mystique, parfois un peu nuageuse, inspirée à l'auteur par la lecture de Swedenborg ; *le Soleil de Minuit*, et tout dernièrement *Grives des Vignes*. Il fit en 1883 e *Roman d'une Nuit*, comédie en un acte non représentée, dont la publication lui valut une condamnation à un mois de prison et 500 francs d'amende. Les dernières productions de Mendès sont : *Méphistophela*, *la Femme Enfant*, *Lusignole*, *la Maison de la Vieille*, *Rue des Filles-Dieu n° 50*, *Gog*, *le Roi Vierge*, *la Grande Maguet*, *Zo'ar*, romans ; *Isoline*, jouée à la Renaissance ; *le docteur Blanc*, jouée aux Menus-Plaisirs avec succès. *Les Frères d'armes*, drame joué à Cluny ; *les Mères ennemies*, drame représenté à l'Ambigu. Enfin, un drame actuellement au répertoire de la Comédie-Française, *la Femme de Tabarin*.

Depuis avril dernier, il est chargé de la critique dramatique au *Journal* et il s'en acquitte avec une verve réconfortante et beaucoup de compétence.

On a grâce au vin de Coca
toutes les vertus qu'un coq a !

Catulle Mendès

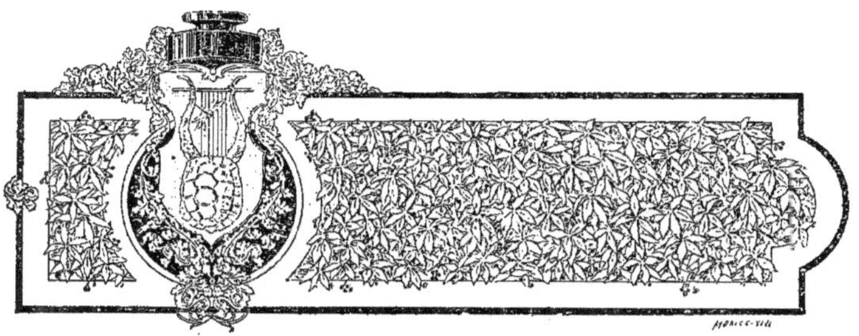

SEXTIUS MICHEL

---

ous déjeunions en Barthelasse sur les bords du Rhône. Abrités du mistral par d'ingénieuses clôtures de roseaux, on avait sous les yeux l'admirable panorama d'Avignon, si fantastique avec son pont Benezet et ses vieilles tours papales. Le vaillant Président des Félibres parisiens, accablé par tant de fatigues et de triomphes, s'assoupit au dessert; et c'était plaisir, après tant de devoirs si bien remplis, de le voir somnoler avec sa fine tête de mousquetaire devenu prélat, nous rappelant Aramis dans son évêché de Vannes, ou mieux, puisque nous étions en Avignon, l'excellent Pape Clément V après une longue procession de la Fête-Dieu autour des remparts.

Sextius Michel est né en octobre 1827, à Sénas, coin parfumé de cette Provence qu'il devait chanter si harmonieusement.

Après de fortes études au collège d'Aix, il se mit bravement en route pour Paris, où il publia ses premières poésies : la *Galerie de l'amour* et la *Galerie de la Gloire*, recueils de vers simples, sans prétention, mais pleins de fraîcheur et de grâce. Entre temps, il collaborait au journal *La Provence*. Mais la fortune ne vient pas, hélas ! à ciseler des rimes. Il fallait vivre. Sextius Michel accepta une modeste charge au collège de Langres. Mais le désir de revoir Paris l'éperonnait. Il revint dans la capitale et fonda dans ce quartier de Grenelle, qu'il n'a plus quitté depuis, un établissement d'instruction secondaire que, jusqu'en 1888, il a dirigé avec succès.

Sextius Michel fut bientôt populaire. Elu adjoint au maire du xvᵉ arrondissement, en novembre 1870, il fit preuve, pendant les dures journées du siège, d'une énergie et d'un dévouement admirables. Voici un fait qu'aimait à à rappeler M. Corbon, ancien vice-président de l'Assemblée Nationale et maire du xve arrondissement en 1870. On était fort embarrassé à la mairie pour procurer du pain à la partie la plus pauvre de la population: « Qu'à cela ne tienne, dit Sextius Michel, donnez-moi des bons de la mairie et je me charge de trouver ce qu'il faut. » Il partit en effet aux approvisionnements et malgré l'approche des Prussiens qui commençaient à prendre position sur les hauteurs voisines, il rapporta des vivres achetés aux avant-postes avec les bons de la mairie qui ne furent point refusés.

Nommé maire le 7 juillet 1871, Sextius Michel eut bientôt conquis les sympathies de tous ses administrés, et l'on assure que la population de Grenelle l'enverrait d'une voix unanime à la Chambre s'il voulait se lancer dans l'arène politique. Mais Sextius Michel est un sage: il n'a d'autre ambition que de rendre service à ses concitoyens, et il trouve sa tâche assez utile et assez noble pour s'en contenter.

Malgré ses occupations, Sextius Michel est resté poète. Depuis de nombreuses années, il est président du Félibrige de Paris. Il a vaillamment conduit toutes les caravanes cigalières et félibréennes et a consigné ses poétiques sensations de voyage dans ce petit chef-d'œuvre: *Le long du Rhône et de la Mer. Aurores et couchants*, qu'il fit paraître ensuite, est un volume de vers, digne de ses aînés, et son dernier ouvrage: *La Petite Patrie*, est, comme l'a si bien dit Maurice Faure, « frais et gai comme un bouquet de lilas, tout parfumé de la bonne odeur de thym de Provence ».

Frédéric Mistral a constaté combien les Félibres parisiens eurent la main heureuse et un flair de fins limiers lorsqu'ils mirent Sextius Michel à leur tête et lui confièrent le drapeau. C'est à ce propos qu'il écrivait: « Il faut que, dans ton enfance, tu en aies gaspillé des mûres, des framboises sauvages et des prunelles, dans les buissons de Malemort; il faut que tu en aies chassé des mantes-religieuses, que tu y aies joué à cache-cache dans les fenils; oui, il faut que tu en aies fait des cabrioles sur les aires, il faut que tu aies galopé, cheveux au vent, pieds nus, sur la route poudreuse et blanche de Sénas, il faut que tu en aies dévasté des nids de mésanges pendulines dans les îles de la Durance, pour que, tant d'années après, la langue de la maison te soit revenue, alerte et familière, comme elle se parle encore sous les micocouliers... Il semblera à quiconque te lira, que tu n'as jamais quitté la Provence. Je dirai plus: toi et quelques autres, qui nous êtes revenus plus Provençaux que fils de mère, vous avez fait, tenez, savez-vous comme? comme les anciens vins de nos côtes rôties où chantent les cigales, qui, au dire des capitaines au long cours, plus ils ont voyagé, plus ils deviennent brillants et agréables à boire. »

L'appréciation d'un maître tel que Mistral nous dispense de nous étendre longuement sur le mérite littéraire du Président des Félibres de Paris. Nous sommes heureux de pouvoir abriter nos éloges sous une aussi haute consécration. Ce que nous voulons retenir, c'est le spectacle assurément curieux d'un maire de Paris — le plus ancien de tous — ayant conservé à ce degré le culte de la langue du terroir.

Sextius Michel a taillé son écharpe municipale en plein arc-en-ciel poétique.

A Mistral

Li dièu de Grèco emai d'Asìo
Sus l'Oulimpe vièurien enca
S'avien , en liogo d'ambrousìo,
Begu toun vin à la Coca .
Es un miraculous muscat ;
Es lou vin di bóni vendèmi
O nòbli gent de l'Acadèmi,
Anas, anas lèu n'en cerca !

Sextius Michel

Traduction.

Les dieux de la Grèce comme
ceux de l'Asie — sur l'olympe
vivraient encor, — s'ils avaient,
au lieu d'ambroisie ÷ bu ton vin
à la Coca. — C'est un miraculeux
Muscat, — c'est le vin des bonnes
Vendanges. — O nobles gens de
l'Académie, — vite, vite, allez
en chercher ?!

S. M.

Madame JULES MICHELET

R ue d'Assas, donnant vue sur le Luxembourg, en un appartement fleuri comme un rêve de printemps, égayé de chants d'oiseaux, habite Madame Jules Michelet.

Après avoir collaboré pendant un quart de siècle à l'œuvre de son illustre mari, cette vaillante veuve continue, avec un dévouement passionné, à nous présenter l'œuvre posthume du grand historien, et en même temps à dissimuler le plus possible son originalité, à s'abîmer dans la gloire de Michelet.

Et, tout dernièrement encore, Flammarion publiait un nouveau volume du merveilleux écrivain : *Sur les chemins de l'Europe*. Les critiques d'art, les descriptions pittoresques, les réflexions philosophiques et morales, les évocations historiques abondent dans ce recueil de notes et impressions, sur les divers pays que Michelet a parcourus, visités et étudiés en penseur et en artiste.

Cependant que Madame Michelet met tous ses efforts à s'effacer, quel admirable styliste elle est elle-même, et quelle place elle a occupée dans l'existence littéraire de son mari ! C'est à son influence, à la suggestion de son esprit porté vers les choses de la Nature, que nous devons *l'Oiseau*, *l'Insecte*, *la Femme* et *l'Amour*, *la Mer* et *la Montagne*; tous ces livres délicieux que l'on relit toujours avec un nouveau plaisir, tant ils sont attrayants par la beauté de la forme et la grandeur de la poésie.

Née à Montauban, Madame Michelet est Languedocienne par son père et Américaine par sa mère, belle créole de la Louisiane.

M. Mialaret, le père de Madame Michelet, était établi professeur aux États-Unis. Parmi ses élèves se trouvait une adorable orpheline, d'origine anglaise et allemande, à laquelle il s'attacha tout d'abord. Il la forma, la développa et finit par l'aimer d'amour. Il l'épousa et l'emmena en France où M. et Mme Mialaret furent d'abord très heureux. Six enfants, dont deux filles, survinrent presque d'année en année, et leur père fut leur professeur.

Puis les malheurs fondirent sur cette famille que n'avait jamais eu l'ombre d'une inquiétude : la ruine en Amérique, les maladies en France.

M. Mialaret partit pour la Louisiane, espérant par sa présence sauver quelques débris du naufrage. La mort le surprit en route.

La maison paternelle fut vendue, la belle famille se dispersa, et celle qui devait être Madame Michelet dut, comme son père, demander à l'enseignement les ressources d'une vie qui commençait sous d'aussi sombres auspices. Elle partit pour Vienne en 1847 pour faire l'éducation des enfants d'une famille princière d'Autriche. Elle avait alors dix-sept ans.

Un hasard la fit connaître à Michelet. Sa haute intuition lui révéla son grand caractère; il sut s'en faire aimer, l'épousa et dut un renouvellement de vie à cette jeune âme qu'il forma, qu'il créa, et dans laquelle il sentit revivre toutes ses impressions de jeunesse.

C'est aux environs de Nantes, « non loin de la mer, sur une colline qui voit les eaux jaunes de Bretagne aller joindre, dans la Loire, les eaux grises de Vendée, » que Michelet et sa jeune compagne furent s'établir.

Ils restèrent là deux ans, isolés de tous, travaillant sans relâche et satisfaits de leur sort. Madame Michelet, devenue à la fois lingère, cuisinière et fermière, s'occupait le matin des soins du ménage et donnait ses après-midi et ses soirées aux travaux de son mari.

Ils étaient toujours levés à la pointe du jour. Michelet s'enfermait et travaillait seul jusqu'à midi. Puis, après le déjeuner, le professeur faisait un cours à son unique élève.

Il jetait dans l'esprit de sa jeune auditrice, toutes ses pensées, toutes ses découvertes, toutes les révélations de l'histoire; aussi, Madame Michelet est-elle devenue rapidement sa collaboratrice.

Un jour que Michelet se mirait en sa femme, ce mot fort lui échappa : « Mon esprit te devra sa plus grande joie en ce monde, celle qui assimile l'homme à Dieu. Je t'ai prise à peine éveillée des mains de la Nature, et j'ai été ton Prométhée. »

Sur une note plus douce il ajoutait : « Je suis ta nature et ta vie naturelle. »

De sa radieuse beauté, Madame Michelet a gardé un cachet de grâce et de distinction infinies. Mais ce qu'on ne saurait rendre avec des mots, c'est la bonté profonde, c'est le charme simple qui émane de cette femme supérieure, extraordinairement douée. Son accueil est sympathique aux humbles, aux inconnus, son aumône est généreuse et discrète ; et, à l'admirer si grande, si intelligente et si secourable, on comprend doublement l'influence qu'elle a exercée par son esprit et son cœur sur Michelet, un des plus ardents génies du dix-neuvième siècle !

Merci, monsieur Mariani, de votre offre si aimable. Je me réserve de vous
le rappeler, lorsque sentant faiblir mes forces, j'aurai pourtant besoin,
pour achever ma besogne en ce monde, du dernier tour de cadran
que demandait Ézéchiel.

Votre divin l'ora fera le miracle, avec quelques gouttes seulement.

Davantage risquerait de me rendre immortelle ici-bas, et jusqu'au, vous le
savez, m'attend sur un autre rivage.

J. Michelet

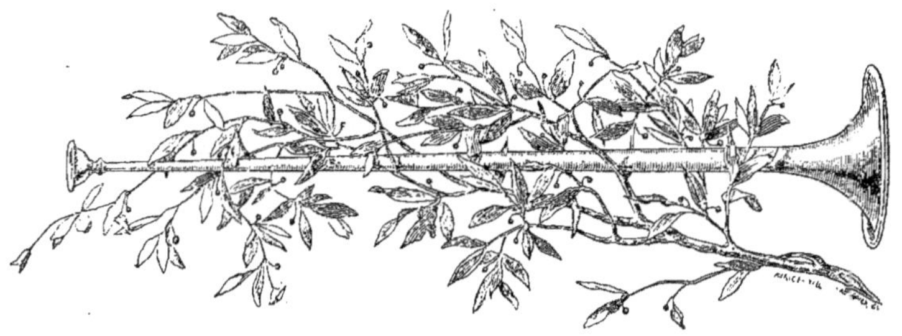

Le Père Monsabré

AUT-IL nous excuser ou devons-nous tirer vanité de l'extrême
variété de ces études, qui vont jusqu'à faire coudoyer M. Hyacinthe
Loyson et le Père MONSABRÉ ?... Ils se succédèrent bien à Notre-
Dame. C'est notre excuse si, d'aventure, quelque lecteur s'effraie du
rapprochement du doute loyalement exprimé et de la foi très pure.

Le Père MONSABRÉ est né à Blois le 10 décembre 1827. Son père,
auquel les biographes ont assigné divers métiers, était entrepreneur de
travaux publics.

Il fit toutes ses études dans les deux séminaires de Blois. Deux ans
il fut vicaire, et deux ans précepteur avant d'entrer au noviciat. Il
prit l'habit dominicain en 1855. Il prêcha des stations à Paris et dans les
principales villes de France avant de monter dans la chaire de Notre-Dame où
il tint les Conférences pendant vingt ans (1869-1890). En 1890-1891, il prêcha
un Avent à Rome, à Saint-André-della-Nell. Ainsi peut se résumer l'imposante
carrière du grand prédicateur.

Sa vie a été d'une grande unité. Il s'est tracé une tâche et l'a remplie ;
il s'est donné un but et l'a atteint. Ses premières Conférences, au couvent de
Saint-Thomas-d'Aquin, furent une Introduction au dogme catholique ; ses
Conférences de Notre-Dame de Paris furent l'Exposition de ce dogme. Les
premières, fruit d'une jeunesse dont l'ardeur et l'exubérance se trahissent jusqu'au milieu des démonstrations les plus sévères et en corrigent l'aridité ; les
secondes, monument d'un esprit arrivé à la pleine maturité et à la complète
possession de ses moyens, où l'allure est plus grave, l'imagination plus
contenue, la raison plus haute et plus ferme ; les premières, confidences intellectuelles et familières d'un maître à ses disciples ; les secondes, destinées à
retentir sous les voûtes de la basilique, et, après avoir instruit un auditoire
d'élite, à se retrouver entre les mains de quiconque cherche la vérité.

Ce cours complet de théologie chrétienne débutait par l'explication du
Credo pour aboutir à un *Amen* final. « Comme un visiteur qui, après avoir
parcouru un temple magnifique, se recueille encore une fois et résume, dans
un dernier et profond regard, toutes ses impressions, ainsi l'orateur — dit un

de ses biographes — au moment de quitter le majestueux édifice de la doctrine révélée, se retourne une dernière fois et salue d'un cri suprême les beautés de l'éternelle vérité : *Amen !* » Et il descendit pour toujours de la chaire illustre. Le champ qu'on lui avait confié était labouré, ensemencé.

« Nature riche et forte, — dit un autre critique, M. Louis Colin, de la *Revue du Monde catholique*, — le Père Monsabré offre dans sa personne un mélange de nouveauté et d'antiquité qui plaît. C'est un orateur de race. Par l'élévation des idées, il rappelle Bossuet ; par la logique, il tient de Bourdaloue ; par le souffle ardent, il est disciple de Lacordaire... »

Aux premiers mots qu'il prononce quand il monte en chaire, l'auditoire est remué. Sa parole qui tombe de si haut est comme lumineuse. Les vérités que le professeur ordinaire enseigne en phrases froides, le Père Monsabré les anime d'un feu divin. Il leur prête une sorte de musique sacrée de l'âme, dont il a le secret, et les transfigure en hymnes et en cantiques en l'honneur de la Divinité... « Les poètes ont célébré les passions humaines et les vertus héroïques, le Père Monsabré chante ses croyances au seuil de palais de l'Infini... »

Quelqu'un s'écria un jour en sortant de Notre-Dame, encore tout ému de ce qu'il venait d'entendre et de la façon dont cela avait été dit :

« Le Père Monsabré, mais c'est le barde de la théologie. »

C'est cette même impression qui poussa Jules Lemaître à dire que le grand prédicateur, par la clarté, la belle ordonnance dialectique, par le mouvement et la force de ses discours, ferait un excellent orateur populaire, doué de verve, de bonhomie et de franchise.

Regardons-le un instant tandis qu'il parle. Menton carré, mâchoires puissantes, bouche grande, une mâle tête de paysan, d'un superbe beauté, qui se détache à demi encadrée par le capuchon noir. Les bras étendus déploient les manches de la robe en envolées blanches. Le geste est un peu théâtral, de même que le langage frôle un peu le romantisme, mais on sent que tout cela n'est pas calculé : c'est une âme qui s'exprime avec grandiloquence, poussée par le sujet gigantesque. Et ce mélange de force et de douceur est d'une très grande séduction sur les âmes.

Dans l'intimité, c'est un gai, un heureux de vivre. On sent à sa vue toute la pureté de cette existence, et quelle confiance il a dans l'avenir. Cette joie est presque de la jovialité, car elle est bruyante. Les enfants sont ainsi, dans la sérénité complète de leur cœur. Dans sa loyauté d'âme, le Père Monsabré est comme les enfants : il s'amuse à des riens, comme pour se détendre des hautes pensées avec lesquelles il a coutume de vivre, silencieux.

Aujourd'hui le Père Monsabré se repose, son œuvre achevée, dans un couvent du Havre. Mais ses livres sont là, continuant de faire le bien...

MONSABRÉ (le T. R. Père J.-M.-L.), né à Blois, le 10 décembre 1827. Son père était entrepreneur de travaux publics. Fit ses études aux séminaires de Blois. Fut vicaire à Mer (Loir-et-Cher), puis précepteur. Prit l'habit dominicain en 1855, prêcha des stations à Paris et dans les grandes villes ; puis, pendant vingt ans, conférences à Notre-Dame. Œuvres du Père Monsabré : *Conférences conventuelles*, 4 vol. — *Conférences de Notre-Dame de Paris. Exposition du dogme catholique*, 18 vol — *Retraites pascales*, 8 vol. — *Petites méditations pour la récitation du Saint-Rosaire*, 1 vol. — *Concile et Jubilé* : Avent 1869, 1 vol. — *Conférences de Notre-Dame de Paris*, Carême 1872 : *Radicalisme contre radicalisme*, 1 vol. — *Le Mariage*, 1887, 1 vol. — *Discours et panégyriques*, 1891, 2 vol. — Un de ses meilleurs biographes voudrait qu'en épigraphe à cette œuvre de plus de quarante volumes, on mit le mot latin : *Exegi monumentum ære perennius*. Mais l'humilité y trouverait à redire. — *Le Père Monsabré*, par le R. P. H. Prélot, *Études Religieuses*, janvier 1892, Retaux, éditeurs.)

Il a surpassé mon attente
cet excellent Père du Lac...
Il donne ce que le coq a...
Une voix éclatante

Maurice BOUTET DE MONVEL

ᴇ peintre des enfants.

Nous dirons tout à l'heure pourquoi ou plutôt comment il a adopté cette spécialité. En tout cas le fait est là : BOUTET DE MONVEL est le peintre des enfants et en même temps leur poète et leur psychologue ; car ce n'est pas un simple portraitiste ; il prend les enfants à tous les moments de leur vie, de leurs jeux, il les suit dans les phases fantasmagoriques qu'ils traversent en une seule heure et le même visage reflète tour à tour la joie, la bouderie, l'espièglerie, la honte, la fanfaronnade, la peur, et cent autres passagers caractères.

L'enfant est certainement le petit animal le plus difficile à bien connaître. Parce qu'elle ne se connaît pas elle-même, — son âmette en formation est d'un déchiffrement ardu. L'intelligence pointe déjà, hésitante ; mais c'est surtout l'instinct qui fait tourner les rouages de ce petit mécanisme tout neuf. — l'instinct formé à deux sources : l'instinct général de la race, et l'autre, plus particulier, familial, hérité de deux ou trois générations — et qu'il convient de ne pas confondre. Au milieu de toutes ces contradictions, de ce chaos vivant, exubérant même, le plus grand philosophe n'ose affirmer, attend, calcule, suppose. BOUTET DE MONVEL voit, lui, nettement. De ce brouhaha confus de sentiments et de gestes, il fait une symphonie délicieuse, délicate et précise. Les portraits d'enfants de BOUTET DE MONVEL sont une synthèse où l'on se plaît à fouiller comme dans les visages mêmes de ses petits héros. Pour arriver à cette vérité, à cette perfection, le procédé qu'emploie l'habile peintre est simple... Voici un minuscule modèle qu'on amène : c'est une fillette blonde, la bouche un peu pincée, le nez mutin, l'œil chercheur. L'artiste a tout de suite aperçu qu'il avait affaire à une petite chose intelligente : « Mademoiselle, comment allons-nous nous mettre pour poser ? Choisissez vous-même la meilleure position ! » La fillette guette sa maman, court vers une balustrade de l'atelier, s'y adosse, les deux bras écartés en un gentil crucifiement ; les petits pieds ont d'instinct grimpé sur un pouf que le poids de l'oiseau posé déforme à peine. « Parfait : et maintenant ne bougeons plus ; je veux dire ne gambadons plus, car il est permis ici de gigoter, de rire et de causer. Même si vous voulez chanter, j'en serai charmé. » Et voici l'enfant à l'aise, amusée de ce grand frère qui lui parle gentiment, très réjouie par le milieu. Et tout de suite, elle jacasse comme une petite pie curieuse. « Monsieur, pourquoi... ceci ? Pourquoi... cela ? » Pendant ce temps, le crayon vole. Et de cette façon, le peintre a devant lui une vraie plante en pleine terre, fleurie et ensoleillée, naturelle en un mot, et non pas cette déformation, cette fleur en pot, à demi étiolée et triste que présentent certains photographes (je parle de *grands* peintres).

Mais BOUTET DE MONVEL va être furieux de l'importance que j'attache à ce côté de son œuvre. Ce n'est en effet que par hasard qu'il a adopté cette productive spécialité. Aujourd'hui tant de mères désirent avoir le portrait de leur enfant peint par BOUTET DE MONVEL, que l'artiste est obligé de choisir; ses journées n'y suffiraient pas, et il a des foules d'œuvres dans le cerveau, qui n'ont pas le temps de sortir.

Né à Orléans en 1851, il fut tour à tour élève de Cabanel, de Jules Lefebvre, de G. Boulanger, de Carolus Duran. Puis il travailla sous la direction de Philippe Parrot, auquel il garde beaucoup de reconnaissance. Il expose pour la première fois en 1874. Dès 1878, il a une troisième médaille avec un *Bon Samaritain*, et deux ans après une deuxième médaille avec un tableau de nu : *La Leçon avant le sabbat*. A cette époque, tout en exposant chaque année au Salon, il commence à faire des illustrations pour le journal *Le Saint-Nicolas* que publie Ch. Delagrave. La collection est délicieuse à parcourir et les grandes personnes trouvent souvent à glaner sur ce domaine des Tout-Petits. Quelle amusante comédie : voyez ce visage épanoui en clair de pleine lune, c'est Toto le gourmand à qui le chat vient d'enlever sa tartine, et plus loin ce petit nez trompettant, c'est Mimi l'espiègle qui regarde le vieux monsieur buter dans le pavé disposé à cet effet. Et voici Zizi à quatre pattes, et M. Arthur en général. C'est une cavalcade, une mascarade sans fin. Les albums de BOUTET DE MONVEL ne sont pas moins ravissants. De 1884 à 1889, Plon en a publié toute une série : *Vieilles chansons et rondes, Chansons de France, la Civilité puérile et honnête,* et surtout des *Fables de La Fontaine,* illustrées d'une façon toute nouvelle et très piquante. En 1890, BOUTET DE MONVEL orne de dessins de toute grâce *Xavière,* le beau roman de Ferdinand Fabre, publié par Boussod et Valadon.

A opté pour le Champ-de-Mars dès sa fondation. La *Jeunesse de Diane,* en 1893, a été très remarquée. C'est un nu d'une splendeur étonnante, savoureux à voir comme une pêche qui va mûrir et qu'on n'ose cueillir de peur de la profaner. Telle sa Diane, imposante par la majesté de sa jeunesse vierge de désirs et de craintes.

Depuis 1886, BOUTET DE MONVEL fait partie de la *Société des Aquarellistes* et chaque année il y expose des portraits d'enfants, des paysages, des fantaisies. En 1893, il avait une série de *Sirènes* d'un très pittoresque effet et d'une imagination fort curieuse.

La dernière fois que nous fûmes voir le délicat artiste, dans son bel atelier de la rue du Val-de-Grâce, il terminait une série d'aquarelles pour un album de Jeanne d'Arc. Quelle fougue dans ces mêlées! Quelle science du mouvement! Non, BOUTET DE MONVEL n'est pas seulement le peintre des enfants. Il a de hautes qualités de composition, une belle imagination, et cette vertu si rare chez les sincères : le charme puissant. Il peut de grandes œuvres et il les donnera.

BOUTET DE MONVEL (Maurice), né à Orléans en 1851. Elève de Cabanel, J. Lefebvre, G. Boulanger, C. Duran et Philippe Parrot. Première exposition en 1874. 1878 : troisième médaille; 1880, deuxième médaille. Nombreuses illustrations au *Saint Nicolas* de la Maison Delagrave. Chez Plon : plusieurs séries d'albums : *Vieilles chansons et rondes, Chansons de France, la Civilité puérile et honnête, les Fables de La Fontaine, la Vie de Jeanne d'Arc.* Illustre *Xavière* de Ferdinand Fabre, 1890, chez Boussod et Valadon. Expose aux Aquarellistes depuis 1886 et au Champ-de-Mars depuis la scission.

Mademoiselle MORENO

l'heure actuelle une biographie de Mlle Moreno ne peut être qu'un memento, une suite de notes pour demain. Quand la jeune artiste sera une des gloires de notre théâtre (il ne faut pas être bien profond devin pour parler de la sorte) on ne sera pas fâché de trouver dans un des bons coins ce notre Album un petit croquis de jeunesse, couleur d'aube, fleuri d'espoirs. Espoir n'est pas le mot propre, car déjà il y a mieux que des promesses : de belles et claires réalisations.

Avez-vous assisté à une représentation du *Voile,* de Rodenbach, à la Comédie-Française ? Une telle soirée est indispensable à qui veut juger Mlle Moreno. Bien plus, cette unique audition suffit comme base à une opinion. L'artiste s'y affirme en pleine possession de son talent, fait de douceur, de profonde intelligence, de charme très pénétrant. Quels que soient ses succès a venir, elle restera toujours Sœur Gudule, la très délicieuse et la très troublante béguine, dont la robe sombre était comme illuminée par le visage au pur profil de médaille et par ces longues mains comme les géniaux primitifs en donnaient aux madones en prières. Ah ! les beaux gestes lents de ces mains qui semblaient planer doucement déjà loin de la terre ! Ah ! cette démarche de cloîtrée silencieuse, glissant vers le silence absolu ! Et combien femme cependant encore, avec sa gerbe de chrysanthèmes dans les bras ! Mais il faut être à la fois critique et poète pour parler congrûment d'une telle personne. Nous allons donc laisser la parole à Catulle Mendès, — personne ne s'en plaindra. La page qu'il lui a consacrée dit fort justement et en termes précieux toute la carrière de la jolie comédienne. Nous ne bifferons même pas les passages désagréables, car ils sont le garant de la loyauté du critique. « Un sort un peu bizarre, celui de cette toute jeune artiste. Après de prodigieux succès au Conservatoire, elle débute à la Comédie-Française, sans aucun éclat. Certes, on ne peut méconnaître ses adorables dons naturels, l'art inné des délicates attitudes, la singularité frêle du geste, souvenirs d'anciens tableaux, et sa voix, l'une des plus douces, avec des notes graves, l'une des plus nettes, avec des langueurs tendres, l'une des plus dociles au rythme poétique qu'il soit possible d'entendre. Mais, bien que le rôle de la Reine de *Ruy-Blas* semblât fait comme tout exprès pour elle, elle y fut à peu près médiocre et mérita son insuccès. Trouble des premières soirées devant le grand public ? Nombre insuffisant des répétitions ? Bousculade des bons conseils, trop peu souvent donnés pour qu'ils produisent leurs effets, assez insistants pour empêcher de se manifester la personnalité nouvelle de l'artiste ? Je ne sais. Un four. Les espérances se détournèrent de Mlle MORENO. Peut-être elle-même n'espérait-elle plus. Et beaucoup de mois se passèrent inutiles. On ne savait même plus si elle était encore à la Comédie-Française. Un poète la voulut pour sa Bertrade, dans *Grisélidis*. Pas plus d'une centaine de vers, je pense. De chaque vers elle fit un chant. On la trouva tout à coup telle qu'on l'avait espérée. Puis elle joua la Junie de *Britannicus*. Elle y fut toute la pudeur, toute la grâce émue et tout le frissonnant effarement de l'amour virginal ! Elle eut l'honneur de doubler, dans *Grisélidis*, l'incomparable Bartet. Elle se montra digne de la confiance qu'on avait eue en elle. Un grand bonheur lui advint. Grâce à la volonté persistante de M. Georges Rodenbach, le rôle de la Sœur Gudule, dans le *Voile*, lui fut maintenu ; et voici qu'elle fut tout à fait elle-même. On se souvient de cet unanime succès. Quiconque n'a pas entendu Mlle MORENO dire, d'une voix si lointaine, les vers exquis du poète du silence et ne l'a pas vue bercer mélancoliquement, comme un petit enfant parfumé, le bouquet de jeunes fleurs qu'elle n'a pas, pure nonne, le droit de trop étreindre, ne sait pas ce qu'une comédienne peut mettre d'enchantement dans la mélodie du vers et d'infinie pureté dans la résignation du geste. Mais, quoi ! cette jeune femme, qui voisinait volontiers avec les poètes, — on peut avoir de plus mauvaises connaissances, — avait appris d'eux, peut-être, l'air de sa chanson tendre ? On l'attendait dans quelque prose moderne, dans un rôle pratique pour ainsi dire. Grâce à l'intérêt que M. Jules Claretie n'a jamais cessé de lui témoigner, elle obtint le rôle de Lucy Watson, dans le *Monde où l'on s'ennuie*. Elle n'eut pas la prétention d'y faire oublier sa parfaite devancière (Mlle Émilie Broisat), mais elle y fut amusante, subtile, et, chose imprévue, *adroite*. Peste ! cela commençait à compter ! Et ce soir (il s'agit de la représentation d'adieu de Mlle Broisat, et Mlle MORENO y dit un poème de Victor Hugo), Mlle MORENO a si mélodiquement chanté, et si ardemment aussi, les vers sacrés du Maître des Maîtres, que vraiment, cela comptait tout à fait. Voici que cette jeune artiste, de qui on espéra tant, de qui on espéra moins, justifie, définitivement, nos premières espérances. »

Qu'ajouter à cette belle et complète analyse de la carrière de Mlle MORENO, de 1891 à 1895, sinon qu'elle est une des muses que les jeunes poètes rêvent pour interprètes ? De taille moyenne, mince mais pas maigre, de cette sveltesse pleine de secrets charmants que recèlent les robes droites des cloîtrées, les plus beaux cheveux roux qu'on puisse imaginer, des mains qui sont des poèmes, des yeux de caresses, des lèvres spirituelles, et, derrière le front très pur, des idées et pas des communes... Voilà Mlle MORENO telle qu'elle est aujourd'hui, à peine embarquée pour la gloire et pour notre jouissance. Que souffle le bon vent et il y aura de belles heures à passer à la Comédie, les soirs de poésie.

Mlle MORENO (MARGUERITE MONCEAU, dite), née à Paris le 13 septembre 1871, d'une mère espagnole et d'un père très voisin aussi des Pyrénées. Deuxièmes prix de tragédie et de comédie en 1889 ; premier prix de comédie et premier prix de tragédie en 1890 au Conservatoire (classe de M. Worms). Débute à la Comédie-Française le 26 septembre 1890, dans la Reine de *Ruy-Blas*. Voici, pour les curieux qui aiment l'exactitude, quelques dates, jours où Mlle MORENO prit pour la première fois les rôles qu'elle garde aujourd'hui :

15 mai 1891, Bertrade de *Grisélidis* (création), le 15 juillet suivant joue le rôle de Grisélidis après Bartet. — 22 août, Dona Sol d'*Hernani*. — 27 avril 1892, Bianca de *Par le Glaive*. — 28 avril, Zacharie d'*Athalie*. — 7 juillet, Orsola de *Par le Glaive*. — 16 août 1893, Junie de *Britannicus*, où elle est exquise. — 26 août, Armande, des *Femmes savantes*. — 21 décembre, Phénice, de *Bérénice*. — 21 mai 1894, Sœur Gudule du *Voile* (création). — Joue encore Julie d'*Horace*, et a succédé à Mlle Émilie Broisat dans le rôle de l'Anglaise du *Monde où l'on s'ennuie*.

Ad. Lalauze

Vous a dit tant de belles choses
sur le vin de Coca Mariani
qu'ils ne m'en restait rien à trouver
je me bornerai à joindre ma
voix à ce concert d'éloges

M. Moreno

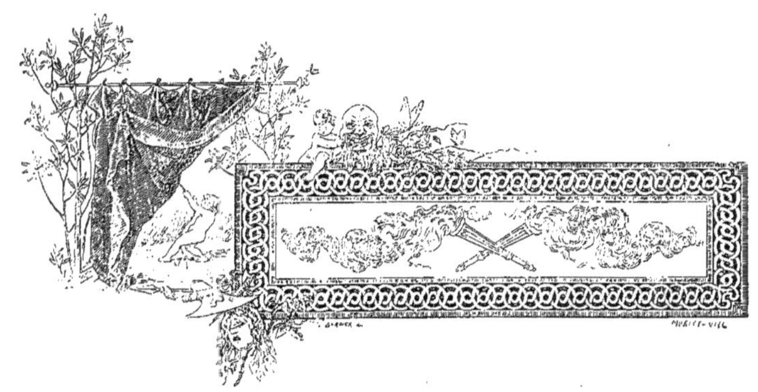

JEAN-PAUL MOUNET

EAN-PAUL MOUNET s'est formé lui-même, à la façon des puissants arbres de nos forêts.

Grand, musclé de fer, visage glabre énergique, voix profonde et mâle, tel est PAUL MOUNET au physique. Au moral, un joyeux de vivre, bon buveur de vin de France, content au travail et confiant en lui. En somme, un sympathique comme homme et un artiste pour qui la nature fut prodigue de dons.

JEAN-PAUL MOUNET, frère de Mounet-Sully, le génial tragédien, est né à Bergerac le 5 octobre 1847. D'abord élève au collège de sa ville natale, il alla terminer ses études au lycée de Bordeaux. Il passa aussi quelques mois à l'institution Chevalier de Paris. Ce détail ne doit point être négligé, car pendant son séjour à Paris, il vecut près de son frère et peut-être eut-il dès ce moment comme une confuse vision que, lui aussi, serait un artiste. Il voulait être soldat. La guerre arriva avant les examens de Saint-Cyr. Il s'engagea dans les mobiles et fit son devoir. Il était proposé pour la médaille militaire quand on le choisit comme officier. Au retour, à l'appel de son frère il revint à Paris étudier la médecine. Il fut un étudiant sérieux, mais pas pressé, fréquentant beaucoup le théâtre. Il était le répétiteur de son frère, déjà dans le plein de sa gloire; si bien qu'il savait tous les rôles du répertoire de Mounet-Sully ; un jour, celui-ci lui dit : « Sais-tu Pylade ? » Deux jours après, à Versailles, sans autre étude spéciale que d'avoir vu son frère, il lui donnait la réplique dans *Andromaque*. Puis, à Fontainebleau, et à Etampes, il accompagna des camarades qui jouaient la *Fille de Roland* et *Hernani*. Il fut très applaudi ; le sort en était jeté, il serait comédien. Cependant, il passa sa thèse (sujet : congestion pulmonaire alcoolique) et fut reçu docteur en août 1880. Quelques jours après, il demandait une audition à La Rounat, le directeur de l'Odéon ; il joua le rôle du jeune Horace, et le deuxième acte d'*Hernani*. Séance tenante, il fut engagé pour trois ans.

Alors commença une merveilleuse carrière. Pendant dix ans JEAN-PAUL MOUNET joua à l'Odéon les rôles les plus divers, avec une égale conscience, avec un pareil succès. Dans le classique, il fut tour à tour le jeune Horace, le vieil Horace, Achille, Don Diègue, Hippolyte, Néron, Oreste, le Pauvre du *Don

Juan, Macbeth, Orosmane, Mahomet, Venceslas, etc.; il reprit des pièces et créa de nombreux rôles dont nous donnons plus loin la nomenclature exacte avec dates à l'appui. Citons seulement dans la première catégorie : Balthazar, de l'*Arlésienne;* Aquila, de *Caligula;* le père Rémy, de *Claudie;* Michel, de *Michel Pauper,* où il fut merveilleux et terrible. Parmi ses belles créations : Tarven, d'*Ambra ;* Warwich, de *Formosa ;* Gian Battista, de *Severo Torelli;* Argus, des *Jacobites;* Numa, de *Numa Roumestan;* Rodion, de *Crime et Châtiment,* etc.

Il faudrait, pour analyser avec justesse le haut talent de JEAN-PAUL MOUNET, s'arrêter sur chacune de ses pièces, montrer son intelligence à poser le personnage, son extrême application à en rendre les moindres détails. JEAN-PAUL MOUNET a eu à l'Odéon une carrière unique d'une extraordinaire variété; mais c'est un tragédien, d'abord. Il a la qualité maitresse requise : la puissance. Le public est comme l'Aventurière d'Augier, il faut qu'il sente une poigne qui le domine, dans de tels rôles. Il possède l'organe qu'il faut : profond et sûr, et aussi le masque, pouvant se transformer à l'infini tout en restant significatif et personnel.

Il fut reçu pensionnaire de la Comédie-Française en 1889 et débuta dans le rôle de Don Salluste, de *Ruy Blas.* Et alors commença une plus calme existence. A l'Odéon, P. MOUNET avait pu montrer toute la souplesse d'un talent ardent, toute l'intelligence d'un artiste; à la Comédie, on le confina dans un *emploi.* Il fut condamné à la barbe blanche à perpétuité. On l'aperçoit de temps en temps dans le répertoire classique ou moderne, et on lui a fait créer en cinq ans : *Par le Glaive* (Conrad le Loup), *La Reine Juana* (marquis de Dénia), *Le Voile* (Jean), *Conte de Noël* (Saint Nicolas), et c'est tout. Il est vrai que tout récemment il a pu se produire dans Mathis, du *Juif Polonais,* et faire oublier Got, sinon Tallien. Il fait de Mathis une figure shakespearienne. Il y est superbe. Son succès va le remettre en vedette et les auteurs, souhaitons-le, sauront désormais l'exiger pour leurs pièces nouvelles.

A la ville c'est, nous l'avons dit, un bon vivant. Il habite la même maison que son frère. Quand on demande à PAUL son opinion sur son frère : « C'est le plus grand comédien du jour », s'écrie-t-il. Et si l'on rapporte le mot à Mounet-Sully : « C'est PAUL qui a du talent, plus que moi », répond notre grand tragédien. Il faut conclure de tout ceci que ces deux frères sont au premier rang de l'art dramatique français.

MOUNET (JEAN-PAUL) né à Bergerac, le 5 octobre 1847. Docteur en médecine, août 1880. Joue pour la première fois à Versailles Pylade d'*Andromaque,* puis à Etampes et à Fontainebleau. Débute a l'Odéon en 1880 : *Horace* (le jeune Horace), 18 octobre 1880 ; *Iphigénie* (Achille), 7 février ; MADAME DE MAINTENON (de Sainte-Croix), 12 avril 1881 ; STANCES A VICTOR HUGO (matinée du 26 février 1882); *Charles VII chez ses grands vassaux* (Yacoub) 2 octobre; AMIRA (Tarven) 29 novembre 1882; FORMOSA (Warwick), 16 mars 1883; SEVERO TORELLI (Gian-Battista Torelli) 21 novembre 1883. Direction Porel : *Antony* (Antony), 18 avril 1884 ; LE MAKI, 25 septembre; *Macbeth* (Macbeth) 31 octobre 1884; *Mahomet* (Mahomet) 16 mars; l'*Arlésienne* (Balthazar), 5 mai ; *Venceslas* (Venceslas) 29 août ; CYNTHIA (Hylas), 28 octobre ; LES JACOBITES (Angus), 21 novembre 1885 ; *Zaire* (Orosmane) 22 mars 1886; LE SONGE D'UNE NUIT D'ÉTÉ (Obéron), 14 avril; *Les Fils de Jahel* (Antiochus), 11 octobre; *Michel Pauper* (Michel) 15 décembre; *Le Lion Amoureux* (Humbert), 31 décembre 1886, NUMA ROUMESTAN (Numa) 15 février 1887; BEAUCOUP DE BRUIT POUR RIEN (Léonato) 8 décembre; *Claudie* (le Père Rémy); *Le Cid* (Don Diègue), 26 janvier 1888 ; L'AVEU (le Général), 27 mars ; LA MARCHANDE DE SOURIRES, 21 avril; CRIME ET CHATIMENT (Rodion), 15 septembre; *Caligula* (Aquila), 2 novembre 1888; *Macbeth,* 3 février 1889; *Fanny Lear* (de Noriolis), 14 février ; les *Erinnyes,* (Oreste) 16 mars ; a joué aussi Hippolyte, Néron, le vieil Horace, Oreste, le Pauvre de *Don Juan,* le Mari de JACQUES DAMONT, le Commandant de Mlle DARGENT, etc. — GALATHÉE de Mme Adam, au théâtre des Nations ; a jouée *Tartufe* à Versailles. Le 15 juillet 1889, débuts à la Comédie-Française, dans *Ruy-Blas* (Don Salluste), puis dans *Horace* (le vieil Horace), 11 août 1889, et dans *Jean Baudry* (Jean) 17 septembre 1889. En 1890 et en 1891 ne parait que dans le répertoire. En 1892 : PAR LE GLAIVE (Conrad) 8 février ; *Athalie* (Abner) 28 avril; *Britannicus* (Burrhus), 29 août ; *Le Juif Polonais* (Le Songeur), 19 Septembre; la *Mort de César* (César) 22 septembre. — En 1893 : *Don Juan* (quatrième acte, Don Luis); *Andromaque* (Pyrrhus) 25 avril; la *Reine Juana* (marquis de Dénia) 6 mai ; *Précieuses Ridicules* un porteur avec Silvain, à la représentation de retraite de Febvre : 6 juin ; *Antigone* (Tirésias) 21 novembre; *Bérénice* (Titus , 21 décembre, *Œdipe-Roi* (Tirésias). — En 1894 : *Antigone* (Créon) 2 janvier; *Horace* (Horace) 15 mars; *Le Voile* (Jean), 21 mai ; *Les Deux Cid* (le Cid Espagnol) 6 juin; *Severo Torelli* (Barnabo , 28 août; *Vers la Joie* (Bruin); *La Fille de Roland* (Charlemagne, *Ruy-Blas* (Don Ruy Gomez de Silva). — En 1895 : *Conte de Noël* (Saint-Nicolas); *Le Juif Polonais* (Mathis), août; *Le fils de l'Arétin* (Chevalier Bayard); *Athalie* (Joad); au Trocadéro, octobre 1895. Sociétaire de la Comédie-Française depuis le 14 février 1891. Officier de l'Instruction publique.

Lorsque tout est fini......
T'as le Vin Mariani !.....
Dr Vaucher Gourmet

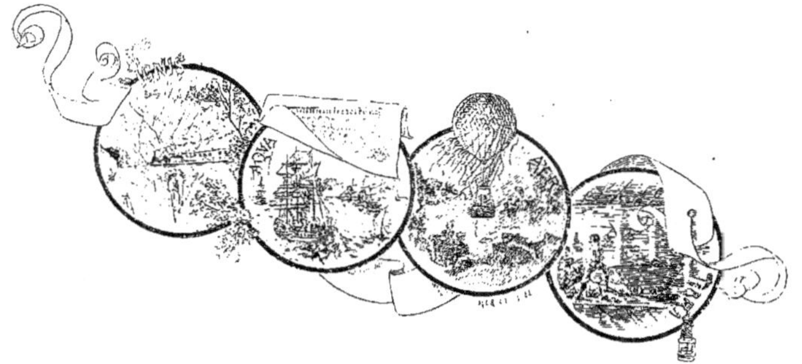

M. NOBLEMAIRE

Joseph-Philippe-Gustave Noblemaire, ingénieur en chef des Mines, directeur de la Compagnie des Chemins de fer Paris-Lyon-Méditerranée, commandeur de la Légion d'honneur, est fils de Joseph-François Noblemaire et de Victorine Malot. Il est né à Dieuze (Meurthe), le 27 avril 1832.

Sa vie de labeur est toute en dates, de poste en poste ; il gravit les échelons un à un, jusqu'à occuper la haute situation actuelle :

Il fut admis en 1851 à l'Ecole Polytechnique ; il en sortit en 1853, avec le N° 3. Reçu élève-ingénieur des Mines le 15 novembre de la même année, M. Noblemaire fut promu ingénieur ordinaire de troisième classe, le 10 janvier 1857 ; de deuxième classe, le 29 décembre 1859 ; de première classe, le 30 juillet 1867 ; ingénieur en chef enfin, le 13 décembre 1880. Directeur de la Compagnie des Chemins de fer du Nord de l'Espagne, de 1862 à 1869, il fut ensuite attaché à la Compagnie Paris-Lyon-Méditerrannée. Il fut d'abord, comme directeur de ses Chemins de fer Algériens, l'un des auxiliaires les plus actifs et les plus intelligents de Paulin Talabot. Désigné depuis plusieurs années par celui-ci au Conseil d'Administration comme le plus digne, M. Noblemaire fut appelé, en 1882, au poste éminent qu'il occupe, en remplacement de M. P. Talabot, nommé directeur honoraire.

M. Noblemaire a conservé, pour la mémoire de l'homme éminent qui fut son maître et son ami, un véritable culte qui leur fait honneur à tous les deux. Le Directeur actuel de la Compagnie P.-L.-M. est un artiste : il joint à ses qualités professionnelles de remarquables aptitudes aux Beaux-Arts. Pendant plusieurs mois, entre autres, il consacra ses loisirs à l'exécution d'un buste de son prédécesseur respecté. Aujourd'hui cette œuvre orne la salle des délibérations du Conseil d'Administration de la Compagnie et une reproduction peut se voir dans la belle salle des Pas-Perdus de la gare de Marseille.

Lorsque M. Noblemaire fut appelé à la tête de l'importante Compagnie, la situation était fort grave. Le nouveau Directeur justifia pleinement la confiance de M. Talabot et des administrateurs, notamment dans la discussion des Conventions de 1883 et dans l'établissement du nouveau système de tarification imposé aux Compagnies, dont il a atténué, avec une remarquable habileté, les inconvénients. Par son attitude à la fois ferme et conciliante, il a pu dissiper bien des préventions et sauvegarder, dans la mesure du possible, les importants intérêts qui lui étaient confiés. Tous les hommes compétents en la matière s'accordent à reconnaître que, dans cette période critique, son prédécesseur n'eût pas autrement agi, ni obtenu de meilleurs résultats, — et ce n'est pas là, on le devine, un médiocre éloge.

Ses discours, une étude remarquable sur la Vie et les Travaux de Didion, l'ancien et digne collaborateur de M. P. Talabot, une Notice biographique sur *Alexandre Surrel*, enfin des plaquettes sur des questions techniques, et un bel article dans la *Revue des Deux-Mondes* (1er novembre 1890) prouvent que M. NOBLEMAIRE peut être aussi, à l'occasion, un orateur et un écrivain fort distingué. Ces études sont des résumés historiques aussi instructifs qu'attrayants des débuts difficiles et vite glorieux de l'industrie des Chemins de fer en France.

Ses biographies de Didion et d'Alexandre Surrel entre autres, sont un digne monument élevé à la gloire de ces deux vaillants ouvriers de la première heure.

Chevalier de la Légion d'honneur depuis 1869, M. NOBLEMAIRE a été promu officier le 18 janvier 1881 et commandeur par décret présidentiel du 6 juillet 1887 pour services exceptionnels rendus au département de la guerre, comme membre de la Commission militaire supérieure des Chemins de fer. Bien qu'encore dans la force de l'âge, il comptait déjà à cette date trente-six ans de services.

Décorations étrangères : Commandeur des ordres d'Isabelle la Catholique, de Charles III, du Christ, de la Conception de Villaviciosa, de Saint-Michel de Bavière, de Saint-Stanislas de Russie et des Saints Maurice et Lazare.

Comme Directeur de l'immense réseau du P.-L.-M., M. NOBLEMAIRE a sous ses ordres, il faut le noter, un personnel d'environ soixante mille hommes : ingénieurs, employés d'administration, mécaniciens et ouvriers formant une véritable armée dont il faut régler et gouverner tous les services, depuis les plus élevés jusqu'aux plus humbles, avec une absolue précision.

Au physique, c'est en plus petit un portrait frappant du prince-président de 1850 : mêmes moustaches guerrières et barbiche pareille. L'allure militaire, comme il convient. Suffisamment autoritaire ; ce qui ne l'empêche pas d'être respecté et aimé de tous ses subordonnés. C'est un bon « patron ».

NOBLEMAIRE (J.-PH.-GUSTAVE), ngénieur et administrateur rançais, né en Lorraine le 27 avril 1832, fils d'un officier, commença ses études au collège d'Auxonne (Côte-d'Or), les acheva à Dijon et entra en 1851 à l'École Polytechnique. Il en sortit dans les Mines, comme élève de seconde classe, en 1853. Successivement ingénieur de troisième classe le 19 janvier 1857, ingénieur ordinaire de deuxième classe le 29 décembre 1859 et de première classe le 30 juillet 1867, il obtint un congé illimité pour entrer dans le service des Chemins de fer. Après avoir été directeur, en 1864, des Chemins de fer du Nord de l'Espagne, puis de ceux de l'Algérie, il fut mis à la tête de la Compagnie Paris-Lyon-Méditerranée. M. NOBLEMAIRE, signalé par sa participation aux travaux des comités et réunions des directeurs et ingénieurs de Chemins de fer, a présidé, au mois d'août 1892, le Congrès international tenu à Moscou, par les principaux représentants de cette importante branche de l'industrie moderne. A collaboré à la *Revue des Deux-Mondes*. — Officier de la Légion d'honneur depuis le 18 janvier 1881, il a été fait commandeur le 6 juillet 1887. Brochures signées de son nom : *Les prix de revient sur les Chemins de fer et la répartition du trafic*, Dunod, 1887. — *Les Chemins de fer départementaux*, Dunod, 1889. — *La tarification sur les Chemins de fer et les tarifs de pénétration*, bureaux de la *Revue des Deux-Mondes*, 1890.

à Warsan

J'ai dépassé sans trop d'accros et sans tristesse
Ce que fleurent nomment la première jeunesse
Me la rendre serait peut être un mauvais tour,
Je n'y tiens; il faut bien que chacun ait son tour

9bre 1894   G. Rollemaite

Madame PASCA

—

ᴀɴs la préface des *Idées de Madame Aubray*, M. Alexandre Dumas fils a dit que le théâtre est la véritable vocation de toutes les femmes. D'après l'illustre auteur dramatique, elles sont rares, même parmi les plus haut placées, celles qui, à un certain moment de leur vie, n'auraient pas souhaité d'être de grandes comédiennes. Il y a là une libre expansion de tout l'être, une confidence à tous qui les tente. Elles sentent que c'est le lieu où elles pourraient le plus exercer leur action et imposer leur empire.

Mᵐᵉ Pᴀsᴄᴀ, qui devait être une des reines de la scène, a commencé par apprendre le chant. Le maître éminent que nous venons de citer, Alexandre Dumas fils, fut un jour invité par le professeur Delsarte à venir entendre chez lui une femme du monde qui se destinait au théâtre. Cette femme du monde, c'était Mᵐᵉ Pᴀsᴄᴀ, et le grand écrivain nous a conté l'impression reçue :

« Je me rendis donc chez Delsarte et je m'y trouvai en présence d'une des plus séduisantes personnes qu'on pût imaginer. Des cheveux noirs comme l'ébène, un teint mat et ambré qu'un poète d'Orient aurait pu comparer à du miel nouveau, des yeux noirs, brûlants et tendres, tragiques et caressants, promettant des colères soudaines et des pardons durables, bien enchâssés dans leurs orbites, couronnés de grands sourcils noirs, tout près de se rejoindre à la base d'un nez fin, aux narines légèrement soulevées, qu'on eût vainement cherché dans les figures de Phidias, mais qu'on eût retrouvé tout de suite dans celles de Germain Pilon, de Houdon, de Clodion même ; enfin, autour des yeux et sur les paupières, comme légèrement étendue avec le pouce par un de ces trois maîtres, cette teinte bistrée qui, dans la tradition astrologique, est une des signatures de Vénus.... J'avais là, réunis en une seule personne, toutes les fermetés, toutes les souplesses, toutes les garanties, tous les contrastes de la nature la plus exubérante et de la séduction la plus pure, quelque chose comme une de ces déesses chantées par Virgile, fondue dans cette marquise au sein bruni chantée par Musset. »

Que de portraits du Musée du Louvre et signés de noms immortels ne valent pas celui-là ! En même temps que Dumas fils était conquis, il avait deviné en Mme Pasca l'héroïne nerveuse et vibrante de ses comédies dramatiques, celle qui mettrait au service de sa gloire son verbe passionné, les cris de son âme ardente et l'éclair de ses yeux troublants.

La jeune artiste débuta au Gymnase dans une reprise du *Demi-Monde*. Ce n'était pas une petite affaire que de jouer Suzanne d'Ange après Mme Rose Chéri. Mme Pasca n'en donna pas moins à ce personnage une note toute personnelle due à sa distinction native. Avec ses grands airs, cette nouvelle baronne d'Ange semblait avoir vraiment le droit de réclamer dans toute la société la place qu'elle voulait y usurper par des moyens inavouables. Elle produisait un moment cette illusion qu'en la faisant pénétrer dans le monde, M. de Najac eût aidé la Providence à réparer un oubli. Elle n'y aurait jamais fait tache.

C'est dans les *Idées de Madame Aubray* qu'elle obtint son triomphe le plus éclatant. Nous avons voulu relire le feuilleton de M. Francisque Sarcey pour donner l'impression exacte produite par Mme Pasca.

« Je ne serais pas éloigné de croire, dit le critique du *Temps*, que c'est le rôle où elle s'est montrée le plus complètement à son avantage. Il y a dans le personnage un tour d'exaltation romanesque que Mme Pasca avait rendu avec un art incomparable. Mme Aubray est une mystique, et les bonnes gens auraient dit d'elle qu'elle avait reçu un coup de marteau. On sentait chez l'actrice cette fièvre de dévouement absurde, et qui eût été malaisément acceptable si la pièce avait rencontré une autre interprète. »

Alexandre Dumas fils assure que le secret de la supériorité de Mme Pasca au théâtre, c'est qu'elle croit à ce qu'elle dit. Elle vit ses rôles ; elle pleure ; elle souffre. Elle s'évanouit dans les entr'actes, de crainte, de fatigue, de joie ; et cette sincérité, cette conviction, cette émanation, pour ainsi dire, de toute la personne, enveloppent peu à peu le public et le mènent finalement au degré d'exaltation où la femme se trouve.

Le rôle de Fanny Lear ajouta encore à la réputation de Mme Pasca. Tout-Paris se rappelle la façon dont elle disait : *Je suis tenace !*

La *Séraphine*, de Sardou, fut une nouvelle victoire. Comme, au troisième acte, elle prêtait aux supplications de la mère qui conjurait sa fille d'entrer au couvent, un accent profond, un mysticisme touchant et farouche !

Après ces splendides créations, Mme Pasca partit pour Saint-Pétersbourg où elle a joué tous les grands rôles du répertoire de la Comédie-Française, du Vaudeville et du Gymnase. Quand elle revint à Paris elle fut tour à tour la comtesse Romani et Mme Desvarennes, dans *Serge Panine*. Elle fut aussi la comtesse Danicheff, et tout le monde se souviendra de cette magnifique incarnation de l'orgueil aristocratique qui ne s'évanouit, après de longs combats, que devant l'amour maternel.

Et la suite de cette histoire ? Nous voudrions bien la voir à la Comédie-Française.

M. POUBELLE

P RÉFET du département de la Seine depuis 1883, M. Pou-
BELLE est celui de nos administrateurs qui a gardé le plus
longtemps ces hautes et difficiles fonctions. Il représente le
gouvernement auprès de quatre-vingts conseillers municipaux dont la plupart ont manifesté dans leur programme le désir
de n'être pas faciles à gouverner, désir qu'ils essayent d'exaucer à
chaque nouvelle séance.

Nos édiles ont trouvé en M. POUBELLE non pas un adversaire
mais un guide doublé d'un diplomate et d'un jurisconsulte de premier ordre. Avec lui, la discussion ne s'égare jamais : les person-
nalités ne s'y mêlent pas, les hors-d'œuvre sont écartés, et, malgré
la fougue de quelques tribuns de notre Hôtel de ville, quand
M. POUBELLE apparaît, il y a encore de beaux jours pour la logique.

M. POUBELLE a débuté dans cette Université de France qui a fourni tant
d'hommes éminents à la politique. Il a été professeur des Facultés de droit à
Caen, où il avait pour collègue l'illustre Demolombe.

Quand la guerre éclata, le jeune professeur occupait, en qualité de titulaire,
la chaire de droit civil ; mais ce n'était pas le moment de préparer des étudiants
à triompher aux examens : la France avait plus besoin de soldats que de licenciés
en droit. M. POUBELLE s'engagea dans un régiment d'artillerie et, pendant le
siège de Paris, il fut décoré de la médaille militaire après avoir fait preuve de la
plus grande bravoure. L'insigne des héros modestes sur la robe du professeur,
c'était un beau rêve accompli, et le jour où il le vit briller sur sa poitrine pour
la première fois, il dut se répéter avec fierté les trois mots classiques : *Cedant
arma togæ.*

Dès que le traité de Francfort fut signé, M. POUBELLE, dont le ferme répu-
blicanisme était bien connu, entra dans l'administration centrale où il devait
certainement rendre plus de services que dans une Faculté de province.

Préfet de la Charente en 1871, de l'Isère en 1872 et de la Corse en 1873,
il donna sa démission après le renversement de M. Thiers. Il reprit possession

de sa chaire de professeur avec l'espoir de voir son pays gouverné par des hommes plus libéraux.

Le 22 janvier 1878, M. Poubelle était appelé à la préfecture du département du Doubs, d'où il passa, deux ans après, à la préfecture des Bouches-du-Rhône. L'administration de la ville de Marseille n'est pas à la portée de tout le monde, et bien des fonctionnaires s'étaient usés au contact de ces Méridionaux remuants, qui, en politique, ne pardonnent pas à leurs adversaires d'être plus turbulents et plus violents qu'eux-mêmes.

Il se montra tolérant mais ferme : on s'habitua à sa main gantée mais solide, et les Marseillais l'auraient longtemps regretté s'ils n'avaient considéré comme un honneur qui leur était bien dû, celui de voir M. Poubelle appelé à la première préfecture de France.

C'est en 1883 que le gouvernement de la République lui confia l'administration du département de la Seine.

Quelques mots sur ses prédécesseurs trouveront ici leur place. Après le 4 septembre 1870, la Défense nationale substitua au préfet de la Seine, — c'était le baron Haussmann, — un maire de Paris, M. Étienne Arago, pour l'administration de la ville, et un délégué, M. Jules Ferry, pour l'administration du département. M. Arago ayant donné sa démission le 15 novembre 1870, M. Ferry le remplaça avec le titre de délégué à la mairie centrale.

Ce n'est que le 24 mai 1871, au moment où les troupes luttaient encore dans les rues de Paris contre l'insurrection de la Commune, que la préfecture de la Seine fut rétablie par M. Thiers, qui y nomma M. Jules Ferry.

Dix jours après, ce dernier résigna ses fonctions et fut remplacé le 6 juin par M. Léon Say. Une réorganisation complète fut alors opérée dans les services de l'administration centrale du département de la Seine. M. Léon Say la divisa en trois grandes directions, correspondant aux finances, à l'administration centrale et aux travaux publics. Il s'appliqua aussi à réorganiser les services municipaux sur un plan uniforme.

M. Calman succéda le 7 décembre 1872 à M. Léon Say, et fut remplacé, le 28 mai 1873, par M. Ferdinand Duval. Ce dernier resta en fonctions jusqu'au 25 janvier et il eut pour successeurs, d'abord M. Hérold, puis M. Floquet.

C'est après les quelques mois d'administration de M. Floquet que M. Poubelle fut nommé préfet de la Seine.

Il y a dix ans qu'il occupe ces hautes fonctions avec une supériorité qu'on ne lui conteste pas. Il a traversé des temps difficiles, sans laisser tomber une parcelle de son autorité, et tous les membres des assemblées municipales qui se sont succédé ont rendu hommage à sa haute valeur et à son caractère.

M. Poubelle a conquis tous nos édiles par les mêmes moyens que M. Alphand qui fut si longtemps son illustre collaborateur : à force de compétence et d'impartialité.

En 1889, l'éminent préfet de la Seine a été chargé par le gouvernement d'aller, en exécution de la loi du 10 juillet de cette même année, recevoir des autorités allemandes de Magdebourg la dépouille de Lazare Carnot.

POUBELLE (Eugène-René) est né à Caen, en 1825. Professeur des Facultés de droit à Caen, d'abord, à Grenoble et à Toulouse ensuite, il s'engagea en 1870, et fut décoré de la médaille militaire. Après la signature du traité de Francfort, il fut nommé préfet de la Charente (1871), de l'Isère (1872) et de la Corse en 1872. Après le renversement de M. Thiers, il quitta l'administration et reprit sa chaire. En 1878, il fut appelé à la préfecture du Doubs, et en 1880, à celle des Bouches-du-Rhône. Enfin, en 1883, il devint préfet de la Seine. M. Poubelle est commandeur de la Légion d'honneur et officier de l'Instruction publique.

Ton vin, Mariani, convient au sage austère :
Il maîtrise ses nerfs, il assouplit sa voix
Et, dans nos jours confus, il leur donne, à son choix,
Le pouvoir de parler, la force de se taire.

Février 93   Poubelle

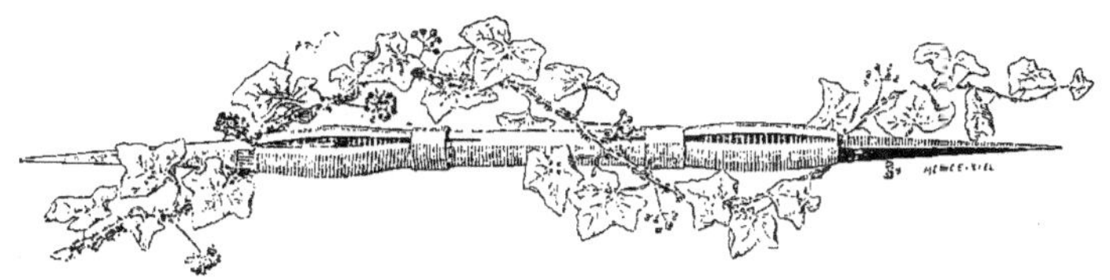

FRÉDÉRIC RÉGAMEY

L est le plus jeune de trois frères artistes : l'aîné, Guillaume, peintre militaire, mort il y a une dizaine d'années ; le cadet, Félix, le japonisant à outrance, l'auteur du *Cahier rose de Madame Chrysanthème,* cette aimable défense des jolies mousmées ; enfin le nôtre : FRÉDÉRIC, « l'unique peintre de l'escrime » ; ce qui ne veut pas dire qu'il fasse uniquement de la peinture d'escrime. Nous le verrons plus loin.

D'origine suisse, mais né à Paris et naturalisé français, peu après la guerre où il fit son devoir : il fut de Champigny.

Grand, vif, portant crânement sa tête moustachue et barbue de noir coupé court, les yeux toujours en partance vers des rêves, grand marcheur (j'en sus quelque chose hier quand je lui demandai quelques notes précises sur lui et qu'il m'emmena dans la rue, oublieux de mes jambes plus courtes que les siennes), grand escrimeur comme de raison, et depuis des mois bicycliste enragé, tel apparaît notre homme.

J'ai bien vu quelque part qu'il était élève de M. Lecoq de Boisboudran, mais je préfère croire à l'indication du Catalogue de l'exposition des Incohérents (année 1882) : *Frédéric Régamey,* élève de la nature.

Fils d'un chromolithograveur, il fit longtemps de la chromolithographie ; ce furent des années perdues. Puis il se libéra, fit un tas de métiers, sans inquiétude, à la bonne franquette. Il était de ces jeunes rapins d'alors qui, en riant, se consolaient de la perspective possible de n'être que des ratés de l'art, en songeant qu'ils pouvaient, comme dédommagement, monter une superbe baraque de saltimbanque.

Enfin sa vie devint un catalogue d'expositions. Il est des Champs-Elysées et du Volney. La dernière fois que je le vis (je veux dire hier), il terminait avec des soupirs d'homme pressé et mécontent une grande toile théâtrale : *Paul Mounet dans le rôle de don Salluste,* tête énergique, poing serré, et manteau en pleine lumière de rampe ; l'œuvre est destinée au Salon de 1895 et elle y sera remarquée. Mais n'anticipons pas.

Dès 1881 il avait illustré de nombreuses gravures fort curieuses et documentaires l'*Histoire du second Empire,* de Taxile Delord. Il collabora ensuite, avec le baron de Vaux, au livre *Le Sport à Paris.* La même année, il exposait *Au Luxembourg,* un des meilleurs paysages du Salon de cette année-là.

En 1886, un gros succès dans le genre qu'il devait adopter définitivement : *L'assaut de Lafauchère avec le comte de Bondy.* C'était une très exacte reconstitution, et le tableau est devenu populaire dans le monde de l'escrime. Frédéric Régamey fut dès lors l'officiel peintre de ces messieurs du fleuret. Laissons la parole à un spécialiste ; M. de Caters s'exprime ainsi dans la *Revue des Sports* du 19 décembre 1891 : « Le baron d'Ezpeleta me disait : « L'escrime rend fou ; tous « les escrimeurs sont fous. » Une folie douce, rassurez-vous, d'aimables ou de curieuses perceptions, une exquise illusion réflexe, d'étonnantes visions, la conviction de la réalité du rêve, qui va de l'espérance lointaine au pontificat cossu, fauteuillant, discoureur, dogmatique, encyclique, bullique. Rien n'échappe de nos discours ; du bout du crayon, Régamey saisit la phrase sur la lèvre, le dialogue, le discours dans ce qu'ils ont de plus aigu, de plus abracadabrant, tout comme il saisit les phases les plus embrouillées, les plus mouvementées, d'un assaut électrique ou tropical, fulminant ou pôlenordesque. »

Et, en effet, qu'il évoque des assauts du temps jadis ou qu'il s'attache à ses contemporains, le même souci de faire vivant et vrai l'étreint. Il s'applique à la composition des costumes, à la ressemblance des visages et, tout autour, c'est un enchantement de couleurs. C'est sa poésie à lui, ce feu d'artifice. Parmi les étoffes, il y a comme des rappels d'éclairs de fleurets au soleil...

En 1888, les *Ateliers*, série intéressante au point de vue du document. Nous pénétrons tour à tour chez MM. Carolus Duran, Chaplin, Cabanel, Henner, Saint-Pierre, Lefebvre, Bonnat, Machard, Wencker, etc.

En 1889, M. Vigeant (vous attendiez ce nom, n'est-ce pas, auprès de celui de notre peintre) publie un *Almanach de l'Escrime*. Frédéric Régamey l'orne d'eaux-fortes. Au Volney, cette année-là : *Duel militaire;* une séance de sabre.

En 1891, il fit, au très vivant et très intelligent Cercle Artistique de Bruxelles, une exposition d'ensemble de son œuvre (partie escrime et partie humour) dans laquelle on remarqua la grande aquarelle *L'Escrime en Belgique,* qui ne contenait pas moins de cent cinquante portraits, tous très ressemblants. Nous vîmes cet énorme travail au Salon de l'année d'après.

En 1895, il envoya au Volney une aquarelle très impressionnante : la *Forêt de Soigne,* qui pouvait porter en épigraphe ces mots du poète :

> Grands bois, vous m'effrayez comme des cathédrales.
> Vous hurlez comme l'orgue, et dans vos cœurs maudits,
> Chambres d'éternel deuil où vibrent de vieux râles,
> Répondent les échos de vos *De Profundis!*

Frédéric Régamey employa toute matière pour rendre ses pensées : huile, aquarelle, pastel, crayon, plume, eau-forte..., mais, quel que soit le procédé, il demeure le même artiste au talent net, précis, fier, musclé. Pour employer une expression tirée de l'escrime, c'est de l'art qui est toujours *en garde.*

Il habite la petite rue Rousselet, près de la rue de Sèvres ; une vieille maison que précède une cour toute tapissée de vigne-vierge. Son atelier, calme, un peu obscur, a près de lui un petit salon, boudoir tout entouré de fenêtres en ogives et les vitres, sur lesquelles poussent en dehors du lierre et des clématites, prennent des allures de vitraux.

RÉGAMEY (Frédéric), né à Paris, il y a une quarantaine d'années. Son père était Suisse, mais Frédéric se fit naturaliser Français après la guerre de 1870. Œuvres principales (peinture ou illustrations de livres : 1881, *Histoire illustrée du second Empire,* de Taxile Delord (Germer Baillière, éditeur). 1882, expose aux Incohérents : *Les Douceurs de la Paix* et *les Horreurs de la guerre.* 1883, dessins pour *Le Sport à Paris,* du baron de Vaux, et au Salon : *Au Luxembourg,* peinture. 1884, illustrations pour le roman de Mᵐᵉ Henry Gréville : *Perdue.* 1886, *L'Assaut de Lafaugère avec le comte de Bondy.* 1888 : *Les Ateliers.* 1889, illustrations pour l'*Almanach de l'Escrime* de M. Vigeant ; au Volney : *Duel militaire.* 1890, 1° M. *Vigeant réglant la mise en scène du duel d'Hamlet, à la Comédie-Française* (sépia) ; 2° *La Morgue de l'Hospice du Grand Saint-Bernard.* En 1891, exposition d'ensemble au Cercle artistique de Bruxelles. En 1892, au Salon : *L'Escrime en Belgique,* aquarelle qui lui valut une Mention honorable. 1893 : *Une réunion de maîtres titulaires de l'Académie d'armes.* 1894 : *Assaut dans la cour du Louvre en présence du roi Charles IX entre le duc de Guise et Pompée, maître d'armes italien.* — *L'Escrime française au XIXᵉ siècle.* 1895, au Volney : *La forêt de Soigne.* Collabora à la *Vie Parisienne,* au *Matin,* à la *Revue Encyclopédique.*

avant

Pendant

après

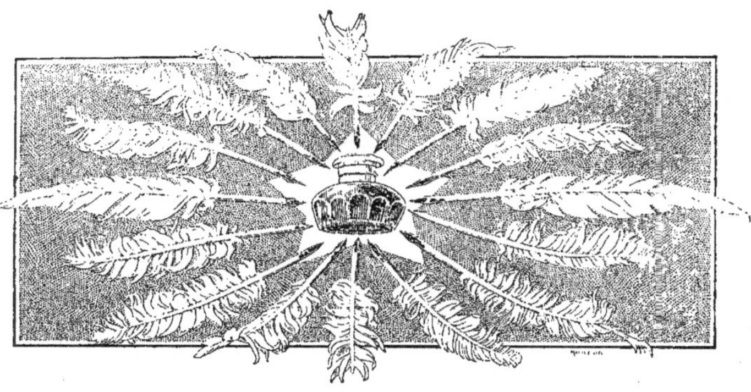

JOSEPH REINACH

PRÈS de très brillantes études, il fit, selon la coutume française, son droit. La licence acquise, il se lança dans la politique, sous les auspices de M. Thiers, puis de Gambetta. Il devint, à l'époque du 16 mai 1877, un des collaborateurs assidus de la *République française*. Lors de la formation du Cabinet du 14 novembre 1881, Gambetta, ministre des Affaires-Étrangères, le choisit comme chef de cabinet. Il rédigea l'exposé des motifs du projet de Revision de la Constitution.

Après la chute du ministère Gambetta, il entra dans la presse et s'y conquit très vite une situation importante. Il ne cessa de défendre la politique de l'Union Républicaine.

En 1878, il fit, au *XIXe Siècle*, un *Salon*, puis il fut envoyé en Orient et rapporta de sa mission deux volumes ; en 1889, il alla en Syrie et en rapporta des sujets d'articles que la *Revue Bleue*, le *XIXe Siècle*, le *Century* publièrent.

Devenu directeur de la *République française*, M. JOSEPH REINACH, l'un des premiers, combattit avec persistance les visées politiques du général Boulanger, contre lequel il réclama quotidiennement « l'application des justes lois ». Au cours de ces polémiques, il eut des duels avec M. Magnier et M. Paul Déroulède.

Aux élections de 1889, M. JOSEPH REINACH accepta la candidature dans les Basses-Alpes, contre M. Andrieux avec lequel il avait eu une très vive polémique ; mais l'ancien préfet de police abandonna ce département, dont il présidait le Conseil général, pour se présenter dans le IXe arrondissement de Paris, où il fut battu par M. Georges Berger... M. JOSEPH REINACH adressa aux électeurs de Digne une profession de foi dont il fait bon détacher ce passage :

« *Ni radical, ni opportuniste, mais républicain et patriote;* ma candidature a plus que jamais cette signification... La dictature, c'est la honte et c'est la guerre... Je veux la paix à l'extérieur, la paix fière, la seule qui soit digne de nous. Abaisser le drapeau français devant l'étranger serait une lâcheté. Rouvrir l'ère des entreprises coloniales serait une folie!... Je veux à l'intérieur la paix religieuse par la tolérance et la paix sociale par la solidarité. La politique républicaine doit être ferme et prudente ; il faut à notre démocratie laborieuse un gouvernement fort et stable qui assure *l'ordre dont le progrès n'est que le développement.* »

M. Joseph Reinach fut élu au premier tour par 5.819 voix contre M. Proal, député sortant, républicain revisionniste. Il prit une part importante aux travaux de la nouvelle Chambre. Il fut à plusieurs reprises membre de la Commission du Budget.

M. Joseph Reinach aborda pour la première fois la tribune dans la discussion sur l'élection de M. Joffrin à Montmartre contre le général Boulanger. Il défendit l'élection contestée et emporta la validation. Comme rapporteur du budget de l'agriculture, il fit voter le projet de loi sur les primes à la sériciculture dont il avait pris l'initiative. Quand le ministère Freycinet-Constans interdit la représentation de *Thermidor* à la Comédie-Française, M. Joseph Reinach se joignit à MM. Francis Charmes et Fouquier pour interpeller le Cabinet sur cette atteinte à la liberté de l'art dramatique. Le discours qu'il prononça à cette occasion amena M. Clemenceau à formuler en réponse, à la tribune, la fameuse théorie du *bloc.*

Officier d'ordonnance du général de Galliffet, M. Joseph Reinach suivit en cette qualité les manœuvres de l'Est en 1891 et publia à cette occasion dans la *Revue des Deux-Mondes* un article qui eut un grand retentissement.

Au moment des affaires de Panama, où le nom de son beau-père était cruellement mêlé, M. Joseph Reinach observa une attitude dont la correction fut appréciée de tous.

Il fut réélu à Digne, le 27 août, par 7.160 voix contre MM. Garcin, réactionnaire et Aubert, socialiste. A la Chambre de 1893, M. Joseph Reinach a pris l'initiative de la réunion des groupes des républicains de gouvernement et préconisé la constitution d'un cabinet homogène. Il fit partie de la Commission de l'Armée. C'est lui qui avait déposé le projet portant constitution d'un ministère des Colonies. Il est également l'auteur du projet (adopté) sur la création de la Caisse des Musées.

M. J. Reinach est devenu, depuis janvier 1894, un des *leaders* du *Matin.*

Dans son magnifique hôtel de l'avenue Van-Dyck, par la large véranda, la vue s'étend sur ce parc Monceau où l'on sent un peu trop, le long des pelouses, la main de l'homme, mais où les babys ravissants et les douces mamans fleurissent les allées si joliment. Et dans le cabinet de travail, entre les énormes bibliothèques, les maîtres du pinceau se coudoient. L'art chez soi, la beauté tout près, et dans les rêveries solitaires : l'Humanité à secourir et à guider.

<hr>

M. Joseph REINACH, né à Paris le 30 septembre 1856, a publié de nombreux ouvrages : *La Serbie et le Monténégro; Voyage en Orient,* 2 vol. ; *Les récidivistes; Le Ministère Gambetta; Léon Gambetta; Le Ministère Clemenceau; Discours et plaidoyers politiques de Léon Gambetta,* 11 vol. ; *Dépêches de la Défense Nationale* (Délégation Tours Bordeaux), 2 vol. ; *La logique parlementaire; Manuel d'enseignement primaire; Essais de littérature et d'histoire; Les petites Catilinaires : La foire boulangiste, Le cheval noir, Bruno le fileur* (contre le général Boulanger), 3 vol. ; *La politique opportuniste; Les grandes manœuvres de l'Est; La France et l'Italie devant l'histoire; Mon compte rendu; Les « Concione » français* (morceaux choisis de l'éloquence française depuis la Révolution jusqu'à nos jours); *Diderot* (Collection des grands Écrivains); *Pages républicaines* etc., etc.

à M. Mariani

Avant de parler : réfléchir et
prendre un verre de vin de Mariani ;
à la tribune, ne pas se troubler
& boire du café froid ; en descendant
de la tribune, fumer un cigare et
corriger ses épreuves avec soin

Joseph Reinach

RENOUF

enouf eut pour maîtres les peintres Boulanger, J. Lefebvre, Carolus Duran, Tony Robert-Fleury et Pelouze.

Depuis ses premiers essais, l'éminent artiste a passé sa vie au bord de la mer, au milieu de cette population de rudes travailleurs dont il aime à conter les luttes et l'existence.

Il débuta au Salon de 1890 par une vue des *Environs d'Honfleur*.

Depuis, c'est une longue série de superbes tableaux. Pour donner une juste idée de la maîtrise de Renouf, nous choisirons presque au hasard trois de ses toiles si unanimement admirées : *le Pilote, la Veuve* et *un Loup de mer*.

Sur la donnée des beaux vers de M. Fertiault :

> Le vent saute en hurlant; la mer est démontée:
> Rien ne pourrait tenir sur la vague qui bout.
> Mais, là-bas, un navire a sa marche arrêtée;
> Il lui faut un pilote...

Renouf nous a rendu l'âme, le cœur et le corps de ces braves sauveteurs qui se dévouent au salut d'un brick sur le point de sombrer, dans la profondeur de l'horizon. C'est à un brave pilote que revient l'honneur de cet élan sublime qu'il met à exécution. Il faut voir godiller le vieux loup de mer. Il ne perd pas de vue le navire en détresse et crie courage à ses vaillants compagnons dont le danger n'a pas troublé le calme habituel. Le foyer de ce drame puissant et complètement personnel est concentré sur ce pilote à la veste et à la culotte de cuir jaune, et les transes de sa direction anxieuse vous plongent dans une violente angoisse.

Il faut donc rendre honneur à ce vrai génie original de la peinture moderne, à Renouf qui, fuyant les sentiers battus par l'insignifiante phalange des poncifs, a cherché ses inspirations dans les beautés du cœur humain. Celui qui exécutait un pareil chef-d'œuvre élevait le niveau de la morale publique et se posait comme un des novateurs de la vraie et juste voie où doit entrer le grand Art.

La Veuve était une élégie touchante qui a fait verser bien des pleurs.

Dans ce cimetière, au bord de la plage, où la mer montante chante sa mélopée triste et infinie, en charriant ses galets et en battant le champ du repos de ses vagues irritées, la pauvre veuve est agenouillée, avec son fils, sur la tombe de son mari. Son enfant, qui comprend déjà l'étendue de sa perte, pleure à chaudes larmes, tandis que la mère, jeune encore mais résignée parce qu'elle croit, trouve dans sa foi la suprême consolation. Cette tête pure, enveloppée d'une capeline noire comme la robe, s'incline, et ses paupières baissées ne perdent pas de vue la place où reposent les restes de son cher époux, au milieu des autres pierres commémoratives dont la coloration verte prouve que la vague acharnée poursuit encore les épaves humaines qui lui ont échappé. On avait bien de la peine à s'arracher à cette scène de deuil, tant le peintre en faisait partager au spectateur le plus indifférent la tristesse poignante.

Le *Loup de mer* est à son poste et il tient la barre du gouvernail. Ce type énergique a quelque chose d'héroïque et, prêt aux futurs naufrages et aux tempêtes qui gronderont demain, il reste impassible et fier.

Ce beau type de marin plein d'expérience est familier au maître qui sait si si bien deviner sur la figure de ses modèles le calme qui cache le sang-froid, la prudence et la bravoure à toute épreuve.

Il ont réellement porté bonheur à Renouf, tous ces vaillants soldats de la mer qui livrent au hasard sombre une rude et incessante bataille.

Si Salvator Rosa s'exilait dans les Abruzzes pour peindre les brigands au coin de leur bois, en leur demandant quelquefois l'hospitalité, Renouf aime à vivre dans la cabane des pêcheurs et à fréquenter ces vieux pilotes, ces loups aguerris dont le regard pénétrant lance sous la pénombre de la casquette à visière l'étincelle qui défie le danger.

Et c'est avec la même vérité qu'il nous peint tout ce qui les entoure. « Je suis charmé du *Coup de main* de Renouf, écrivait Armand Silvestre en 1889. Ses vieux colliers de mâts cassés et garnis en lusin, sa vieille gaffe mangée par la rouille dévorante de la mer, ses tolets usés par l'aviron dont la saisine est en place, tout cela, joint à l'exactitude des costumes et des physionomies, complète un magnifique ensemble. »

Après le *Coup de vent*, l'*Epave*, le *Soleil couchant*, *En dérive*, les *Guetteurs*, et tant d'autres œuvres nobles et fortes ont achevé de consacrer la réputation du Maître dont le talent si simple et si sincère semble encore grandir à chaque nouvelle Exposition.

RENOUF (Émile) est né à Paris en 1843. Il exposa pour la première fois au Salon de 1870. Ses principaux tableaux sont, jusqu'en 1879 : *Une prise aux environs d'Honfleur ; Environs d'Honfleur ; Après la pluie au soleil couchant ; Tourne donc, mousse ; Une vallée dans le Finistère ; la Maison du haut du vent à l'embouchure de la Seine ; les Frimas ; Gelée du matin ; la Fin de la journée ; le Dernier radoub*, etc... Nous avons déjà signalé les principales œuvres qui suivirent. Renouf a obtenu, en 1880, une médaille de deuxième classe, et, en 1889, une médaille de première classe. Il fut, à cette occasion, nommé chevalier de la Légion d'honneur.

Mon cher Mariani
Je vous me gave
de votre vin et me
doute pas qu'il ne m
fait grand bien
Votre ami
E. Renouf

JEAN RICHEPIN

E flatte de n'être point de notre commune race. Ses « cs fins », ses « yeux de cuivre » et son torse d'écuyer, ont des origines mieux qu'aryennes. JEAN RICHEPIN est bien né à Médeah, en Algérie, en 1849, — mais son père était médecin militaire, et cette profession seule était coupable de cette transméditerranéenne naissance. Sa famille est originaire d'Ohis, en Thiérache (actuellement département de l'Aisne). Il y a un Richepin, violoneux-ménétrier au XVIIᵉ siècle, à Hirson, capitale de la Thiérache. Le romancier s'est souvenu de sa terre natale dans *Le Cadet* et dans *Miarka*, en somptueuses et vivantes descriptions.

Il eut une enfance « trimballée » de garnison en garnison, comme il dit lui-même. Le petit enfant de troupe vit tour à tour Pau, Bourg, Uzès, Lyon, Cambrai, le camp de Châlons, Versailles et Avignon. Puis son père partit pour la Crimée ; et l'enfant alla habiter à Paris, faubourg de Belleville, chez des amis de sa famille. Peut-être à cette époque prit-il ses premières leçons d'argot.

Le major revint en 1859. Le petit JEAN avait dix ans: on le mit au lycée Napoléon, où il resta six ans :

> Je ne regrette pas mon enfance. Les cours
> Du collège me sont un souvenir morose :
> Leçons, devoirs, pensums, haricots et chlorose,
> Et l'ennui qui suintait aux quatre murs des cours.

Le voici bachelier : « Je veux être poète », dit-il à son père. Son père vit beaucoup d'inconvénients à lui permettre d'écouter une si malencontreuse vocation. Il l'emmène à Douai et l'enferme au collège sous prétexte de lui faire compléter ses études. Après un an, le jeune homme commença, sous son père, ses études médicales. Un ami conseilla l'Ecole Normale. C'était un acheminement. Le jeune RICHEPIN entra à l'institution Massin ; au bout d'un an il était reçu à Normale (novembre 1868): « Je passai ma licence le premier de ma section, je l'avoue, écrit-il quelque part. Ma seconde année fut coupée par un congé de quatre mois, soi-disant pour cause de maladie. Puis la guerre arriva et je ne fus jamais cube. De mes seize mois à l'Ecole Normale, j'ai gardé quelques très bons souvenirs, deux ou trois chères et solides amitiés, le bénéfice de vives discussions philosophiques et littéraires dans une société d'esprits alertes, aiguisés, curieux, une copieuse provision de lectures substantielles et surtout l'entraînement aux longues séances de travail. »

Donc, Jean Richepin quitta l'École pour être un très brave franc-tireur, à a suite de Bourbaki. Entre temps il s'exerça au journalisme à Besançon.

Il passe la Commune à Paris et collabore au *Mot d'ordre*, au *Corsaire*, à la *Vérité*. La vie devient dure. Il se brouille avec sa famille, donne des leçons, puis est contraint de vagabonder : le Touranien reparaît. Il lance au vieux monde, comme une insulte, sa terrible *Chanson des Gueux*. Malgré une très belle défense de Me Rousse, son livre, dénoncé par le prude *Charivari*, lui vaut un mois de Sainte-Pélagie et 500 francs d'amende. En sortant de prison, il avait, comme l'on pense, encore plus de haine pour les sédentaires aryas. Il s'engage comme matelot à bord d'un navire marchand. Lorsqu'il fera plus tard paraître ce livre de chants marins : *La Mer*, il pourra dire sans mensonge :

> J'ai travaillé, mangé, gagné mon pain parmi
> Des gaillards à trois brins qui me traitaient de mousse.
> Je me suis avec eux suivé la gargarousse
> Dans leurs hamacs, et dans leurs bocarts, j'ai dormi.

Il fut débardeur sur le port de Bordeaux ! Puis il revint à Paris, ayant vécu, pouvant infuser de la vie à des héros. Il se jeta dans la mêlée littéraire. Il n'était point inconnu, il fut vite célèbre.

Il fit des pièces et les joua : *L'Étoile, Nana Sahib* sur le théâtre de Sarah Bernhardt. Plus tard, avec Ponchon, derrière les décors de Rochegrosse, il récita des rôles de marionnettes, au délicieux théâtre de son ami Bouchor.

Ses romans, ses livres de vers sont nombreux. On en verra la liste exacte plus loin. Mais, à mesure qu'il avance dans l'existence, il se sent plus attiré vers le théâtre. Il lui faut la vie libre des planches. Il aime à crier ou à faire crier ce qu'il dit, ce qu'il pense : *La Glu* ; *Macbeth* ; *Nana Sahib*; *Monsieur Scapin* ; *Le Flibustier* ; *Le Chien de Garde* ; *Le Mage* ; *Par le Glaive* ; *Vers la joie*.

Le Flibustier et *Par le Glaive* sont ses chefs-d'œuvre. Il y a, dans ces ouvrages, une grande force tragique et un bel élan vers la vérité.

Le chantre des *Gueux*, le débardeur aux puissants biceps, le Touranien dédaigneux, est aujourd'hui assagi, et vit en sage dans sa paisible maison de la rue Galvani... On voudrait le décorer. Mais le poète désire qu'auparavant on l'autorise à publier sa *Chanson des Gueux* sans points de suspension.

Un jour viendra peut-être où, moins orgueilleusement exigeant, le Touranien deviendra même académisable. Ce jour-là, l'habit vert aura trouvé un torse pas commun et les voûtes augustes auront des étonnements à entendre le puissant verbe de ce vrai poète !

RICHEPIN (Jean), poète, auteur dramatique et romancier. né le 4 février 1849 à Médéah (Algérie). Fils d'un médecin militaire originaire de La Fère (Aisne). Fit ses classes aux lycées Napoléon et Charlemagne, puis resta deux ans à Douai, commença sa médecine sous la direction de son père; entra à l'École Normale supérieure (lettres) en 1868. En 1870 s'engagea dans les Francs-Tireurs qui suivaient l'armée de Bourbaki. Après la guerre, il revint à Paris, collabora au *Mot d'ordre*, au *Corsaire*, à la *Vérité*. Fit une pièce avec André Gill, *l'Étoile*, qui fut jouée au Théâtre de la Tour d'Auvergne. Un peu après, il publiait la *Chanson des Gueux* qui, sur la dénonciation du *Charivari*, lui valut un mois de prison et 500 francs d'amende. A Sainte-Pélagie, il écrivit les *Morts bizarres*, et à sa sortie, il vécut de tous métiers bizarres : il fut matelot et, dit-on, débardeur à Bordeaux. Rentré à Paris, il devint rédacteur au *Gil Blas* et se jeta dans la mêlée littéraire. Bibliographie : *les Étapes d'un Réfractaire : Jules Vallès* (1872); *la Chanson des Gueux* 1878); *Madame André*, roman (1874); *les Morts bizarres* (1876), nouvelles; *les Caresses* (1877), volume de vers ; *la Glu*, roman (1881) dont il tira une pièce jouée à l'Ambigu (1883) ; *Quatre petits Romans* (1882) ; *Miarka, la fille à l'ourse* (1883) ; *le Pavé* (1883) ; *Macbeth*, traduction littérale en prose, Porte-Saint-Martin (1884) ; *Nana Sahib*, drame (1884), même théâtre ; *Sapho* (1884); *Séfine Maxime* (1884), étude ; *les Blasphèmes*, recueil de vers (1884) ; *la Mer*, poésies (1886) ; *Monsieur Scapin*, comédie en vers, Théâtre-Français (1886); *Braves gens*, roman (1887) ; *le Flibustier*, comédie en vers, Théâtre-Français (1888); *Césarine*, roman (1888) ; *le Chien de garde*, drame, Menus-Plaisirs (1889) ; *le Cadet*, roman (1890) ; *Truandailles*, nouvelles (1890) ; *la Mioloque*, causeries sur le théâtre (1892) ; *Par le Glaive*, drame, Théâtre-Français (8 février 1892) ; *le Mage*, livret de l'opéra de M. Massenet (Opéra, 1892); *Vers la Joie*, comédie, Théâtre-Français (1894).

A Angelo Mariani

Dussè-je m'exprimer mirlitonnesquement,
Sur vous, Mariani, voici mon sentiment !

J'adore la coca ; j'adore aussi le vin ;
Donc le vin de Coca m'est doublement divin.

Jean Richepin

HENRI ROCHEFORT

P RENEZ une demi-douzaine de gamins de Paris, rieurs, tapageurs, gouailleurs, dont le plaisir et même la raison d'exister est dans l'agitation, chapardeurs, sans nul calmant esprit de suite, — coiffez d'un bonnet de beaux cheveux blancs à la prince de Sagan et à la façon d'un clown poudré, — ajoutez beaucoup de sel, beaucoup de poivre et beaucoup de vinaigre et servez rouge, vous avez Rochefort.

C'est le plus spirituel des démolisseurs.

Et certains critiques retournent la proposition :

C'est le plus désagrégateur des hommes d'esprit.

Il y a des gens qui usent leur vie à vouloir bâtir.

De l'œuvre de Rochefort il ne restera que des décombres. Mais c'est peut-être par dessus ces décombres que s'échafauderont les palais de l'avenir, matériellement et moralement parlant.

On pourrait dire que l'instrument de travail de Rochefort est le tube de dynamite, si cet explosif n'avait été accaparé par quelques destructeurs moins amusants que celui qui nous occupe.

De chacun de ses quotidiens articles de l'*Intransigeant* se dégage, en effet, comme une odeur de poudre. C'est son encens à lui.

Fils d'un joyeux vaudevilliste, l'écritoire l'attira dès le collège. Il était encore à Saint-Louis quand il remporta un prix aux Jeux Floraux, avec un délicieux sonnet... à la Vierge ! Mais où sont les religiosités d'antan

Bachelier en 1850, il commença à étudier la médecine pour complaire à son père ; mais la science de guérir n'était pas son fait, il était trop impressionnable ; il fit une tragédie en cinq actes et en vers.

Puis le journalisme l'accapara (car ROCHEFORT trouva très vite sa voie), il écrivit au *Charivari*, à la *Presse théâtrale*, au *Nain jaune*, d'Aurélien Scholl, à l'*Évènement*, au *Soleil*, de Milliaud, à de magnifiques appointements, enfin au

Figaro quotidien. Bientôt M. de Villemessant fut mis en demeure de se séparer de son rédacteur ou de fermer boutique. C'est de cet acte violent du ministre Pinard qu'est née la *Lanterne* (1868). Le onzième numéro fut saisi. ROCHEFORT partit pour Bruxelles (cet hôpital politique de tous les blessés de la démocratie française, comme dit un biographe de Rochefort), d'où la *Lanterne* continua d'éclairer lugubrement les dernières années de l'Empire. Malgré toutes les précautions, la *Lanterne* passait la frontière, à la joie des républicains d'alors.

D'abord du Gouvernement de la Défense, il devint ensuite membre de la Commune. Aussi le 8 juillet 1873 était-il embarqué pour la Nouvelle, d'où il s'évada le 20 mars 1874 avec Jourde et Olivier Pain.

Élu député en 1885, il siégea très peu de temps. Il avait, en effet, promis à ses électeurs de faire voter l'Amnistie en faveur surtout des ouvriers grévistes ; sa proposition ayant été repoussée, il donna sa démission.

C'est à cette époque qu'HENRI ROCHEFORT fonda l'*Intransigeant*, qu'il dirigea à Paris jusqu'au fameux procès boulangiste, à la suite duquel il fut condamné à la déportation dans une enceinte fortifiée. Puis de Londres, il envoya une série d'articles qui étonnèrent par leur parisianisme à outrance. ROCHEFORT est un de ces rares esprits sur lesquels les milieux ne peuvent influer. Les brouillards londoniens laissèrent intacte la verve diabolique du grand pamphlétaire. D'ailleurs son talent a besoin de la stimulation de l'exil. Aussi, depuis son retour triomphal (Boulogne, gare du Nord, service d'ordre, enthousiasme public), nous nous demandons chaque matin ce que ROCHEFORT va bien inventer pour que de nouveau on en fasse une « victime ». Ne nous inquiétons pas : il trouvera.

Un peu de monotonie, c'est tout ce qu'on peut reprocher à ROCHEFORT. Mais peut-on reprocher au printemps d'être toujours fleuri ? Les très collets-montés voudraient aussi lui voir abandonner certaines expressions faubouriennes, certaines tournures de phrases un peu vives, pour lesquelles il semble avoir une prédilection fâcheuse. Mais il ne faut pas analyser un tel homme, un tel écrivain. C'est un bloc. Il faut tout prendre en lui ou tout laisser. Malgré ses défauts, ses exagérations, ses excentricités, ou bien à cause même de tout cela, il reste une personnalité très curieuse. Il représente une époque et toute une portion de l'âme française, faite du désir de justice et d'un amour outré pour exécuter (en jolis mots) ses propres verdicts. ROCHEFORT c'est le gamin de Paris qui n'a grandi qu'en âge. C'est un de nos plus parfaits journalistes de combat. C'est un de nos plus joyeux écrivains. Mais ses lecteurs ont peut-être tort de prendre toujours à la lettre ses flamboyants premiers-Paris. C'est la parade de la foire politique ; derrière la toile il y a plus de calme et beaucoup de sagesse. C'est d'ailleurs un des très rares journalistes français qui aient été logiques avec eux-mêmes. ROCHEFORT, qui a la renommée de l'infidélité, n'a en somme depuis l'Empire *jamais changé*... de caractère.

Comme homme, c'est un sympathique. Regard franc, conversation toute d'esprit et de haute raison, très bon, très généreux, il attire l'amitié et l'admiration respectueuses. Très brave, il ne compte plus ses duels ; il a beaucoup d'adversaires, il n'a peut-être pas un ennemi.

ROCHEFORT (VICTOR-HENRI, marquis de ROCHEFORT-LUÇAY, dit HENRI est né à Paris le 29 juillet 1831. Fils du vaudevilliste Edmond Rochefort. En dehors de sa collaboration active aux journaux que nous citons plus haut, HENRI ROCHEFORT a publié *Les petits mystères de l'Hôtel des Ventes* (1862), *La grande Bohème* (1866) ; *Les Français de la décadence* (1867) ; *Le Dépravé* (1875) ; *De Nimègue en Europe* (relation de son excursion à la presqu'île Ducos ; 1877), *Le Palefrenier* (1878 ; *L'Aurore boréale* (1879) ; *L'Évadé* (1880). Au théâtre : *Je suis mon fils*, un acte, avec Varin ; *Le petit cousin*, opérette, avec Ch. Devlin ; *Les roueries d'une ingénue* (1861) ; *Une martingale*, *Les mystères de l'Hôtel des Ventes*, *La vieillesse de Brididi*, *Un homme du Sud* (un gros succès), *La tribu des roueurs*, avec divers collaborateurs : Clairville, A. Wolff, Choler, Blum, Cham, Grangé, Pierre Véron ; et seul : la *Foire aux grotesques* et la *Confession d'un enfant du siècle*.

Cher monsieur Mariani,

Votre précieux vin a complètement
réformé ma Constitution. Vous devriez
bien en offrir au gouvernement français.

Henri Rochefort

GEORGES ROCHEGROSSE

ES peintres heureux n'ont pas d'histoire.

GEORGES ROCHEGROSSE est né à Versailles, le 2 août 1859. Beau-fils du grand poète Théodore de Banville, il fit « ses classes » chez lui et sous un bon maître, comme on peut penser. L'élève de Banville fleurit très vite comme quelque fleur rare mise à l'abri du froid dans une serre intelligente. Nous dirons tout à l'heure quel caractère pouvait dès le principe avoir un tel esprit.

Son premier professeur de dessin est Dehodencq. Puis dès douze ans, il devient élève de Lefebvre et Boulanger. Admis à l'Ecole des Beaux-Arts, il n'en continue pas moins à suivre les cours chez Julian (la grande usine moderne -- quel est le peintre qui ne soit point passé par l'Académie Julian ?). Cependant il est deux fois logiste à l'Ecole et pour la première fois, en 1882, il envoie au Salon un *Vitellius traîné dans les rues de Rome par la populace* qui attire immédiatement sur lui les regards : le jury lui accorde même une troisième médaille.

L'année suivante, gros succès, ROCHEGROSSE est célèbre : son *Andromaque* lui vaut une deuxième médaille et le *Prix du Salon*.

Puis chaque printemps, il expose, tantôt une de ces grandes toiles qu'il aime à travailler des mois, tantôt, en carte de visite, une délicieuse petite chose où la délicatesse remplace la force habituelle.

Un voyage en Italie, d'où il rapporte une fièvre typhoïde, un voyage en Afrique d'où il rapporte des documents pour une *Salammbô* encore à venir, et que les amateurs attendent avec impatience, telle fut la vie extérieure de l'auteur d'*Andromaque*.

Les peintres heureux n'ont pas d'histoire.

Et pourtant, ajouterait un Courteline ou un Alphonse Allais, ROCHEGROSSE est un peintre d'histoire.

Chacune de ses toiles a une haute portée ; l'artiste sait toujours dépasser l'anecdote pour se hausser à la vision d'une époque et presque toujours d'une époque tourmentée, en évolution. Il prend le monde aux angles du chemin, au moment où il va changer de face. Du terrible plane toujours dans ces toiles gigantesques qui sont les clous annuels du Salon des Champs-Elysées.

Voici d'abord *Vitellius*, puis *Andromaque* des bras de qui on arrache le petit Astyanax (les murs énormes, l'escalier monumental, des chairs meurtries, du sang partout, c'était très beau et le geste de la mère était superbe), puis la *Jacquerie* (tableau terrible et beau comme une page de Michelet : « Ils avaient beau se réfugier sous la terre, la faim les y atteignait... »), la *Folie du roi Nabuchodonosor*, la *Curée* avec cette épigraphe de Plutarque : « Tel qu'une bête féroce assaillie par les chiens, César se débattait entre toutes ces mains armées contre lui, car chacun voulait avoir la part au meurtre et goûter à ce sang comme aux libations d'un sacrifice. »

En 1889, c'est le fameux *Bal des Ardents* où la joie tourne en hideuse souffrance ; puis la *Mort de Babylone*, le chef-d'œuvre de ROCHEGROSSE peut-être : des fleurs luxuriantes, des femmes aux chairs merveilleuses, des coupes renversées, l'orgie aux derniers spasmes et, en orage grondant, l'arrivée de l'armée perse. Il y avait dans cette œuvre comme le heurt de deux civilisations, de deux ères. Un monde allait expirer, un autre monde allait naître. Et puis quelles couleurs étincelantes, quels tons de chairs, quelle perfection de lignes ! Le Luxembourg devrait posséder cette toile.

En 1894, son *Chevalier aux fleurs* étonna et fut très critiqué. C'est que les superficiels critiques et les encore plus irréfléchis visiteurs ne virent point que le peintre avait évolué, et s'essayait vers un nouvel idéal. Le *Chevalier aux fleurs* n'était point une simple illustration d'une page de Wagner, c'était la modernisation d'une légende, un personnage quasi historique servait à exprimer une idée. L'année prochaine (1896) les étonnés de 1894 seront complètement stupéfiés. ROCHEGROSSE n'exposera pas du ROCHEGROSSE. Cet artiste, comme les grands dont il est désormais, ne s'arrête jamais, il va toujours de l'avant, vers l'inexploré attirant, vers l'inconnu, vers le Beau deviné. Sa *Lutte pour l'Idéal*, que nous ne voulons pas décrire de peur de la déflorer, marquera une nouvelle phase dans la vie artistique de l'auteur de la *Mort de Babylone*. Son art consistera désormais à exprimer des idées générales, sans que le sujet *date*. Il désire que l'idée soit isolée dans le temps et puisse, de la sorte, acquérir une plus haute signification.

Une autre tendance de ROCHEGROSSE le pousse vers l'art décoratif. Nous pensons que c'est là la grande voie dans laquelle tous les grands artistes doivent s'engager, et ROCHEGROSSE mieux que beaucoup nous semble désigné pour une telle tâche. L'art décoratif, c'est l'art véritable, définitif. Le tableau n'est qu'un essai, une préparation. C'est du moins notre opinion.

ROCHEGROSSE (GEORGES) né à Versailles le 2 août 1859 ; élève de J. Lefebvre et Boulanger. Élève de l'École des Beaux-Arts. Deux fois logiste. Cours chez Julian. Salons : *Vitellius traîné dans les rues de Rome par la populace* (1882), médaille de 3e classe ; 1883, *Andromaque*, 2e médaille et Prix du Salon ; 1884, aux dessins : *Noir et Rose*, Aquarelle ; 1885, la *Jacquerie* ; 1886, la *Folie du roi Nabuchodonosor* ; 1887, la *Curée* et *Salomé danse devant le roi Hérode* ; 1888, aux Dessins : *Japon chez soi*, pastel ; 1889, le *Bal des Ardents*, médaille de bronze à l'Exposition Universelle ; 1889, 1890, *Combat de cailles* et *Nouvelle arrivée au harem* (Thèbes, XVIIIe dynastie) ; 1891, la *Mort de Babylone* ; rien en 1892 ; 1893, *Pillage d'une villa gallo-romaine par les Huns* ; 1894, le *Chevalier aux fleurs* ; 1895, *Babil d'Oiseaux*. ROCHEGROSSE a été fait chevalier de la Légion d'honneur en 1882. Comme illustrateur de livres, il est un des premiers du jour : son *Herodias* de Flaubert est un chef-d'œuvre, aussi lui a-t-on confié une illustration de *Salammbô* à laquelle il travaille depuis des mois. C'est lui qui a illustré les *Burgraves* dans l'*Édition Nationale* de Victor Hugo. La Société des Bibliophiles Contemporains, fondée par M. Octave Uzanne, lui a commandé les aquarelles du magnifique volume : *Les débats de César Borgia*, de Richepin. Il a collaboré à toutes les revues illustrées. A dix-sept ans, il entrait à la *Vie Moderne*, avec Forain ; c'était du temps que Bergerat y fleurissait. Il donna encore des séries à l'*Illustration*, à la *Revue Illustrée*, au *Cosmopolitan*, au *Young people magazine*, etc. Il expose régulièrement aux Aquarellistes ; il avait, en 1895, une série d'aquarelles rehaussées de broderies qui étaient des essais tout à fait curieux et qu'il convient de signaler ; l'*Hiver* entre autres, avec, en premier plan, du givre en verroterie, était une chose fort jolie. Et la collaboratrice brodeuse, Mme Marie Le Blon, mérite aussi d'être félicitée.

A Monsieur A. Mariani
Un Vin-de-Cocaïste fervent
et reconnaissant
G. Rochegrosse 97

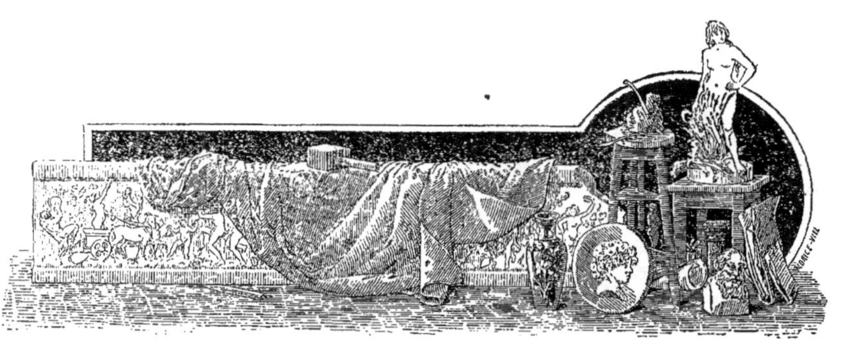

AUGUSTE RODIN

E Maître sculpteur de cette fin du siècle.

La sculpture longtemps n'exprima que des attitudes. Dans cette bizarre division des genres qu'inventèrent une succession de Boileaux, la sculpture avait pour unique domaine : la ligne. Elle devait rayonner de la beauté par ce simple moyen. De géniaux artistes, tel Michel-Ange, la haussèrent jusqu'à l'idée. Mais elle restait en quelque sorte impersonnelle, abstraite.

Le xixe siècle brisa les frontières. Les arts confondirent leurs eaux débordées. La poésie et la musique s'unirent ; la sculpture s'aida de la littérature et devint humaine.

Rodin fut le principal ouvrier de cette œuvre grandiose. Stendhal (et le rapprochement a déjà été fait par l'habile critique d'art, M. Gustave Geffroy), dès 1817, semblait pressentir la venue de Rodin, lorsqu'il écrivait dans son *Histoire de la peinture en Italie* : « Depuis deux siècles une prétendue politique proscrivait les passions fortes et à force de les comprimer, elle les avait anéanties ; on ne les trouvait plus que dans les villages. Le xixe siècle va leur rendre leurs droits. Si un Michel-Ange nous était donné dans nos jours de lumière, où ne parviendrait-il point ? Quel torrent de sensations nouvelles et de jouissances ne répandrait-il pas dans un public si bien préparé par le théâtre et par les romans ? Peut-être créerait-il une sculpture moderne, peut-être forcerait-il cet art *à exprimer les passions*, si toutefois les passions lui conviennent. Du moins, Michel-Ange lui ferait-il exprimer les états de l'âme. » Il cite plusieurs sujets de drames modernes pouvant être traduits en marbre, et il ajoute : « Et l'antique tomberait au second rang. »

Si l'art grec n'est pas encore relégué au second rang, on peut cependant dire que l'art français de Rodin marche de pair avec lui, — à cause des capitales différences qui les séparent. Vénus, Diane, Apollon ont leurs places aux musées de jadis. Les dieux s'en vont : l'humain triomphe dans le présent, corps et âme, corps passionné, âme tourmentée.

La première œuvre que Rodin envoya au Salon fit du bruit. C'était *L'Age d'airain*. L'étonnement du jury, devant la perfection de ce premier ouvrage d'un inconnu, alla jusqu'à l'injure. On accusa le jeune homme d'avoir moulé ce corps puissant. Il se disculpa facilement.

Son *Saint Jean-Baptiste* dut faire gémir ses détracteurs. Un Maître nouveau naissait. Ce *Saint Jean* c'était un homme et c'était un saint; homme, par les muscles saillants, par le corps délabré, par le geste batailleur; saint par la lueur mystique du regard inspiré. La gloire du sculpteur n'en fut point augmentée. L'heure n'était pas venue. Les délicats seuls s'inquiétèrent du jeune artiste. Il avait eu pour professeurs tour à tour Barye et Carrier-Belleuse. Ni l'un ni l'autre ne durent comprendre ce révolutionnaire instinctif. Il passa ensuite quelque temps chez un artiste belge qui signa de beaux Rodin.

Une merveilleuse série de bustes suivit ses premiers Salons. Il exposa tour à tour un Victor Hugo, un Rochefort, un Dalou, un J.-P. Laurens, un Puvis de Chavannes, superbes. L'âme vivait derrière ces figures. La critique compta désormais avec Rodin. On se préoccupa de sa personnalité.

On sut que c'était un homme de mœurs simples, sans instruction compliquée, mais doué farouchement. Toujours mal content de son œuvre, il recommençait vingt fois le moindre fragment. Aussi le plus souvent, par peur exagérée de se tromper, n'achève-t-il pas l'exécution de ses idées. Mais quelle émotion dans les marbres qu'il veut bien nous montrer! Nous vîmes une année une *Danaïde*, un corps nu de femme prostrée à peine sorti du marbre. Il y avait une douleur, un repentir, un aveu d'impuissance et de résignation, qui faisait mal à regarder. Cela s'élevait jusqu'au symbole : c'était la misère humaine tout entière, réfugiée en un corps dont la perfection de forme était un funèbre attrait de plus.

Nous ne connaissons encore que par bribes son œuvre gigantesque : *Porte pour le Palais des Arts décoratifs*, pour la décoration de laquelle il s'inspire de *l'Enfer* du Dante. Ce sera terrible. Mais son monument aux *Bourgeois de Calais* vient d'être inauguré. C'est actuellement le chef-d'œuvre du Maître. « Sur la place publique de la ville vaincue, affamée et sans armes, les six bourgeois ont délibéré. Pour sauver la ville de la ruine et leurs concitoyens de la mort, ils ont fait le sacrifice de leur existence, et ils vont se livrer au roi d'Angleterre. Le monument de M. Rodin, ce n'est pas autre chose, dans un miracle d'exécution, que l'instant précis de cet héroïsme unanimement accepté par les six bourgeois, mais différemment ressenti, selon la différence des caractères qui agissent en ce drame. Les vieillards, décharnés par les longues privations d'un siège, redressent leurs tailles en attitudes hautaines, presque provocantes, ou se résignent noblement; les jeunes se retournent vers la ville, laissant derrière eux, dans un suprême regard, le regret de cette vie à peine commencée et dont ils n'ont connu que les joies. Nulle autre complication, nul souci du groupement scénique; aucune allégorie, pas un attribut dont se servent les sculpteurs pauvres d'idées, pour exprimer l'illusion de l'idée. Il n'y a que des attitudes, des expressions, des états d'âme. Les bourgeois partent. Et le drame vous secoue. » Ainsi parle Octave Mirbeau, et l'on ne saurait que s'incliner devant cette belle description.

Depuis plusieurs années le Maître sculpteur s'acharne à un *Balzac* qu'on attend avec impatience. Balzac et Rodin, deux génies frères, faits pour se compléter, deux grands artistes qui virent la Vie base de l'Art et eurent le même souci de perfection du moindre morceau destiné au public. Deux génies très humains.

Rodin (Auguste), né à Paris, en 1840. Élève de Barye, puis de Carrier-Belleuse. Voyage à Bruxelles. Plusieurs ateliers à Paris, l'un pour ses élèves, rue de l'Université, d'autres où les profanes ne peuvent pénétrer, et où le Maître, seul avec ses modèles, lutte pour l'art, avec la matière. Œuvres principales : *L'Age d'airain*; *Saint Jean-Baptiste prêchant*; *Bellone*; *le Baiser*; *les Bourgeois de Calais*; *Bustes de MM. Dalou, Legros, Puvis de Chavannes, J.-P. Laurens*; *Danaïde*; *Le Penseur*; *Tête de saint Jean*, etc. En préparation : *Porte du Palais de Arts décoratifs* et statue de Balzac.

Ad. Lal

à Mariani le propagateur du Coca
son ami Rodin.

JUANA ROMANI

I dans un rêve pareil à celui de Platon, la Beauté n'était que la splendeur du talent, ce rêve se trouverait réalisé dans cette jeune femme dont le charme pénétrant et profond ne semble que l'épanouissement de son âme d'artiste; en qui la belle race latine se révèle deux fois, avec une intensité pareille, dans la pureté merveilleuse des formes et dans un sentiment admirable du Beau; qui porte en soi la double aristocratie des lignes impeccables et des goûts élevés, donnant l'exemple de cette logique absolue de l'être, laquelle est le signe des êtres vraiment supérieurs.

Comment a-t-elle appris à peindre? A-t-elle même appris à peindre? Tout ce qui fit le génie de l'art italien semble s'être quintessencié en elle, naturellement, par un fait d'atavisme et d'origine, comme un grain précieux que le vent avait emporté, et qui germe, mûri par d'invisibles soleils. Corrège, et Titien, et Véronèse revivent en elle, et c'est sans doute d'un caprice de ces grandes ombres qu'est sortie cette lumineuse fleur. Elle est la peinture innée, inconsciente, débordante comme une coupe trop pleine. L'impression de la nature ne lui vient qu'à travers cette séculaire atmosphère d'œuvres maîtresses qu'elle semble avoir respirée, en même temps que l'air natal, dans les frissons blancs de son berceau. Le *ecce, ecce deus!* du poète est vraiment fait pour elle. Un dieu l'habite quand le pinceau s'évertue sous sa petite main. C'est une vaillante, en même temps qu'une inspirée. Chez elle, l'amour éperdu du travail est, au même point qu'un effort constant vers le progrès, l'expansion de dons merveilleux qu'elle ne saurait contenir.

Elle a vingt-quatre ans, et son œuvre est déjà considérable. Elle en avait dix-sept quand elle envoyait, à l'Exposition de 1888, cette figure de *Gitana* qui fut immédiatement remarquée et qui révélait un maître délicat et puissant tout ensemble dans le rendu des chairs féminines. L'année suivante, c'était, au Salon des Champs-Elysées, la *Femme surprise* et le *Matin*; à l'Exposition universelle, deux portraits et une figure nue qui lui valaient une seconde médaille et la mettaient hors concours à un âge où peu d'artistes sont admis à exposer. Sa joie fut doublée de l'honneur qui en revenait à sa patrie; car cette fille de Velletri est passionnément italienne, en même temps que vaillamment française. Rien ne peut dire ses enthousiasmes quand elle rêve l'union des deux nations inexorablement sœurs, que l'immonde politique internationale sépare. Elle est alors superbe de lyrisme; car un poète est vraiment en elle, et l'amour des poètes qui seuls, ont chanté l'Amour, les enfants radieux du pays du soleil. Il était juste que ce fût la Beauté qui fit ce rêve, et cela seul montre combien il est grand et divin.

Les succès succèdent aux succès. L'intérêt, puis l'admiration croissante du public trouvent, dans cette faculté de production incessante, un continuel aliment. En 1890, on applaudit, au Salon, une *Hérodiade* et une *jeune fille aux chats*, donnant deux notes si différentes, et où apparaît si bien la souplesse du talent de JUANA ROMANI; en 1891, une *Judith* et une *Madeleine*; en 1892, les deux figures exquises de *Bianca Capello* et de *Manuella*; en 1893, enfin, la *fille de Théodora* et cette *Giovanella* qui fait penser, tout ensemble, à Léonard de Vinci et à Greuze, une Joconde rieuse, un chef-d'œuvre de fraîcheur et de fantaisie. C'est une note isolée dans l'œuvre de l'artiste, que les héroïnes farouches tentent volontiers. Encore une fatalité de race et un lambeau de ce beau paganisme qui pardonnait tout aux caprices de la Beauté, et faisait, des ruines d'Illion, un autel à Hélène, non pas coupable, mais glorifiée. L'instinct de cette fatalité que les sots maudissent seuls, que les lâches, seuls, repoussent, est au fond de la beauté étrange qui fait JUANA ROMANI pareille à son œuvre; dans l'attirance profonde et despotique de ses yeux, dans les cruautés inconscientes de son sourire, dans ces tons fauves de sa chevelure où des filets de sang se mêlent à l'or sombre quand le soleil les traverse, dans cette majesté hautaine du geste qui la grandit quand elle daigne révéler quelque chose d'elle-même.

Car beaucoup qui ne la regarderaient pas bien, la pourraient prendre, à certains instants, pour une bonne enfant rieuse. Mais, chez elle, la Femme n'abdique pas dans l'artiste; au contraire, son art serait plutôt fait d'un féminisme exagéré. La Fontaine s'est bien demandé ce que peindraient les lions, s'ils savaient peindre. Eh bien, j'imagine que si les grandes charmeresses Dalila, Judith, Lucrèce avaient su peindre, elles auraient tracé ces figures à la fois délicieuses et farouches dont nous a charmés, avec quelque effroi en nous, JUANA ROMANI, et dans lesquelles il m'a toujours semblé qu'il y avait beaucoup d'elle-même.

Elle n'en a pas moins admirablement réussi, — car, avant tout, elle est maîtresse absolue de son métier — les portraits d'autres femmes d'un tout autre caractère que le sien; citons ceux de Mme Hériot, de la comtesse de Briche, de Mme de Lurcy, de Mme Claire Lemaitre qu'elle a si bien enveloppée de sa chevelure noire; que d'autres encore! Car, chez elle, la fécondité est la caractéristique du talent. Elle produit comme fleurissent les fleurs, comme mûrissent les fruits, en vertu d'un don divin et de la flamme intérieure que le soleil natal a laissée en elle, tenant une place virile, pour ainsi parler, dans le petit groupe des femmes peintres, supérieure à toutes par le charme, égale aux maîtres par l'autorité, étonnante avant tout, pour les superficiels, admirable de tous points et surtout pour tous ceux qui aiment l'art.

C'est le rêve

à Angelo Mariani le plus sympathique
de ses amis — Jeanne Rousseau —

FRANCISQUE SARCEY

—

ANS le journalisme français, FRANCISQUE SARCEY représente l'école du bon sens dont il est le chef incontesté. Depuis plus de quarante ans, il n'a eu qu'un orgueil : parler le langage de la raison. On lui a quelquefois reproché de n'avoir pas d'ailes. A quoi bon ? Les hommes ne sont pas des oiseaux. Or, il a été un homme dans la belle acception du mot. Il a servi et il sert tous les jours la Vérité avec l'indomptable opiniâtreté d'un apôtre. La constance a été sa ferveur. Quand il s'est trompé, — bien rarement, — il n'a pas eu besoin du stimulant des polémiques pour revenir sur son erreur. Il a fait plus de bien que s'il n'avait été que sincère parce qu'il est éclairé et loyal.

FRANCISQUE SARCEY est, avant tout, un journaliste. Il prend l'événement ou l'idée de l'heure présente et donne au public, à son public devrions-nous dire, car il a de nombreux fidèles, son opinion raisonnée et la morale qui se dégage des questions qu'il traite. Il est bien resté un peu professeur, mais il fait son cours sans prétention, avec une familiarité qui est dans sa nature. Il ne met pas de manchettes pour parler des plus grands, mais il saura s'émouvoir pour écrire sur les plus humbles. Il a enfin l'horreur profonde de tout ce qui est faux, outré, quintessencié : c'est un Diogène qui allume chaque jour sa lanterne pour chercher le sens commun, ainsi nommé parce qu'il est bien rare.

FRANCISQUE SARCEY est élève de l'Ecole Normale. Par une étrange bonne fortune, les deux promotions qui l'y précédèrent comptaient beaucoup d'hommes distingués. Il y trouva, encore sur les bancs, Weiss, Assolant, Dottain, Challemel-Lacour, Lenient, Perraud, aujourd'hui évêque d'Autun. La promotion qui suivit la sienne ne fut pas moins féconde : Prévost-Paradol, Maxime Gaucher, Levasseur, Villetard et Gréard, qui sont tous devenus célèbres, en faisaient partie.

A sa sortie de la rue d'Ulm, Francisque Sarcey fut nommé professeur au lycée de Chaumont, de là au collège de Lesneven, puis aux lycées de Rodez et de Grenoble.

Le collège de Lesneven relevait de l'Université ; mais, par le fait, c'était une sorte de séminaire. Le principal était prêtre ; prêtre aussi le professeur de philosophie. Tous les autres maîtres étaient de jeunes séminaristes qui attendaient le moment de recevoir les ordres. C'était bien le ministre qui les nommait, mais il laissait à l'ecclésiastique qui gouvernait la maison la liberté de ses choix, et il n'y avait guère que la classe de rhétorique dont il se réservât de nommer lui-même le titulaire. C'est ce qui explique pourquoi Francisque Sarcey, voltairien endurci, avait pu être envoyé dans cette bergerie cléricale.

M. de Villemessant, le futur rédacteur en chef du professeur de Lesneven, n'aurait pas manqué de s'écrier : « Elle est bien bonne ! »

A Grenoble, Francisque Sarcey fut chargé du cours de philosophie. L'heure de la crise approchait. Comprenant avec une vive amertume le néant des leçons qu'on lui imposait, il sentait aussi qu'il n'avait rien à mettre à la place. Il nageait dans une mer d'idées et de théories qui se heurtaient autour de lui, et plus il battait l'eau de ses bras désespérés, plus il se sentait aveuglé, perdu, englouti.

C'était l'époque où les *Débats* venaient de ravir à leurs élèves Weiss et Prévost-Paradol, l'époque où Edmond About, ce ténor de l'esprit français, vocalisait sur tous les sujets *et quibusdam aliis*.

« Pourquoi, s'écriait le professeur déçu, pourquoi ne dirait-on Francisque Sarcey, comme on dit Weiss, Assolant, Taine, About et Prévost-Paradol ? Francisque Sarcey ! Ces deux mots sonnent-ils si mal à l'oreille ? Et que faut-il pour les apprendre au public ? Ecrire quelques articles de journal. »

Le sort en était jeté. Le néophyte du journalisme vint à Paris, pendant les vacances, vit son fidèle About, lui lut une chronique qu'il porta au *Figaro* et qui charma Villemessant, ce qui évalait au fameux : *Dignus est intrare*.

Et depuis ce temps lointain, Francisque Sarcey n'a pas quitté la plume. Dans tous les journaux de Paris, mais particulièrement au *XIXe Siècle* et au *Gaulois*, il a été le soldat sur lequel on compte pour gagner la bataille quotidienne, pour ajouter quelques rouleaux de papier à la machine et quelques adresses au registre d'abonnements. Le tirage, en effet, voilà la victoire. Nous pouvons affirmer, sans crainte de nous tromper, que Francisque Sarcey a été pour tous les journaux où il a écrit, un indispensable élément de succès ; mais ce qu'il faut dire, c'est que tous les lecteurs qu'il a enchaînés aux destinées de ses feuilles étaient épris du bon sens, de la clarté et de la raison.

Francisque Sarcey a consacré au *Temps* la plus grande part de son œuvre. C'est là qu'il tient le sceptre de prince de la critique. Aimant le théâtre avec passion, il consacre aux œuvres des maîtres de puissantes études, et il n'est pas de modeste vaudeville qu'il n'écoute jusqu'au bout et dont il ne parle avec intérêt, ne serait-ce que pour y découvrir une étincelle de l'esprit gaulois.

SARCEY DE SUTTIÈRES (Francisque) est né à Dourdan (Seine-et-Oise) le 8 octobre 1828. Il fit ses études au lycée Charlemagne et entra le cinquième à l'École Normale. Après sa sortie, il professa à Chaumont, Lesneven, Rodez et Grenoble, et quitta l'Université en 1858 pour s'adonner au journalisme. Il débuta la même année au *Figaro* et collabora ensuite à l'*Opinion nationale* et au *Gaulois*. Depuis, il a écrit dans tous les grands journaux de Paris, mais il n'a jamais quitté le *Temps*, où il fait avec tant d'autorité le feuilleton théâtral. Francisque Sarcey a publié, entre autres livres, *Etienne Moret*, une autobiographie, l'*Histoire du siège de Paris* et une série d'études magistrales : *Les Comédiens et les Comédiennes*.

Francisque Sarcey

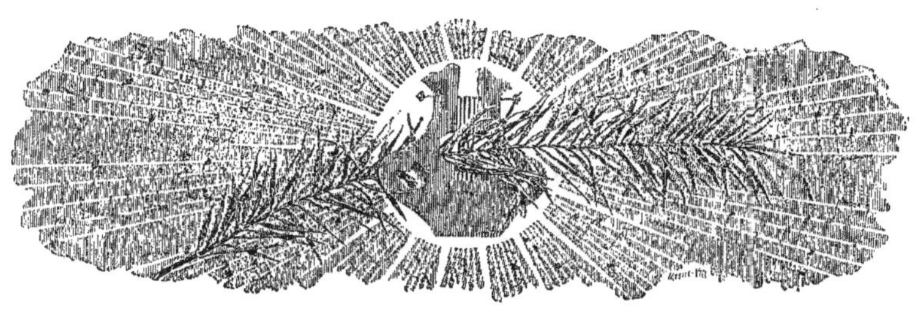

Madame MARCELLA SEMBRICH

ÉTRARQUE, le poète du sentiment et de la mélodie passionnée, a écrit un beau vers que tous les chanteurs devraient méditer :

« El canto che nell' anima si sente. »
« Le chant qui se sent dans l'âme... »

Mme Marcella Sembrich l'a senti et fait sentir dans la sienne, et si sa voix, d'une idéale pureté, laisse au cœur de tous ceux qui l'ont entendue un souvenir inoubliable, c'est qu'elle sort d'un ardent foyer, de l'âme noblement passionnée d'une grande artiste. Et quelle sûreté dans l'art de conduire cette voix vibrante et souple, d'une justesse impeccable, en se jouant avec une souveraine virtuosité des plus grandes difficultés de la vocalisation !

La méthode de cette illustre cantatrice est ce qu'elle devait être avec ses surprenantes aptitudes. C'est la nature même de sa voix qui la lui a indiquée. Son organisation puissante, la portée de ses sons, l'entraînaient évidemment vers le style large, déclamatoire, dramatique ; et c'est par là qu'elle devait arriver au faîte de l'art.

Ainsi, tout ce qui est du ressort des passions fortes, comme la colère, l'amour fougueux, la jalousie, la fureur, trouve en elle une incomparable interprète. Son chant, ses moyens naturels, sa figure douce et expressive, qui s'éclaire au premier appel de l'art, tout dans sa personne est noble et théâtral ; on voit qu'elle ne peut ni ne doit chanter pour chanter : son élément est le drame dans ce qu'il a de plus élevé, de plus sublime. Traits heureux, nuances délicates, inflexions gracieuses dont elle orne son chant, évolutions de voix si bien marquées, au moyen desquelles elle aborde toutes les difficultés, sont autant de qualités qui la font distinguer parmi ses plus brillantes émules. Nous allons voir pourquoi elle semblait être prédestinée d'avance aux triomphes de la scène.

Mme Marcella Sembrich est la fille de Casimir Kochanski, un musicien de talent qui garda, dans la plus humble des situations, le plus profond respect de son art. Il habitait à Wisnewczyk, un petit village de la Galicie. A quatre ans, il mit Marcella au piano ; à six ans, il lui enseigna le violon. Un ami de la famille, frappé des remarquables dispositions de l'enfant, fit sans regret de nombreux sacrifices pour lui faciliter de plus sérieuses études : artiste lui-même, il sut inspirer au jeu de sa petite protégée cette fougue passionnée qui caractérise les enfants de sa race. MARCELLA avait onze ans à peine lorsqu'elle fut présentée au directeur du Conservatoire de Lemberg, où elle fut admise sur le champ. Pendant cinq ans, le professeur Guillaume Stengel l'initia aux beautés des maîtres, et sûr de la vocation de sa jeune élève, il la conduisit lui-même à Vienne pour la confier au célèbre Epstein. Déjà violoniste d'une surprenante virtuosité et pianiste accomplie, les maîtres ne savaient à quel instrument vouer les doigts prestigieux de MARCELLA SEMBRICH. Le professeur Stengel trancha la difficulté, et l'artiste si bien douée choisit... le chant. Certes, sa voix était fluette encore, mais elle avait déjà ce charme indicible qui la distingue entre toutes.

MARCELLA SEMBRICH, après de longues études à Vienne, se rendit à Milan pour y apprendre la méthode italienne sous la direction de Lamperti. C'est alors qu'elle épousa Guillaume Stengel, qui fut pour elle le meilleur des maîtres et qui développa son génie naissant.

La jeune cantatrice fut engagée pour la première fois à Athènes, où elle fut applaudie dans *I Puritani*. En 1878, elle chanta *Lucia* à Milan au milieu d'acclamations enthousiastes, et en juin 1880, une seule audition à Covent-Garden la fit engager immédiatement pour cinq saisons consécutives.

Appelée ensuite à l'Opéra-Italien de Saint-Pétersbourg, elle y obtint des succès retentissants et elle fut littéralement comblée de cadeaux et de roubles. Puis, après avoir chanté dans toutes les grandes villes du continent, elle fit une tournée aux Etats-Unis qui fut pour elle une suite ininterrompue d'ovations et de triomphes. Un seul concert, donné avec son concours au bénéfice de l'impresario Abbey, produisit 45.000 dollars de recette.

A son retour, MARCELLA SEMBRICH, qui avait déjà conquis la renommée, se mit au travail pour s'initier aux belles et pures traditions de l'Ecole italienne, et Lamperti lui apprit l'art merveilleux de la *mezza-voce*, dans lequel elle est sans rivale. Quels efforts, quelle constance ne lui a-t-il pas fallu pour parvenir à régler sa voix devenue si puissante, à la contenir, à la diminuer, à lui donner enfin, dans les sons les plus faibles, cette clarté et en même temps cette douce vibration qui est un des caractères distinctifs de son chant à la fois gracieux et passionné !

Admirablement douée au point de vue musical, Mme MARCELLA SEMBRICH se fit entendre un jour à Saint-Pétersbourg, comme violoniste, pianiste et cantatrice. C'était dans un concert donné au profit des étudiants pauvres. Elle fanatisa la salle qui ne se lassait pas de la rappeler.

Elle passe maintenant de pays en pays, acclamée de toutes parts et entraînant partout son auditoire dans un élan d'enthousiastes acclamations. La femme est à la hauteur de l'artiste : et c'est ainsi que MARCELLA SEMBRICH marche à la gloire, escortée du respect et de l'admiration de tous.

SEMBRICH (MARCELLA) de son vrai nom Marcellina Kochanska, est née à Wisneweczyk, petit village de la Galicie, le 15 février 1850. Elle fit ses études musicales sous la direction successive de Stengel et de Lamperti. Elle débuta à Athènes dans *I Puritani*, puis fut engagée à l'Opéra italien de Saint-Pétersbourg et au théâtre Covent-Garden, de Londres. Mme MARCELLA SEMBRICH a épousé Guillaume Stengel, un artiste du plus grand mérite.

L'éloge du Vin Mariani n'est
plus à faire! — mais c'est toujours
un plaisir de s'associer à un sentiment
général de reconnaissance et d'ajouter
un témoignage de plus à la supériorité de ce merveilleux tonique..

Marcella Sembrich-Stengel

Février 1893 ..

MADAME THÉO

N quelques lignes l'auteur des *Jolies actrices de Paris* a fait un charmant portrait de celle qui fut tour à tour, et l'on sait avec quel succès, la Jolie Parfumeuse, Madame l'Archiduc et Pomme d'Api :

« C'est la plus adorable grisette qui se puisse rencontrer au théâtre. Des yeux pétillants d'espièglerie. Une bouche qui démasque, sans crier gare, l'artillerie de ses trente-deux dents ; tant pis pour les cœurs qui n'ont pas le temps de se ranger ! Des épaules lustrées par le duvet de la jeunesse ; un buste plein, sans être fort ; des bras sculptés par Praxitèle et attachés par Canova...»

En traçant une esquisse de la blonde *diva*, un raffiné de lettres, M. Diguet, écrivait encore :

« Depuis sa chevelure lascive jusqu'à son petit pied furtif et parleur, son corps moelleux est pétri de fascinations. Après un siècle, il parle le langage de la Régence. Il en a les bonnes façons, et le talon de ce pied marmoréen a été rouge dès sa création. THÉO porte en sautoir le grand cordon de la séduction. »

Après les prosateurs, les poètes ont voulu exprimer leur admiration pour celle que Molière eût appelée un abrégé des merveilles des cieux :

Le chatoyant fouillis de ses beaux cheveux d'or
A les tons lumineux dont l'ardent Messidor
Teinte les épis mûrs du champ d'orge ou de seigle ;
Et, quand elle a chanté, seule ou dans un duo,
Tous murmurent, séduits par sa candeur espiègle :
Gloria! Laus! Honor in excelsis Théo!

Mᵐᵉ LOUISE THÉO est fille de Madame Piccolo, qui était propriétaire du café-concert du Pavillon de l'Horloge, aux Champs-Élysées. Dès l'enfance, elle rêva gloire, fortune, théâtre, et le destin, qui est toujours juste à l'égard des jolies femmes, a réalisé une à une toutes ses espérances.

Elle passa à l'Eldorado, où elle resta tout juste le temps nécessaire pour se faire remarquer par Offenbach qui paya son dédit et l'engagea au théâtre de la Renaissance. A cette époque, Théo n'avait jamais pris de leçons de chant, et pourtant le public ne l'effrayait guère. Plus tard, quand elle eut travaillé avec une ardeur que décuplait le succès, elle ne pouvait se défendre de trembler en scène.

Après avoir créé Toinon, du *Moulin du Vert-Galant*, Mercédès, de la *Petite Muette*, et remplacé Mme Judic dans Molda, de *la Timbale d'argent*, elle entra aux Nouveautés, et partout elle fit l'impression d'un Greuze descendu de son cadre pour éblouir les Parisiens.

Dans toutes les pièces où elle s'est montrée, depuis *le Droit du Seigneur* jusqu'à la *Mascotte*, elle a recueilli la plus ample moisson d'applaudissements que puisse ambitionner une divette.

C'est que sa voix, d'un charme si pénétrant, fait rêver au premier gazouillis d'un tout petit rossignolet échappé du nid maternel; et comme lorsqu'elle détaille si agréablement ses spirituels couplets, elle vous regarde avec les plus jolis yeux du monde, on est vite conquis, et pour toujours.

Sous l'envolée des blonds cheveux qui auréolent sa tête, Théo est, en effet, la séduction même. Elle ressemble de loin à quelque sirène égarée dans nos sentiers épineux, et quand, l'avril venu, mise à la mode de demain, cette Parisienne de sang et de race s'en va, son ombrelle à la main, se promener dans les allées du Bois, tous les oiseaux perchés sur les branches de la route doivent se dire : « Venez donc voir ! Voici une fleur que nous ne connaissions pas ! »

Théo a gardé tous les dons prestigieux de l'adolescence. A voir les fossettes de ses joues, la joliesse de toute sa personne, ses yeux rieurs et si malins, on dirait qu'elle est la Marguerite de quelque Faust inconnu qui a vendu son âme pour qu'elle devînt toujours plus belle, et que son corps a dû être baigné en quelque mystérieuse source de Jouvence pour l'éternel éblouissement des regards.

Avons-nous besoin d'ajouter que tous les théâtres de genre se sont disputé Louise Théo, et qu'en toute circonstance, même quand l'auteur n'avait pas su lui créer un rôle digne de son malicieux esprit et de sa grâce communicative, elle a toujours laissé au public qui l'adore l'impression d'une fée Parisienne, personnifiant toutes les séductions et jetant — oh ! sans y penser ! — un peu de trouble dans toutes les imaginations. C'est que

> Dieu l'a pétrie avec son plus pur kaolin...
> Elle sait l'art cruel de saisir un cœur d'homme
> Et de l'égratigner d'un geste patelin.
> Elle a ce clair sourire et ce regard malin
> Que devait avoir Ève en mordant à la pomme.

Théo, c'est la Mimi Pinson du boulevard, gracieuse, spirituelle, élégante; et quand elle est allée chercher en Amérique la récolte attendue de dollars et de bravos, elle aurait été la vivante réclame du charme et de la beauté des Parisiennes, si les Parisiennes avaient besoin d'entretenir leur renommée.

Je suis bien
contente de vous
écrire et que j'ai
dis à [...] mes
amis ! Vive
le roi de Cocu !!!

Louise Théo

Avril 92

THÉRÉSA

HÉRÉSA a inventé un genre. Ça n'est point banal, en somme, et son nom sera respecté par le temps, ce faucheur inintelligent, qui ne sait pas s'arrêter devant les bleuets timides ni devant les tapageurs mais frêles coquelicots.

THÉRÉSA, dans ce champ de banalités blondes, est, si vous voulez, le chardon sec et moqueur que le fer ne peut mordre. La comparaison ne veut pas être méchante. Je n'en veux pour preuve que ce fait que nos gloires — nos chardons — ne sont sottement broutées que par les inconscients baudets qui vont par troupeaux moroses à travers la vie qu'ils ne comprennent pas.

L'histoire de sa vie est peu compliquée. La cantatrice débuta par les chansons sentimentales et maniérées, à la mode à cette époque lointaine. Elle chanta ni mieux ni plus mal que ses mille congénères. Elle n'eut ni plus ni moins de succès qu'elles toutes. Elle était du flot impersonnel qui bat les planches et fait battre les cœurs simples. Tout-à-coup, un beau soir, elle prit le contre-pied, brûla ses dieux de la veille, se moqua d'elle-même et de ses applaudisseurs. Elle eut un succès fou ! *Rien n'est sacré pour un sapeur ! C'est dans l' nez que ça me chatouille !* Ces titres seuls évoquent toute une époque ! THÉRÉSA avait créé un genre ! L'Eldorado, l'Alcazar connurent de son temps le privilège de la vogue. On y accourait de tous côtés : THÉRÉSA devint tout-à-coup et à la fois l'idole de la foule et l'attraction supra-chic pour les faubourgs Saint-Honoré et Saint-Germain. Il vibrait en elle quelque chose de si personnel, de si nouveau, que sa popularité devint immense d'un jour à l'autre, comme si l'instinct avait guidé les spectateurs. Et les fleurs pleuvaient sur la scène, et les journaux étaient pleins d'Elle.

Nous parlions tout à l'heure du *Sapeur* et de *C'est dans l' nez*. A ces chansons il convient d'ajouter les non moins glorieuses : *La femme à barbe, La gardeuse d'ours, Les canards tyroliens, Les pas grand'chose, Faut pas pleurer pour ça*, etc.

Elle-même composa souvent les paroles et la musique de ces chansons. Au fond c'était d'une ineptie parfaite. Cette nullité en faisait le succès. « Cela n'est d'aucune langue, d'aucun art, d'aucune vérité.... » s'écriait Louis Veuillot dans ses *Odeurs de Paris*. Sans doute, mais cela forçait le rire imbécile de la foule. Les spectateurs, d'instinct, reconnaissaient leurs misérables sentiments : ils se chantaient, ils s'applaudissaient.

La chanson patriotique naquit ensuite, et THÉRÉSA porta immédiatement le genre à son apogée. Elle fut un moment le clairon de la revanche : elle sut être aussi farouchement dramatique qu'elle avait été puissamment bouffe.

Mais il y avait plus qu'une chanteuse en elle, il y avait une comédienne de race.

Les directeurs cherchèrent à l'avoir en vedette. En 1864, elle jouait la *Chatte blanche* à la Gaîté, puis, le *Puits qui chante* aux Menus-Plaisirs, la *Reine Carotte*, la *Poule aux œufs d'or*, la *Famille Trouillat, Geneviève de Brabant*, et *Peau d'âne*, et maintes autres féeries, pièces à spectacle, opérettes, aux Variétés, à Déjazet, au Châtelet, — nous donnerons quelques dates plus bas, — jusqu'à *Cendrillon* sur cette dernière scène, en 1888. Un directeur eut même l'idée de lui faire chanter Rosine du *Barbier*. En 1867, pour l'Exposition Universelle, on organisa une entreprise théâtrale dont Thérésa serait l'objet, l'unique « clou » ; mais la maladie tint la grande chanteuse à l'écart pendant toute cette période. C'est à l'hiver de cette année-là qu'elle fut engagée à la Porte-Saint-Martin, pour jouer un des principaux rôles dans la Revue intitulée : *1867*.

Quelques mois, elle se rendit à la scène de ses premiers succès ; l'Alcazar l'afficha en 1891, puis la grande chanteuse aimée du public, et que le noble Faubourg avait mise à la mode chez lui, se retira. Mais son nom est toujours connu et respecté. Thérésa est l'incarnation d'une chose nouvelle : son nom ne peut périr. C'est encore la grande *diva* populaire, et lorsqu'on parle d'une nouvelle étoile qui paraît poindre à l'horizon, les pères disent aux fils trop prompts : « Ah ! si vous aviez vu Thérésa ! »

THÉRÉSA (EMMA VALADON, dite), née à La Bazoche-Gouet (Eure-et-Loir) le 25 avril 1837. Commence par étudier la danse en 1844. Débute à la Porte Saint-Martin en 1856, dans le *Fils de la Nuit*, et débute au café concert en 1860 ; Eldorado, 1864, puis Alcazar. Thérésa, Alcazar, ces deux noms sont inséparables. A la Gaîté, la *Chatte blanche* (1869) ; aux Menus-Plaisins, le *Puits qui chante* (1871) ; à la Gaîté, la *Reine Carotte* (1872) ; la *Poule aux œufs d'or* (1873) ; — a la Renaissance, la *Famille Trouillat* (1871) ; à la Gaîté, *Geneviève de Brabant* (1875). Puis tour à tour aux Variétés, enfin (1888) au Châtelet, *Cendrillon*, dernière apparition au théâtre. En 1893, adieux au théâtre de la Gaîté. Habite 62, rue Pigalle, et l'été dans la Sarthe, à Neufchâtel. En 1865 parut en librairie un livre intitulé : *Les Mémoires de Thérésa, écrits par elle-même*.

À vous mon cher
Marian, qui avec votre
excellent fils de cœur
rendez service à l'humanité
toute entière; vous
êtes vraiment un apôtre
de Christ puisque
vous soutenez les faibles.

Amitié de votre
reconnaissante

Thérésa

Madame la Duchesse d'Uzès

Nous avons pour principe de tracer ces biographies d'après nature, quelle que soit la renommée du portraituré, cût-il été cent fois déjà mis sur la sellette de l'interwiew. Nous désirions agir de même pour Madame la Duchesse d'Uzès. Afin de donner une forme personnelle, originale à l'esquisse que nous voulions dessiner, nous avons sollicité une entrevue avec cette grande dame. Voici la lettre que notre démarche nous valut :

76, avenue des Champs-Elysées.

Il m'est bien difficile, monsieur, de vous rendre une réponse qui vous paraisse… aimable, car non-seulement je n'ai pas à perdre une demi-heure à causer de moi, mais ce que je préfère que l'on dise de moi, c'est : rien du tout !

Je trouve absolument ridicules les biographies de personnes vivantes. Laissez-moi mourir en paix… et veuillez croire à mes sentiments distingués.

M. Duchesse d'Uzès.

24 juin 1895.

Trop de modestie, Duchesse ! Vous n'avez pas le droit de vous dérober ; vous appartenez au monde public : de par votre nom, de par votre action politique, de par vos talents d'artiste quasi universels. Nous nous voyons donc dans l'obligation de vous biographier quand même. C'est un des supplices modernes.

Nous ferons le croquis à grandes lignes, à la façon de notre héroïne.

En effet, Madame la Duchesse d'Uzès voit grand. A un moment de trouble et de petitesse gouvernementale, un homme s'est levé qui lui a paru plus fier et plus beau que tout autre. Aussitôt elle voua sa vie à l'œuvre de cet homme. Le général Boulanger a dû à la Duchesse quelques-uns des beaux jours de sa vie politique. Grâce à elle, il faillit mettre au jour un dictateur nouveau. Ses espoirs allaient aboutir et la France allait tâter d'un nouveau joug. Puis la tempête vint et le vaisseau vengeur sombra, avec des craquements lugubres. Ceux qui se proposaient de profiter de l'avènement du général furent les premiers à jeter des pierres de rage vers le radeau, où se raccrochait tout au moins la loyauté du malheureux qui rêva d'une France nouvelle.

Une autre grande déception, une plus grande douleur tortura la grande dame. Elle avait un fils, un vaillant et fier rejeton, de sang vif. Il voulut utiliser ses forces et son intelligence, et gagner de la gloire personnelle. Dans un voyage d'exploration dans le Haut-Congo, il périt. Et l'heure de nouveau sonna comme un glas pour la Duchesse. Déjà sa vie avait été brisée par la mort du Duc, son mari (des suites d'un accident de chasse).

Vite, elle se reprit. L'art est le grand modérateur des chagrins. Il met l'âme si haut que le terrestre disparait, mesquin. *Manuela* sauva la Duchesse D'Uzès du désespoir. Manuela, c'est le pseudonyme littéraire et artistique de Madame D'Uzès.

Plusieurs années elle exposa au Salon, à la sculpture, des œuvres qui toujours furent remarquées. Ce fut donc un étonnement parmi les artistes et dans le public lorsqu'on apprit que l'*Emile Augier* de la Duchesse, le monument commandé par la ville de Valence, œuvre dont la maquette avait gagné le prix au concours organisé parmi les sculpteurs français, que le chef-d'œuvre de la grande artiste avait été refusé par le jury des Champs-Elysées. La raison donnée ne fut pas pour diminuer l'étonnement. La statue était trop monumentale. Ainsi donc voilà à quoi aboutissent les règlements des Expositions officielles, à exclure de la vue du public une œuvre essentiellement destinée à ce public. La Ville de Paris fut plus logique et eut plus d'esprit. Elle permit à l'auteur d'élever son monument en pleins Champs-Elysées, à l'une des portes du Salon ; et en sortant les ex-membres du jury pouvaient l'apercevoir, comme un remords... D'ailleurs n'est-ce pas la véritable place d'une statue : en un jardin public, et les organisateurs de Salons ne devraient-ils pas s'efforcer d'exposer les œuvres selon leur destination, les œuvres d'intérieur en des pièces particulières, les œuvres d'extérieur en plein air ? Loin de nuire à l'effet total, cette présentation de la statue d'*Emile Augier* lui fut donc très profitable. Chaque jour la foule se pressait autour du monument, pour admirer la superbe et calme allure du grand dramaturge, et aussi la grâce, la poésie et l'ensemble harmonieux des groupes du piédestal, muses protectrices.

Elle est l'œuvre de Madame la Duchesse D'Uzès, cette *Jeanne d'Arc* qui se dresse sur la tour de l'église de Mousson, dominant les ruines imposantes de l'ancien château-fort ; et, au loin, la ville de Metz s'aperçoit, nettement, comme silencieuse. La Bonne Lorraine est représentée debout, un pied sur le Léopard Anglais. Elle brandit son épée et tient son étendard serré contre son armure, avec un très beau geste.

L'hiver dernier, à une soirée mondaine, nous eûmes le régal d'entendre *Germaine* par fragments. *Germaine*, l'opéra, musique de F. Thomé, dont Madame D'Uzès a composé les paroles — car elle cultive tous les arts — rien de ce qui est divin ne lui est étranger, pourrait-on dire.

Si elle aime par-dessus tout la société des artistes, elle ne dédaigne certes pas de prendre part à ces hautes réjouissances seigneuriales auxquelles son rang lui donne droit. Ses meutes et ses chasses de Bonnelles sont célèbres. Nous la vîmes il y a quelque dix ans, sous la forêt de Saint-Paul, près de Valençay, diriger intrépidement une chasse à courre qui menaçait de se mal terminer, la piste du cerf venant d'être perdue. « Allons à Gâtines, mon cousin ! » dit-elle au vieux duc de Valençay. Gâtines est une forêt à pas mal de kilomètres de là, et la première chasse avait été fatigante. « Allons à Gâtines, Duchesse ! Nous ne saurions reculer quand vous dirigez si gaillardement le combat ! » Et les habits rouges de galoper derrière l'amazone noire de la grande chasseresse. Bientôt ce ne fut plus qu'un nuage de poussière à l'horizon.

Maintenant que je connais Mme Mariani, j'ai
grande envie de goûter à son vin qu'on dit
si bon, mais hélas! je n'en ai pas encore
besoin!

D^esse d'Uzès

7 avril 1893

ÉMILE ZOLA

L'un des jeunes qu'Emile Zola a le plus aimés, celui qui marchait à la gloire d'un pas si sûr quand survint la suprême infortune, Guy de Maupassant, commençait ainsi une biographie du maître :

« De tous les noms littéraires, il n'en est point peut-être qui saute plus brusquement aux yeux et s'attache plus fortement au souvenir que celui de Zola. Il éclate comme deux notes de clairon, violent, tapageur, entre dans l'oreille et l'emplit de sa brusque et sonore gaieté. Zola ! Quel appel au public, quel cri d'éveil, et quelle fortune pour un écrivain de talent de naître ainsi doué par l'état civil. Et jamais nom est-il mieux tombé sur un homme ? Il semble un défi de combat, une menace d'attaque, un chant de victoire. »

Et pourtant, la lutte fut longue avant d'arriver à la renommée. Comme beaucoup de ses aînés, le jeune écrivain eut de bien durs moments : mais il avait pour lui l'âpre persévérance qui méprise les obstacles, et la conscience de sa force prête à conquérir tous les triomphes.

Il raconte lui-même qu'un hiver il vécut quelque temps avec du pain trempé dans l'huile, de l'huile d'Aix que ses parents lui avaient envoyée et il déclarait philosophiquement alors : « Tant qu'on a de l'huile, on ne meurt pas de faim. » D'autres fois il prenait sur les toits des moineaux avec des pièges et les faisait rôtir en les embrochant avec une baguette de rideau. Son historien, qui fut son ami, prétend encore qu'ayant mis au Mont-de-Piété ses derniers vêtements, il demeurait une semaine entière en son logis, enveloppé dans une couverture, ce qu'il appelait stoïquement « faire l'Arabe. »

Tous ces souvenirs lointains de la pauvreté d'un artiste sont doux au cœur lorsque l'heure de la moisson est venue.

Aujourd'hui, toutes les œuvres d'Emile Zola appartiennent à l'histoire littéraire de ce temps. Partout, l'empreinte d'un puissant génie se révèle, et devant tant de continuité dans la force, ceux-là mêmes dont il n'a pas cherché les suffrages se surprennent à l'admirer. C'est peut-être le plus robuste travailleur de notre époque qui, malgré les satires dont on l'a criblé, a connu plus que tout autre les longs labeurs et les invincibles énergies.

Plus heureux que Balzac, plus heureux que Taine, ses précurseurs d'un ordre différent, Emile Zola a eu la fortune, qu'une âme humaine n'ose pas toujours espérer, d'achever une œuvre grandiose conçue en pleine jeunesse et exécutée à l'heure dite. Cette œuvre, c'est la merveilleuse série des Rougon-Macquart, à qui le maître donna pour sous-titre : *Histoire naturelle et sociale d'une famille sous le second Empire.*

Physiologiquement, EMILE ZOLA nous l'a dit, les Rougon-Macquart sont la lente succession des accidents nerveux qui se déclarent dans une race à la suite d'une première lésion organique, et qui déterminent, selon les milieux, chez chacun des individus de cette race, les sentiments, les désirs, les passions, toutes les manifestations humaines naturelles et instinctives, dont les produits prennent les noms convenus de vertus et de vices.

Historiquement, ils partent du peuple ; ils s'irradient dans toute la société contemporaine ; ils montent à toutes les situations, par cette impulsion essentiellement moderne que reçoivent les basses classes en marche à travers le corps social ; et ils racontent ainsi le second Empire à l'aide de leurs drames individuels, du coup d'Etat à Sedan.

Tout le monde a lu cette magnifique épopée où le grand écrivain, le poëte, éclaire tant de choses aux lueurs d'une admirable intelligence. EMILE ZOLA a accompli, en l'écrivant, une révolution qui a effrayé, comme toutes les révolutions, ceux qui ont l'esprit *centre-gauche*, si nous pouvons nous exprimer ainsi, ceux qui ne comprendront jamais que les mots doivent suivre les idées. Il a regardé la vie, et si le tableau n'a pas toujours été consolant, c'est parce que la vie est mauvaise, et qu'il est contraire à l'art aussi bien qu'à la vérité de la peindre sous des couleurs mensongères, quand bien même quelques femmes sentimentales ou quelques académiciens épris des antiques routines s'indigneraient de la sincérité des pinceaux.

C'est donc pour la vérité observée qu'EMILE ZOLA a bataillé avec tant d'acharnement, aux applaudissements du monde intellectuel. Il s'est adressé au public, au grand public, et non pas seulement aux raffinés. Il a dit crûment ce qu'il pensait des hommes, de leurs grimaces et de leurs vices cachés derrière des apparences de vertus : il n'a pas été dupe de la comédie universelle et il ne s'y est pas mêlé.

Quant à sa *religion*, si l'expression ne dépasse pas notre pensée, on la trouvera formulée dans la conclusion de son œuvre, dans le dernier roman paru, le *Docteur Pascal*. Tous ceux qui ont lu la *Faute de l'abbé Mouret* et le *Rêve*, savent à quoi s'en tenir sur la poésie exquise qui déborde à certaines heures du cœur du maître écrivain ; mais ce que les lecteurs du *Docteur Pascal* constateront sans effort, c'est qu'il n'y a pas d'âme virile qui n'ait en elle une intarissable source de tendresse. EMILE ZOLA y démontre à chaque page que s'il est beau, pour un homme, d'être un grand artiste, il y a quelque chose de plus enviable et de plus digne, c'est de croire à la mission de l'humanité, c'est d'être convaincu qu'il n'y a pas besoin de la bercer de mensonges pour travailler à son relèvement.

ZOLA (EMILE) est né à Paris le 2 avril 1840. Après avoir passé son enfance en Provence avec son père, créateur du canal qui porte son nom, à Aix, il fit ses études au lycée Saint-Louis, et entra presque aussitôt à la librairie Hachette. Chef de la publicité de cette maison, il la quitta en 1865 pour se consacrer à la littérature. Il collabora bientôt à tous les grands journaux de Paris et commença la publication de ses livres. Parurent successivement : les *Contes à Ninon* (1865) ; la *Confession de Claude* (1865) ; *Mes haines*, *Mon Salon*, le *Vœu d'une morte* (1866) ; *Thérèse Raquin*, *Edouard Manet*, étude critique (1867) ; *Madeleine Férat* (1868). Il publia enfin sa Comédie humaine, la série des *Rougon-Macquart*, qui commence à la *Curée* et finit au *Docteur Pascal* (1893). Un grand nombre de romans d'EMILE ZOLA ont été mis au théâtre, entre autres *Thérèse Raquin*, *l'Assommoir*, *Germinal* et le *Rêve*.

a M. A. Mariani.

"Ah! ne plus être malade, ne plus souffrir, mourir le
moins possible! Le rêve du docteur Pascal aboutissait à
cette pensée qu'on pourrait hâter le bonheur universel, en
donnant de la santé à tous. Lorsque tous seraient sains,
forts, intelligents, il n'y aurait plus qu'un peuple supérieur, infiniment sage et heureux... Et, devant cette
trouvaille de l'alchimie du vingtième siècle, un immense espoir s'ouvrait, il croyait avoir découvert la
panacée universelle, la liqueur de vie, qui allait combattre
la débilité humaine, seule cause réelle de tous les maux,
une véritable et scientifique fontaine de Jouvence,
qui, en donnant de la force, de la santé et de la volonté,
referait une humanité toute neuve."

(le Docteur Pascal, chap. II)   Emile Zola

CE VOLUME DEUXIÈME

DE

L'ALBUM MARIANI

A ÉTÉ ACHEVÉ D'IMPRIMER

PAR LES SOINS ET SOUS LA DIRECTION DE M. ANGELO MARIANI

SUR LES PRESSES

DE G. RICHARD, IMPRIMEUR A PARIS

LE TRENTE DÉCEMBRE

MIL HUIT CENT QUATRE-VINGT-QUINZE

CONTES

Ces contes sont publiés en éditions de luxe, format grand in-4°, et destinés spécialement aux bibliophiles. Ils sont inspirés aux écrivains les plus célèbres de ce temps par la tant bienfaisante Coca. Chaque conte est orné, dans le texte et hors texte, de belles et curieuses illustrations dues au crayon de A. Robida, H. Pille, Atalaya, E. Courboin, F. Lunel, Félix Bouchor, etc., etc.

ONT DÉJA PARU :

Le cas du Vidame, par L. DE BEAUMONT (Académicien d'Étampes du *Figaro*), illustrations de A. ROBIDA. (*Epuisé.*)

Explication, par Jules CLARETIE (de l'Académie-Française), illustrations de A. ROBIDA. (*Epuisé.*)

La Plante enchantée, par Armand SILVESTRE, avec 35 grandes compositions de A. ROBIDA.

EN PRÉPARATION :

Les Secrets des Bestes, par Frédéric MISTRAL, avec de nombreuses illustrations de A. ROBIDA.

La Panacée du capitaine Hauteroche, par Octave UZANNE, illustrations en couleurs par Eugène COURBOIN.

Sempervirens, par L. DE BEAUMONT, illustrations en couleurs par F. LUNEL.

A PARAITRE :

Un conte par Paul ARÈNE, illustré par Henri PILLE.

Un conte par Maurice BOUCHOR, illustré par Félix BOUCHOR.

Un conte par le Docteur BÉTANCÈS.

Il a été tiré de chacun de ces contes :

50 exemplaires sur japon impérial . . . . . . *Prix* 25 francs.

350 — sur vélin . . . . — 10 —

PETITE BIBLIOTHÈQUE MARIANI

Ces contes sont tirés en édition populaire (petit format in-32) avec la même illustration. Prix de l'exemplaire : 0.50 centimes.

IMPRIMERIE **G. RICHARD**, 7, RUE CADET, PARIS

9 782014 467840